「二回半」読む

書評の仕事 1995-2011

橋本五郎
Hashimoto Goro

藤原書店

はじめに　書評の楽しみと苦しみ
――徹底して読む以外になし――

赤線を引きながら必ず二回半は読む

読売新聞の読書委員として、毎週日曜日の読書欄で書評を始めたのは、政治部長から編集局次長となった一九九八年のことである。以来、学術書から小説まで一七〇冊余りの本を新聞紙上で批評してきた。

書評は感想文とは違う。読者からみれば、批評者はされる側と同一レベルか、その上であるべきだとの想定で読むに違いない。しかし、自らを振り返れば、専門的知識でも見識でも数段すぐれた著者に挑んでいることの方が多い。ここに書評の苦しさがある。

これまでの書評でもっとも精根使い果たしたのは山崎正和氏の『歴史の真実と政治の正義』（中央公論新社）だった。なにしろ教養の深さにおいても内容の鋭さにおいても、とても太刀打ちできる相手ではない。だからといって逃げるわけにはいかない。二十世紀論として逸すべからざる本だったからである。

そんなとき自分にできることは何かとなれば、徹底して読む以外にはない。この本に限らないが、書評する本は必ず「二回半」は読むことにしている。赤鉛筆を持って、まず通読する。次に赤線を引いたところを抜き書きしながら、もう一度読む。そして抜き書きしたメモを読みながら構想を練る。

著者からのメッセージを正確に受け止めることがすべての前提だからだ。こちらの頭脳の問題はもちろんあるが、二回読んでもわからないものは、少なくとも新聞で取り上げるべき作品だとは思わない。著者の訴えるものを摑んだあとはこちらの土俵だ。思いの丈をぶっつけることにしている。

自分の思いをそっと忍ばせる楽しみ

読売新聞の書評欄でどの本を取り上げるかは二〇人以上からなる読書委員の合議で決まる。私が取り上げたいと思う基準は決まっている。自分が感動したもの、是非とも読者に読んでほしいと思うもの、ということに尽きる。「けなす書評」も成り立つだろう。しかし、私はその道は取らない。読者が買って損はしなかったと思ってほしいからである。

若手の学者や評論家による、ひたむきで真摯《しんし》な力作にも目配りしたいと心掛けている。山田央子『明治政党論史』(創文社)や櫻田淳『国家への意志』(中央公論新社)、細谷雄一『戦後国際秩序とイギリス外交』（創文社）などはその範疇《はんちゅう》に入る。おこがましい言い方かもしれないが、多くの人の耳目に触れることで、さらに羽ばたいてほしいと思うのである。

書評の楽しみは、自分の思いをそっと忍ばせることができることだ。「批評とは他人をダシに自らを語ることである」と言ったのは確か小林秀雄だが、書評でも同じだと思う。NHKのラジオ深夜便をもとにした遠藤ふき子さん編集の『母を語る』（NHK出版）の書評は、井伏鱒二の「おふくろ」からの引用を書き出しに使った。

「ますじ。お前、東京で小説を書いとるさうなが、何を見て書いとるんか。字引も引かねばならんの。字を間違はんやうに書かんといけんが。字を間違ったら、さっぱりぢやの」

これに勝る「母の言葉」はあるだろうか、と心に刻みつけてきた。引用したいために書評したと言われても仕方がないくらいだ。

小渕元首相の長女、暁子さんのメルヘンのような『父のぬくもり』（扶桑社）の書評ではこう書いた。

「人が一生を終えるにあたって本当に幸せだったと思えるのはどんな時だろうか。……我が子から『誰でもない。あなたの子供に生まれて幸せだった』と言われることに勝るものはあるだろうか。私自身は心密かに、固くそう信じている」

その書評を当時大学三年生だった娘がじっと読んでいる姿を離れたところから見たとき、「これこそお父さんが言いたかったことなんだよ」と思わず話しかけたい誘惑にかられたほどである。

「できることならかくありたい」と

　私にとって書評は「支え」でもある。二〇〇〇年十二月、胃の全摘出手術を受けた。胃癌《がん》の宣告を受け、主治医に五年後に生きている確率が五割から七割と言われ、病院で眠れぬ日が続いた。万一に備え、やり残したものがあっては悔いが残ると思い、手術までの三日間に三冊の書評に取り掛かった。一日に一冊ずつ、日中に読み、夜になってまとめた。一心不乱に書き上げることで、訪れるかもしれない死の恐怖から免れ、穏やかに手術のときを迎えることができた。

　手術前日に書いた高坂節三さんの『昭和の宿命を見つめた眼』（ＰＨＰ）の書評は、私にとっても忘れられないものだ。癌で亡くなった兄の国際政治学者、正堯氏の臨終について、主治医が「口を一文字に結んで、自分の意志で死を迎えたお姿は、戦国武将のそれとそっくりでした」と語っていることを引用し、「できることなら、かくありたいものだと思う」と結んだ。

　あとで何人もの友人から「どういう意味だ」と聞かれたが、自分の率直な気持ちだった。これからも書評することは自分の人生にとってかけがえのないものであり続けるだろう。

#「二回半」読む——目次

一　政治をささえる思想

二　日本政治の現在

三　歴史をひもとく

四　生と死に向き合って

五　あの人の生き姿

「二回半」読む——書評の仕事 1995-2011

一　政治をささえる思想

米文学者の注釈書 邦訳の欠陥指摘

飛田茂雄著
『アメリカ合衆国憲法を英文で読む——国民の権利はどう守られてきたか』

米国憲法と言えば、条件反射のように思い出す一節がある。アメリカ研究のパイオニアである高木八尺の名著『米国政治史序説』に出てくる、英国首相グラッドストーンの次のような合衆国憲法評だ。「一小期間に人間の脳力と、目的に邁進する努力とが産み出した、最も驚くべき偉業である」「脳力」という訳語が何とも直截《ちょくせつ》的だが、憲法には確かにその国の歴史が凝縮されている。しかし、その憲法の翻訳に欠陥があったらどうなるのか。アメリカ文学者が逐条ごとに翻訳を試みた本書では、専門家による十指に余る邦訳の問題点が洗い出されている。

たとえば前文にある〈establish Justice〉はほとんど例外なく「正義を樹立」と訳されているが、著者は「法秩序を確立」が正しいとする。なぜなら米憲法が目指しているのは、抽象的な「正義」ではなく、具体的な内容を持つ「法秩序」であり、「公正の原理」だからである。

あるいは〈the general Welfare〉。これも既刊の翻訳は例外なく「一般の福祉」だ。しかし「特殊な福祉」などあるのかと問い、「公共の福祉」と訳す。

本書の利点は、米国の立法、行政、司法の仕組みなどの説明も加えながら、条文の成り立ちや背景を解説していることだ。その意味では米国憲法のコンメンタール（注釈書）にもなっている。

本書では、初歩的な翻訳上の誤りの指摘も多い。一方で〈Amendment〉は「修正」ではなく「補正」と訳すべきだというように、法律専門家にとっての〝常識〟への異議申し立ても少なくない。

憲法の世界は特殊だとして、訳文がわかりにくくとも許されてきた側面が多分にあった。しかし、これだけ具体的に批判されたのである。俎上《そじょう》に上った訳者も含め法律専門家には、反論するなり、わかりやすい訳文に改めるなり、正面から受けて立つ義務があるだろう。

（中公新書、七六〇円）

（一九九八年八月三十日）

政治認識論に今も不変の重み

丸山眞男著

『丸山眞男講義録　第三冊』

経済学は現状分析の正しさや見通しの的確さが常に求められる。しかし「政治学は有効か」などという問いは皆無に等しい。政治を科学的に分析すること固有の困難さはあるにせよ、問われるほど期待されてはいないということなのだろう。

「現実生活における政治の圧倒的な支配力と、それを対象とする学問の恐るべき発育不良と――そのコントラストが今日ほど鋭く世人の眼に露呈された時代はない」

五十二年前亡くなった丸山眞男が「科学としての政治学」でこう喝破したのは五十二年前のこと。基本構図にそれほど変化がないようにも思われる。本書は丸山が一九六〇年に東大法学部で行った講義録であり、不毛なる政治学への自らの回答でもあった。

「丸山政治学」講義は、政治に関わる主体から出発し、集団、リーダーシップ、政党論へと展開していく。政治の主体に何よりも求められるのは政治的リアリズムである。なぜならリアルな政治認識こそが政治的成熟度を決定するからだ。

政治的リアリズムとは、「政治は悪さ加減の選択である」という福沢諭吉の言葉に代表されるような相対的思考、さらには政治における「悪」を自覚することにほかならない。この講義が行われた年の春「安保闘争」は極点に達した。論壇を通じ、運動に少なからぬ影響を与えた丸山が、教壇でリアルで醒《さ》めた政治認識の必要性を説いていたことは興味深い。

政治的アパシー（無関心）の日常化がデモクラシーを胎内から蝕《むしば》み、空洞化させることにも鋭い警告を発している。大衆社会化やテクノロジーの発達などで慢性化するアパシー克服のため何が必要なのか。今、政治が直面する最大の課題である。

本講義録には、学としての体系性があるわけではない。が、アパシーの問題も含め、極めて今日的な問題意識に満ちている。とても四十年近い前の講義とは思えない。自立的に政治に関わろうとする人々のための啓蒙の書にもなっている。

（東京大学出版会、三二〇〇円）

（一九九八年九月二十七日）

人間と歴史への深い洞察背景に

高坂正堯著
『高坂正堯著作集1 海洋国家日本の構想』

処女作には、その人の器量や可能性が凝縮されているものである。故・高坂正堯の二十八歳の論壇デビュー作「現実主義者の平和論」を再読し、改めてその思いを深くする。

当時の論壇は理想主義者による「中立論」が圧倒していた。高坂は中立論者が日本の追求すべき価値（平和）の大切さを提起したことを評価しながらも、手段であるべき中立が絶対視され、そのための具体的方策が欠落していると厳しく批判した。

「目的と手段の生き生きとした対話」が不可欠と説く高坂は、日本外交の目的は「極東の緊張の緩和」にあり、アメリカとの提携を続けながら「中共との国交の正常化」を実現すべきと提言した。その論は三六年後の今も輝きを失っていない。

第一巻には、処女論文を含む『海洋国家日本の構想』や『政治的思考の復権』などが収録されており、高坂国際政治学の特徴が浮かび上がってくる。

第一は「力によって支えられない理想は幻影に過ぎない」という言葉に代表されるように、権力政治を見据えることの重要性であり、第二に分析の背後に人間存在と歴史への深い洞察があることだ。

第三点として、しなやかで成熟した相対的思考が挙げられる。理想主義者を批判しながら、現実主義者にも現実追随主義やシニシズム（冷笑主義）の陥穽《かんせい》があることを強調してやまない。

第四は、責任意識の欠如した主張を排し、平易な文章で常に具体的政策を提示したことだろう。

高坂の後年の著書『古典外交の成熟と崩壊』には次のような記述がある。「近代ヨーロッパの外交の精髄は、自己主張と自制、協力と自立性といったものの間のバランスの感覚であったし、それが与える外交の限界の認識であった」。

それはまた高坂の外交論の根幹を成していた。六十二歳で逝って二年半。不在の重さをかみしめざるを得ない。

（都市出版、六五〇〇円）

（一九九八年十二月十三日）

観念的解釈排し、人権理論打ち出す

芦部信喜著『宗教・人権・憲法学』

研究者が人生の円環を閉じようとする時に出版される著作には、その著者の関心の核心部分が見えるものである。日本の憲法学をリードし、今年六月に七十五歳で亡くなった芦部氏の最後の著作である本書を読みながら、そのことを痛感する。

国家と宗教をめぐる政教分離の問題、憲法と人権保障のあり方、そして自らの憲法学の回顧の三部から構成されている本書には、芦部憲法学の基本的特徴が浮かび上がっている。

「実務とあまり離れすぎた憲法論を追究すると、それは議論の領域だけに咲く花であって、どんなに美しくみえても社会的な要請に応えることのできる憲法論として実を結ぶことはできない」

日本の憲法学については、とかく観念的、イデオロギー的というイメージがついてまわる。しかし、著者が一貫して強調しているのは、観念的な条文解釈を排し、政教分離でも人権保障でも、厳格な基準を適用しながら、具体的な訴訟を通じて確かなものへと定着させていくことの重要性だ。

政教分離における「目的効果の基準」や、精神的自由と経済的自由を区別する人権における「二重の基準の理論」などの米国の判例理論に依拠しつつ、それを日本にどう適用するかについて腐心の跡が見える。憲法裁判所への反対をはじめ著者の意見に賛成しかねる部分もあるが、国家と宗教の関係や人権問題を考える上でのベースを提供してくれる。

本書で印象的なのは、閣僚の靖国公式参拝に道を開いた中曽根内閣時代のいわゆる「靖国懇」に委員として関わったことに、亡くなるまで苦い思いを抱き続けたことである。

当時取材する立場だった評者などには、靖国懇は設置の時点で結論は見えたように思われたが、著者は「公式参拝は違憲」という主張が当然反映されると考えていたようだ。政治的にナイーブな姿を映し出していると同時に、「学者と政治」の関係についても考えさせられる。（有斐閣、四〇〇〇円）

（一九九九年九月十二日）

先人の業績と正面から格闘

大嶽秀夫著『高度成長期の政治学』

「花の春に先だつものは、残霜の傷《そこな》ふところとなり、説の時に先だつものは、旧弊の厄《くる》しむるところとなる。しかりといへども、先だつものあらずんば、すなはち後《おく》るるもの何をもって警起せんや」佐久間象山の『省侃録《せいけんろく》』に寄せた勝海舟の序文の一節である。先人の業績を検証しようという時、評者が真っ先に思い浮かぶのはこの言葉だ。大嶽氏の五年前の著作『戦後政治と政治学』(東大出版会)と、その続編である本書は、戦後の政治学的作品の批判的検討を通じて、自ら「警起」しようとしたものにほかならない。

高度成長期の豊かで実りある業績として本書の対象となっているのは、日本における大衆社会の到来をいち早く予見した松下圭一の大衆社会論や、田口富久治の圧力団体論、さらには自民党支配の背景としての升味準之輔の利益政治論などだ。

時代に先駆けたこれらの分析の鋭さを評価しながら、ひとつひとつその限界をも指摘しているが、本書の白眉は何と言っても高坂正堯論だろう。

吉田茂の経済主義路線を高く評価した高坂の吉田論を「戦後政治学にとって革新的な業績」と評価

しつつも、平和論と同様、体系的な政治学にまで高められなかったと嘆き、その原因を問う。高坂においては、政治・歴史研究と評論活動が一体化してしまったことに加え、体系的な思考を拒否する姿勢があったというのが著者の結論だ。

評者からみれば、これこそ高坂「歴史政治学」が我々を魅了する源であり、それで十分ではないかとも思えるが、体系的な政治学の構築という観点からすれば著者の言う通りなのだろう。

本書にみられる著者の真骨頂は分析対象と正面から格闘する、その姿勢にある。前著での丸山眞男批判もそうだが、学閥やイデオロギーにとらわれない真っ向勝負は清々しくもある。戦後政治学の研究にあたって、さけて通ることのできない新たな関門が加わった。（東京大学出版会、二四〇〇円）

（二〇〇〇年一月二十三日）

二十世紀思想の病弊への処方箋

山崎正和著『歴史の真実と政治の正義』

汗牛充棟ただならぬ状況ながら、なかなか決め手となる二十世紀論が見つからない中で、歯応えのある重厚な論文集が出た。

〈二十世紀思想の病弊、それは歴史が「政治の正義」を実現するための僕《しもべ》となっていることにほか

ならない。病巣を腑分《ふわ》けし、「歴史の真実」を復権させる処方箋《せん》を描き出そう〉

本書を貫く太い糸を表現すればこうなる。政治から歴史を解放するための渾身《こんしん》の書と言っていい。

著者によると、二十世紀は「復讐史観《ふくしゅう》」に彩られている。確かにマルクス主義は根本において歴史的な「復讐の哲学」だったし、ナチズムはベルサイユ講和への復讐であり、民族主義者の標語はつねに過去への復讐だった。

しかし、政治的正義の証明として歴史が書かれるようでは歴史の真実に迫ることはできない。「歴史の真実はけっして客観的なかたちでは存在せず、たえまない見直しのなかで、繰り返し再発見される過程のなかにのみ存在する」からだ。

歴史の見直しに関連して、著者は初等中等教育における「歴史教育の廃止」を提唱する。むしろ「歴史記述の古典的名作を教室で読ませ、同時に後世それがどのように批判されたかを生徒に教えるべきだ」というのである。一見刺激的にみえるが、立論を辿《たど》ってくると、極めて自然に思える。

それにしても、この著者のいつもながらの説得力は何ゆえなのか。時代を大きく摑《つか》み取る「知の力」に加え、揺るぎのない断言的な文体とレトリックの巧みさにある、というのが評者の結論だ。

「美徳にすら限度があるべきだというのが、モンテスキューの政治的知恵であったが、悪徳にも程度の違いを認めるのが政治の倫理なのである」などはその一例である。

本書に収録されている司馬遼太郎論と高坂正堯論は、「風のように去った人」と「精神の外交家」の業績への客観評価と哀惜の情が見事に融合し、心打たれる。

（中央公論新社、一五〇〇円）

現代日本への悲痛な叫び

関嘉彦著『戦後日本の国際政治論』

（二〇〇〇年三月二十六日）

八十八歳の碩学による一九五〇年から九四年にかけての論文集である。そこから浮かび上がってくるのは、激流のごとき半世紀にあって軸が微動だにしない品位ある孤高の学者の姿だ。

戦後の進歩的知識人といわれる人たちがなぜ共産主義に対して誤りを犯したか。共産主義と社会主義の混同、社会主義イコール平和愛好勢力という図式、さらには「ソ連も民主主義国である」に代表されるような民主主義に対する無理解があったことを諄々《じゅんじゅん》と説いている。

ソ連型の人民民主主義が西欧の自由民主主義とは全く異なる「全体主義的民主主義」であることを西欧政治思想の淵源《えんげん》にまで遡りながら論述し、戦後民主主義の歪《いびつ》さを告発している。

著者の変わらぬ基本軸は「現実主義的態度」にある。それは「希望的観測を入れずに真実に即して事物を観察せんとする精神的態度」であり、観察の結果が自分の理想と矛盾しても受け入れ、「事実としてその存在に眼を閉じないこと」である。半世紀の言論にいささかのブレも見られないのもそれ故なのだろう。

もう一つ著者が強調してやまないのは道徳哲学の復権である。「卑俗な欲望のままに行動することを肯定する如き意味の人間主義の考えが、戦後の功利主義的幸福主義の文脈で主張された」「今からでも遅くない。今こそ精神的価値の重要性を強調し、物質的富はその手段としてのみ価値を持つという理想主義の道徳哲学を復権すべきである」

この文章が書かれたのは十五年前だが、現代の日本への悲痛な叫びのように聞こえる。

本書は関氏の論文の重要性を江湖に明らかにしようと、加藤秀治郎氏（東洋大教授）が編集したものである。若い読者にも理解可能なように個々の論文の解説に加え、戦後日本の国際政治論の見取り図と時代背景を詳述している。新しい編集のあり方として注目していい。

（一藝社、一七〇〇円）

（二〇〇一年一月七日）

世界の指導者らによる指導者論

ヘルムート・シュミット著

『ヘルムート・シュミット対談集——回顧から新たな世紀へ』

八十歳を過ぎてなお精力的に活動している西独元首相シュミットと歴史の形成に深く関わった世界の指導者たちとの対談集。相手はカーター元米大統領やジスカールデスタン元仏大統領、ゴルバチョフ元ソ連大統領、コール独首相（当時）ら八人。

九七年に行われたこの対談から浮かび上がってくるのは、アメリカ的価値観や「アメリカ一極支配」への欧州の懸念と反発だ。とかく米国のみを向きがちな私たちにとって欧州の考えを知る好個の教材にもなっている。

随所ですぐれた指導者論が展開されているのも本書の特徴だ。中東和平という気の遠くなるような難問を抱えるペレス・イスラエル元首相の次の言葉は感動的ですらある。

「あなた（シュミット）はどうしてそんなに悲観的なのか。あなたは七十九歳という若さだし、わたしは七十四歳という若さです。わたしはもっているすべての時間を、もっている機会のすべてを平和のために捧げなければなりません。未来は作らなければならないものなのです」。田村万里・山本邦子訳。

（行路社、二〇〇〇円）

（二〇〇一年四月二十二日）

生の根源問う対話

鶴見和子・石牟礼道子著『言葉果つるところ』

年ごとにまみゆる桜色艶の深まりゆくを我が老いとせむ

おもむろに自然に近くなりゆくを老いとはいわじ涅槃とぞいわむ

六年前、脳内出血の死の淵から生還した鶴見和子が詠んだ短歌である。『歌集　花道』収録の二首をみただけでも、凜《りん》として老いと死に向き合う迫力が伝わってくる。水俣病患者の苦しみを描いた『苦海浄土』の著者、石牟礼道子との対話はそれをさらに深化させたものだ。

「水俣」を通して人間存在の原初的な姿、生きることの根源的なあり方を問い続ける二人の対話は、心の最深部から発する「魂の叫び」のように聞こえる。鶴見は言う。

「私、言葉を歌によって手放さなかった。パッと放しちゃったら、それで終わりよ。それが命綱だったのね。言葉果つるところに言葉が生まれるということの不思議さ、それが歌じゃないか」「歌は生命、歌は力なのよ」

二人は言葉なしには生きられないことを自覚しつつ、「言葉果つるところ」を原点にする。それがアニミズムの世界だ。生きとし生けるものの魂の息づかいを通い合わせるのがアニミズムであり、「水俣」の核心もそこにある。

「山も川も海も精霊たちの宿る聖なるところであって、得体のしれぬ化学物質でこれ以上毒まみれにしてはならない。山川草木、鳥獣魚類という生命現象と、伝統的な文化というものについて、わたしたちはもっと謹しみぶかく、恭くありたい」。石牟礼の言葉は実に重い。

背筋をピーンと伸ばし、たたみかけるように語る鶴見に対し、言葉をいとおしみ、慈しむような石牟礼の表現も印象的だ。鶴見評はこんな具合だ。「空と海のあわいからただよってくる白い蓮華というか……。その蓮、古典的な花びらの中に、強い生命を持った精霊がかがんでいて舞い立つような気配なんですよ」

（藤原書店、二二〇〇円）

（二〇〇二年五月二十六日）

混迷の現代への指針

北岡伸一著『独立自尊――福沢諭吉の挑戦』

「福沢コンパス説」。福沢諭吉の直弟子で慶應義塾長、文部大臣を務めた鎌田栄吉の福沢論だ。「先生はコンパスの如き人である。独立自尊といふ主義の点にちゃんと立脚して、此の一脚といふものは、どんな事があっても外へ動かない。けれども、他の一方を自由自在に伸縮して、さうして、大円を描き、小円を描く」。一筋縄ではいかない福沢を表現して余りある。

その「独立自尊」をタイトルにした著者の意図は、「はじめに」で鮮明である。

「福沢は自らの内なる声に耳を傾けて、本当にしたいこと、本当に正しいと思うことだけをした。自らを高く持し、何者にも媚びず、頼らず、何者をも恐れず、独立独歩で歩んだ。そういう独立自尊の精神こそ、混迷の時代に最も必要なものである」

今日に生きる我々はどうあるべきなのか、という烈々たる問題意識を秘めての福沢論である。高校生にもわかる啓蒙書を意図したのだろう。平易な文章で、福沢の人となりと生き方、その思想を解きほぐし、明治という時代とともにバランスよく描いている。

近代日本の思想界に屹立《きつりつ》する福沢だが、否定的評価も根強い。その最たるものは「大陸膨張政策の源流」という見方だ。しかし、著者は、福沢が朝鮮の独立を本気で考え、政府の肥大化につながる植民地化には反対だったこと、日本の将来は貿易国家としての発展にしかないと考えていたことなどを挙げ、正しくないとみる。私には十分説得力があった。

大久保利通との関係について、「明治を代表する権力者と明治を代表する知性との間には、相当深い対話が成り立っていた」との指摘も新鮮である。「独立自尊迎新世紀」と大書して一か月後の明治三十四年（一九〇一）二月三日、福沢は六十六歳の生涯を終えた。しかし、その所論は輝きを失っていないどころか、むしろますます増していることを実感した。

（講談社、一九〇〇円）

（二〇〇二年六月二十三日）

難解な概念解きほどく

小坂国継著『西田幾多郎の思想』

『善の研究』を私は三冊持っている。自宅の居間と書斎の手の届くところに岩波文庫と『西田幾多郎全集』を、そして会社のデスクにもう一冊の文庫を置いてある。いつかは通読しなければと焦燥にも似た気持ちを抱き続けながら、今なお読み切っていない。

私にとっては難解すぎて、何度試みても挫折してしまうのだ。ところが、ある日、古本屋でNHKラジオのテキストを見つけた。ああこれなら少しはわかるかもしれないと希望を持った。それを元にしたのが、本文庫なのである。

例えば「純粋経験」の説明はこんな具合だ。〈道を歩いていて、思いがけなく野辺に咲く花を見、「アッ!」と驚きの言葉を発したその瞬間の状態が純粋経験である。その瞬間においては自分と花は一体になっていて両者の区別はない。ただ一つの事実があるだけである〉

このようにして「絶対矛盾的自己同一」「絶対無の自覚」「行為的直観」など、私たち素人にはなかなか理解できない西田哲学のキー概念が解析されていく。そして、西田の人と思想から何を学ぶべきなのかという実践的な指針を与えてくれるのである。私にとって極めて印象に残ったのが、西田自身の次の言葉である。

「私の生涯はきわめて簡単なものであった。その前半は黒板を前にして坐した、その後半は黒板を後ろにして立った。黒板に向って一回転をなしたといえば、それで私の伝記は尽きるのである」

「午前坐禅、午後坐禅、夜坐禅」

「朝におもひ夕におもひ夜におもふおもひにおもふわが心かな」

「余の妻よりよき妻は多かるべく、余の友よりよき友は多かるべし。しかし余の妻は余の妻にして余の友は余の友なり」

ひたすら座禅を組み、思索を重ねる壮絶なまでの求道者の一方で、深い情愛の人となりがくっきりと浮かび上がってくるのである。

（講談社学術文庫、一一〇〇円）

（二〇〇二年七月十四日）

社会の底辺からの深い洞察

エリック・ホッファー著

『エリック・ホッファー自伝——構想された真実』

「沖仲士の哲学者」と呼ばれ、一九八三年に八十歳で亡くなったホッファーの四十歳までの回想録である。十八歳で天涯孤独の身となり、ニューヨークから南カリフォルニアに渡って貧民街でのさまざまな労働や放浪生活を続けながら究めた思索の結果が凝縮されている。

ホッファーには、狂信的情熱にとりつかれた大衆運動の危険さを「氷のような冷たいウイットと警句で生き生きと描いた」(永井陽之助氏)『確信者』という主著がある。本書もさながら鍛え抜かれた「精神の政治学」の趣がある。

社会の底辺部分に身を置きながら摑み取った、人間存在への深い洞察が随所に見られる。人間の独自性は「弱者が生き残るだけでなく、時として弱者が勝利する」ところにあるという指摘や、希望と勇気の違いを説き、「絶望的な状況を勇気によって克服するとき、人間は最高の存在になる」などはまさにそうしたものだ。ここには観念や学問としての哲学ではなく、生きた哲学がある。中本義彦訳。

(作品社、二二〇〇円)

(二〇〇二年八月十八日)

刮目すべき戦後思想史

小熊英二著
『〈民主〉と〈愛国〉——戦後日本のナショナリズムと公共性』

敗戦後の日本人を規定した「戦後思想」とはいかなるものだったのか。綿密にして体系的、丹念にしてダイナミックにその本質に迫った、思想史分野における近年最も刮目《かつもく》すべき作品である。戦後思想における言葉の持つ意味を確認するうえで避けて通れぬ文献になっている。

「戦後思想とは戦争体験の思想化である」。このテーゼを太い軸に据えて、「民主」や「愛国」「民族」「近代」などの言語の意味と評価がどのように変容したかを検証していく。一九五五年以前の「第一の戦後」では、社会変革のための革新の言葉だった「愛国」や「民族」、さらには「明治」に対する評価も、五五年以後の「第二の戦後」では保守の側に回収されていく。戦争体験が風化することによって、「民主」と「愛国」の共存関係は崩壊するのである。

戦後思想にとって、それほど戦争体験が深く刻印されていたということであり、それゆえの限界も露《あら》わになっていく。「戦争体験を持たない世代に共有されうる言葉を創れなかった」のだ。言語の持つ意味が時代や世代を抜きに考えられないことを、戦後思想を丹念に腑分《ふわ》けすることによって私たちに教えてくれる。戦中の愛国心教育と総力戦が戦後改革を促し、急進的な戦後民主主義も総力戦の遺産から出発した、との指摘も重要である。

千ページ近い本書の魅力の一つは、こうした作業を、丸山真男や大塚久雄、竹内好、吉本隆明、江藤淳らの思想を徹底的に読み込むことによって行っていることだ。それ自体が見事な丸山論や吉本論になっている。

あえて不満を言えば、保守の思想がいとも簡単に一刀両断され、基本的に左派知識人の思想史になっていることである。先進国で例を見ない自民党一党支配と高度成長はなぜ可能だったのか。その背後にある日本人の心性とは何だったのか。十分解明されていないうらみが残る。

中国古代を読み解く

白川静・梅原猛対談『呪の思想——神と人との間』

（新曜社、六三〇〇円）
（二〇〇二年十二月八日）

梅原猛が驚嘆しつつ言う。「先生の学識はすごいなあ。中国の経典がみんな先生の頭に詰まっていると感じました」。白川静はこともなげに答える。「そりゃ知ってますって」

漢字の成り立ち、孔子の人と思想、『詩経』をめぐって、奇人・梅原が問い、大奇人・白川が答える。ここには「白川学」の精髄がある。「知る喜び」を堪能できるだけではない。物事を「原初」にさかのぼって考えることの大切さを教えてくれる。

白川孔子は「流浪の民」であり、「葬送を司る者」であり、「巫女《みこ》の私生児」である。偶像破壊にも等しいが、やんちゃで人間臭いのが孔子だ。「悟った人間にしたらあかん」のだ。こうして孔子を、私たちのすぐ手の届くところに引き寄せてくれる。それはあたかも塩野七生描くマキアヴェッリやカエサルにも似て、遥かなる時空を超えて蘇ってくるのである。

全編を貫いているのは、中国古代の思想を読み説く鍵は「呪《じゅ》」にあるということだ。文字とは「神との交通の手段」としてできたものである。「道」は「異族の首を持って進む」という意味で、道そのものが呪的対象だった。お祓《はら》いしながら進まなければならなかったのだ。

では儒教の「儒」とは何か。それは「雨を求める人」「雨請いの時に焚殺《ふんさつ》される身分の人々」のことであり、儒家というのは巫祝《ふしゅく》の出身なのである。これらはほんの一例だ。漢字の背後には、人知では及ばない神や自然、人間存在そのものへの畏《おそ》れや敬虔《けいけん》なる気持ちがあることを思い知るのである。

この本は、白川静という学者に、惚《ほ》れて惚れて惚れ抜いた編集者でなくては作り得ない見事な作品である。それは略歴一つにも明瞭に現れている。そして、これほど感動的な「はじめに」と「おわりに」も珍しい。

（平凡社、一八〇〇円）

（二〇〇三年一月二十六日）

歴史に学ぶ政治の意味

佐々木毅著『よみがえる古代思想』

「政治とは何か」「政治にはどんな意味があるのか」。この永遠の課題ともいえる根源的な問いに対し、古代の政治思想に分け入ることで今日的な解を引き出そうとした書である。

なぜギリシアの政治思想は二千数百年の時を超えて、魅力と磁力をもって迫ってくるのか。ソクラテス、プラトン、アリストテレスにおける「哲学と政治」の意味を、著者に導かれて辿ることによって次第に明らかになってくる。

ソクラテスは、不滅なのは魂のみであり、大切なのは「魂への心配り」であると唱え、「まず掟《おきて》ありき」というギリシア思想に「倫理革命」をもたらした。プラトンはポリスをつくり直すことによって人間をつくり直そうとした。政治術の核心は人間の魂を正しい方向に導くことにある。不滅なのは人間の魂だけという点は決定的に引き継がれたのである。

アリストテレスは、人間がよりよい行いをするよう「習慣づけ」ていくところに実践学たる政治学の重要な意味を見いだす。彼においても政治学が人間の精神にかかわるものであるというプラトンの議論は引き継がれた。古代の人々は、政治のあり方を人間の生き方と密接に関連させながら論じ、積極的に「政治」を創出しようとしたのだ。ここに現代に生きる私たちが学ぶべき第一の点があることを教えてくれる。

「哲学と政治」に関する太い流れを平易に説明してくれるありがたさとは別に、著者の真情がほの見えるのもおもしろい。ポリスの没落のあとにやってくるコスモポリタンを論じながら、「世界市民というのも大変結構な話だけれども、何の権利もなければ義務もない気楽な存在に等しいかもしれない」と疑念を示す。

平和と政治の仕組みのあり方を論じ、「平和概念というのはつねに平和な概念とはいえないのです」と言い切っているのもそうだ。「歴史とは現在と過去との対話である」（E・H・カー）ことを実感させる書である。

（講談社、一九〇〇円）

（二〇〇三年三月九日）

東西の融合に挑む

三田剛史著『甦る河上肇──近代中国の知の源泉』

西洋中世史家、故鈴木成高氏の「河上博士とパン」は、心に染み入る忘れ難い文章である。河上肇の『自叙傳』の「思ひ出」に食べ物の話が多いことを指摘し、こう書いている。

〈小さなるいほりに住みて大きなる

饅頭ほほばり花見てあらむ

嶮峻《けんしゅん》をよじ幾山河を越えて革命の闘いに傷つき疲れたこの老闘士の、最後に描いたユートピアはたださやかなる庵室に枯坐して、大きな饅頭を頬張りつつ花を楽しむことだった〉

マルクス経済学研究の先駆者である河上肇とはどんな人物だったのか。その人と生と研究の全体像を、綿密な考証によって浮かび上がらせるとともに、中国共産主義にいかに大きな影響を与えたかを渾身《こんしん》の力で描いている。

「マルクス主義の実践に敗れ、志半ばで倒れた求道者」。こうした河上肇イメージに対し浮かび上がってくるのは、東洋の思想的伝統と西洋の近代社会科学の相克を乗り越え独自の学問を打ちたてようとした闘う研究者の姿だ。

中国に淵源《えんげん》を持つ徳川期の経済思想から出発し、トルストイ、ラスキン、弁証法的唯物論などを次々受容しながら、幾多の思想的転化の末に河上肇が辿り着いたのが「道学的マルクス主義」だった。科学的マルクス主義を支持しつつも、科学では捉えられない、自分の心を自分で認識するというのが「道学」であり、東西の融合に挑んだのが河上肇だったのだ。

河上肇の著作は八八年に至るまで中国語に翻訳され続け、その数は八十点を超えるという。李大釗《たいしょう》、毛沢東、周恩来、郭沫若ら中国共産党の指導者となる多くの革命家がその著作に学んだ。詳細を極めた研究を目の当たりにし、今さらながら日中の知的交流における河上肇の存在の大きさを知らされるのである。

一枝一枝に心配りした若き学徒による丹念な書を読み終わり、着実でオーソドックスな学問研究の大切さを学んだ思いがする。

（藤原書店、六八〇〇円）

（二〇〇三年三月三十日）

仁斎と徂徠の「道」追究

黒住真著『近世日本社会と儒教』

中国学の吉川幸次郎博士に、「古義堂」という伊藤仁斎に関する印象深い短文がある。「彼は儒者であるゆえに、人間の善意を信じた。神よりも人間を信じた。人間は善意の動物であることを信ずるゆえに、一つの規格で人間をしばることに、強く反対した」

仁斎を読んでみたい。そう思わずにいられない名文である。しかし、儒教には古色蒼然《そうぜん》たる封建道徳というイメージがつきまとう。戦後の思想史研究をリードしてきたのは「丸山真男モデル」だ。徳川体制は儒教（朱子学）イデオロギーで成り立ち、朱子学は仁斎・荻生徂徠らによって否定され、その流れが国学によって推し進められて近代に至った、という図式だ。

本当にそうなのか。近世社会における儒教の位置付けを洗い直しながら、「丸山モデル」を抜本的に修正するとともに、仁斎と徂徠の「道」を追究することで、近世儒教のみずみずしさと今日的意義を明らかにしている。

儒教は徳川幕府の支配イデオロギーだったわけではない。林羅山を見ればいい。剃髪《ていはつ》し僧位を得て初めて家康に雇用された。中国や朝鮮のように特権化されなかったから、仏教や神道などと〝習合〟

し、一般人にも開かれ、近世人の自己形成や社会形成に役立ったのだ。観念的、類型的な見方を排することで、思想発展のダイナミズムを見事に浮き彫りにしている。

仁斎と徂徠の思想形成にはどんな時代と個人的な経験があったのか。二つの「巨星」の間では何が引き継がれ、何が否定されたのか。実に丹念に分析の錨《いかり》が下ろされている。「仁」についての次のような解説を読むと、儒学へ惹かれる気持ちを禁じ得なくなってくるのである。

〈仁にいたるための具体的行為として仁斎が強調したのは、「忠信」「忠恕《ちゅうじょ》」である。忠や恕は「他者に対する心底からの思いやり」であり、信とは「正直さ」である。思いやりと正直さが人々のなすべき具体的行為であった〉

(ぺりかん社、五八〇〇円)

(二〇〇三年五月二十五日)

経験と歴史書の双方から学ぶ政治

中神由美子著『実践としての政治、アートとしての政治——ジョン・ロック政治思想の再構成』

偉大なる思想家とは、語り尽くされ、屹立《きつりつ》した高みに立つ偉人を言うに違いない。ジョン・ロック(一六三二—一七〇四)もその一人だ。抵抗権、社会契約論など近代的な政治原理を確立した「近代民主主義の祖」と言われる。

しかし、ロックは政治の原理的な部分だけに光を当てたのではない。「アート（芸術／技倆《ぎりょう》）としての政治」「実践としての政治」も浮かび上がらせたのだ。政治を多様で多次元の可能性をはらんだダイナミックなものとしてとらえ、「政治のアート」を習得するには実際の経験を積むとともに、卓越した歴史書に学ぶことが何より有益であることを説いた。

『統治二論』など主著だけでなく、エッセーからパンフレットに至るまでくまなく洗い出すことで、全く新しいロック像を描き出した。「人間までも操作の対象とみなす二十世紀的な知や政治のあり方から脱却するための一助に」という烈々たる問題意識が根底にあり、ロック研究を画するに違いない。

（創文社、六五〇〇円）

（二〇〇三年六月八日）

壮大な「知の饗宴」

小林直樹著『法の人間学的考察』

拝啓　小林直樹様

今回のご著書に心から敬意を表したくペンをとりました。書名から、和辻哲郎の『人間の学としての倫理学』や尾高朝雄の『法の窮極に在るもの』を意識されているとは推測していましたが、スケールの壮大さに圧倒されました。

哲学や倫理学、歴史学、政治学だけでなく、物理学や生物学、天文学などの学問成果も駆使し、法の根底にあるものを導き出そうとされています。さながら「知の饗宴」の趣があり、失礼ながら、まもなく八十二歳になる方の著作とは思われない若々しさに満ちています。

法について、存在論、時間論、空間論、価値論、構造論、機能論、文明論などあらゆる角度から先人の業績を洗い直しておられます。その幅の広さに加え、最も心打たれたのは「なぜ法なのか」「なぜ人は正義を求めるのか」「なぜ人間だけが尊厳を主張できるのか」というように、根源的な問いを発しながら、すべてに自説を披瀝《ひれき》されていることです。

歴史とは何か。「理性と反理性とが糾《あざな》える縄のごとく、正負・明暗の彩りをなして織りあげてきたものと見るのが、正確な認識に近い」

死刑廃止論をどう考えるか。「法には正義の理念を実現すべき使命があり、正義の原則に従い、〝問うべき責任を問う〟結果として、死刑を科するのは、まさに『人間を人間らしく扱う』ゆえんではないだろうか」

一つ一つ説得力をもって響きました。法には「当為の規範」としての性格と、強制力で当為を実現する「力のシステム」の両面があるが、その根底には矛盾に満ちた人間存在があると繰り返し説いておられます。そして天使と悪魔の「中間的な存在」である人間を常に複眼的に見つめ、立体的に全体として捉えて法を考え、行う必要を力説しておられますが、とても充実した気持ちで読み終えました。

心から感謝し、ますますのご活躍をお祈り致します。

敬具

（岩波書店、一二〇〇〇円）

（二〇〇三年八月三十一日）

政治見据えた歴史家

萩原延壽著『自由の精神』

萩原延壽という、歴史に深く沈潜した作家がいた。心血を注いだ『遠い崖―アーネスト・サトウ日記抄』（朝日新聞社）全十四巻が完結した直後、ロウソクが燃え尽きるかのようにこの世を去った。残された人々は、彼の原点とも言うべき初期の論文を中心に一冊に編んだ。

萩原延壽は「思想と政治のジレンマに生きた男」（粕谷一希氏）だった。「思想のラディカリズム」と「政治のリアリズム」の相克を見詰めた歴史家だった。次の断言はその結晶だ。

〈「権力」と「理念」という政治における二つの主要な契機の双方にたいして、つねに過不足のない認識と理解をしめすものだけが、政治の世界において真にリアリストの名に値する〉

それを体現したのが陸奥宗光だった。「陸奥宗光小論」は何度読んでも唸《うな》ってしまう。陸奥とは「藩閥」勢力という実在する権力と、「自由民権」という普遍的な「理念」との間に引き裂かれた「分裂した魂」の所有者だった。これに対し、馬場辰猪は「自由民権」の「理念」をひたすらラディカルに追求した。彼の生涯を知る者は「凜冽《りんれつ》の気」に打たれるが、覆いがたく現れてくるのは「政治」の不在である。このように二人を対比し、陸奥を高く評価しつつも、馬場への愛着も隠そうとしない。萩原氏には「革新とは何か」にみられるような根源的な思考、史料を探索し内在的に理解しようとする態度、そして人物に注ぐ温かい視線がある。随所で印象深い文章に出合う。

「馬場の真面目は理想と信念に対する極めて真摯な生活態度を保持していた点にある。しかし彼は『妥協』という休息を知らなかった」

岡義武『近代日本の政治家』の解説ではこう書く。「リベラル・ナショナリストとしての岡先生は二つの時代において『静かなレジスタンス』をつづけることを余儀なくされた。ひとつは戦前のナショナリズムの過剰に対して、ひとつは戦後のナショナリズムの過少に対して」(みすず書房、三六〇〇円)

(二〇〇三年十月十二日)

小林秀雄と渾然一体

池田晶子著『新・考えるヒント』

拝啓　池田晶子様

読売新聞の政治部長時代、政治を問うシリーズであなたにインタビューしました。「なぜ池田晶子なの？」という声もありました。でも、正月に出た記事を見て納得してくれました。

「変革阻む『精神性の欠如』」という見出しでした。あれから六年四か月。新著を拝見し、主張の不易なることに驚嘆すら覚えます。それは次の言葉に尽きるように思います。

「考えるということは、生きるということを考えるということなのだ。逆に、生きるということは、考えることを生きることなのだ。生きることと考えることとが完全に一致した人、それが史上における本物の哲学者という人々だ」

今度は少し手の込んだ手法を使いましたね。小林秀雄の『考えるヒント』から「常識」「無私の精神」など十五編を拝借、タイトルだけでなく小林の文章も自在に駆使し現代を斬るという、アクロバット飛行を敢行しました。

文体もそうですが、ここには池田晶子が小林秀雄であり、小林秀雄が池田晶子であるという渾然一体の中で、「晶子ワールド」に引き込もうという策略があります。自信過剰なまでの啖呵《たんか》で喧嘩を売るという手法にも磨きがかかってきました。たとえばこんな風です。

「道元や大拙くらいはさすがに手に取ったことはあるが、一読して腑《ふ》に落ちたような気がしたために、それ以上勉強したことがない」

「凡百の小林秀雄論、あーでもないこーでもないの戯言《ざれごと》の類など、文字通りゴミみたいなもので、私のあの作品こそ、唯一白眉の小林論だと、これは本当に自負しています」

久々に爽快感を覚えるとともに、自ら考えることの少なさを痛感しました。そして哲学者ウィトゲンシュタインの言葉を思い出しました。「およそ語られうることは明晰に語られうる。論じえないことについては、ひとは沈黙せねばならない」（『論理哲学論考』）　敬具

（講談社、一六〇〇円）

（二〇〇四年四月十八日）

神が命じた哲学活動

加来彰俊著『ソクラテスはなぜ死んだのか』

「ソクラテスは一個の謎である」。ソクラテスの思想についての解説として、簡にして要を得た高坂正顕『西洋哲学史』（創文社）の一節である。謎の核心にあるのは、なぜ毒杯を仰ぎ従容として死に赴いたのかということだ。

死刑になったのは「不敬神」と「若者を堕落させている」罪によるものだが、著者は「なぜ死刑になったか」よりも、「なぜ死なねばならなかったのか」と問うことで謎に迫る。というのも死刑を免れる機会は三度もあったのだ。

有罪か無罪かの投票の前に、哲学活動を放棄すると誓っていたら無罪の可能性は十分にあった。有罪になった後でも、陪審員を愚弄《ぐろう》する大言壮語を吐かなければ死罪を免れることはできた。そして死刑判決が確定した後も、牢獄から逃げ出そうと思えば可能だった。

なぜそうしなかったのか。ソクラテスにとって、哲学活動とは神の命ずるものであり、アテナイ国家への最大の善だった。それを放棄することはそれこそ不敬神の罪を犯すことであり、もはやソクラテスでなくなるからだ。

死刑の判決は不当だが、合法的な手続きで下された以上、自分が不正な目に遭わされるとしても、それはそれでやむをえないことと考えたに違いない。「一番大切なのは単に生きることではなく、よく生きることなのだ」というのは彼の生き方全体を支えた不動の信念であり、逃亡するよりも国家の命ずる刑に服する方が「正しく生きる」ことだったからだ。

こうしてソクラテスの死に至る過程は、今に生きる私たちに、「よく生きる」とは何かを考えさせずにはおかない。読み終わって田中美知太郎『ソクラテス』(岩波新書)の文章が説得力をもって伝わってくる。

「かれの生死は、かれその人の内面から、一種の必然性をもって出て来ていると言わなければならない。これに比すれば、裁判事件のようなものは、単なる外来的付加物に過ぎない」

(岩波書店、二四〇〇円)

(二〇〇四年五月十六日)

唐木順三への満腔の思い

『反時代的思索者――唐木順三とその周辺』

粕谷一希著

編集者として名伯楽の誉れ高い著者による唐木順三論である。「信州」「京大哲学科」「筑摩書房」をキーワードに、唐木と彼をめぐる群像、その生きた時代を描いているだけでない。著者自身の文学論、歴史哲学も披瀝《ひれき》、日本現代思想史研究の趣さえ漂わせている。

文学者であり、思想家であり、編集者でもあった唐木順三とは、一体何者なのか。美しくもある次の文章からは、唐木に対する著者の満腔《まんこう》の思いが伝わってくる。

〈職業としての哲学を捨てながら、終生、西田幾多郎を思慕し、田辺元を支え、西谷啓治や鈴木成高を愛し、深瀬基寛を酒友とした唐木順三は、筑摩書房の古田晁や臼井吉見との信義に生き、京大哲学の学生時代の旧友と恩師への信義に生涯忠実に生きた〉

では、なぜ唐木を取り上げるのか。同時代の著作家、小林秀雄と比べ、「批評家としての鋭さ、豊かさは小林秀雄にあるとしても、思想家としての深さ、一貫性は唐木の方にあるのではないか」と思うからだ。

戦後の日本社会が近代化の大合唱を奏でていた時、唐木はひとり背を向け、封建遺制として徹底的に排撃された中世の探求に旅立った。それは反時代的行為ではあるが、「時代への批評性」こそが思想家の条件なのである。

「教養主義」を擁護し、京都学派を再評価しながら展開される〝粕谷哲学〟には味わい深いものがある。「人文的教養を失った人間は野蛮人にすぎない」「教養とは、人間性に基いたバランス感覚のある判断力を指す」。

戦後の社会科学者たちはまだ十分、哲学的であった。しかし、「六〇年代以降、哲学を失った世代が実証的科学だけで社会の問題は解けると錯覚しはじめた」と、哲学的素養の大切さを説いてやまない。時代と対峙《たいじ》しながら思索することにおいて、いかに怠慢になっているかを思い知らされ、粛然とならざるを得ない。

（藤原書店、二五〇〇円）

（二〇〇五年七月三十一日）

たおやかな複眼的思考

坂本多加雄著『坂本多加雄選集』（1・2）

歴史家の使命とは、現在から過去を断罪することではない。今の価値基準で過剰なる意味づけをすることでもない。その時代に身を置き、内在的理解に努めながら、「過去」を生き生きと蘇らせることに傾注すべきだろう。

三年前、五十二歳の若さで忽然《こつぜん》として去った坂本多加雄の一二〇〇ページを超える論文集に流れているのは「精神のしなやかさ」だ。たおやかなまでに複眼的な思考が、ここにはある。

それは福地源一郎や山路愛山、徳富蘇峰論でも、征韓論や象徴天皇制度の理解でも一貫している。かねて議論のある福沢諭吉の「脱亜論」分析にもよく表れている。〈脱亜論は中国への一方的な優位の意識の表明でもなければ、アジア切捨て論でもない。明治十年代半ばの国際状況での、未だ不安定でひよわな日本の地位を顧慮しつつ、西洋におけるイメージを少しでも改善するために、最大限の現実的配慮を傾けて打出したものだった〉

丸山眞男論は数多ある丸山論でも出色である。行動する「戦後知識人」としての丸山と、「学問研究者」としての丸山を峻別《しゅんべつ》すべきことを強調し、「歴史家丸山眞男を正当に遇する道は、丸山の根底にあった自己相対化とバランスの感覚を積極的に継承し、日本の政治思想史の伝統を築き上げていくことにある」という。そこには政治的な立場の違いを超え、「偉大な先達」への敬意がにじみ出ている。

坂本が求め続けたのは、明治維新以降の日本を担った当事者たちが、自らの置かれた状況や行動をどのような〝物語〟として理解していたかを描くことだった。坂本が「新しい歴史教科書をつくる会」の理事として奔走したことに、多くの友人は困惑、違和感を覚えたという。

しかし、この論文集を読むうちに、「赤心」の人として日本人の〝物語〟を紡ごうとしたがゆえの、ある種必然の道行きだったのかもしれないとの思いにとらわれてしまう。(藤原書店、各八四〇〇円)

(二〇〇五年十二月十一日)

「背徳者」の烙印覆す

納富信留著『ソフィストとは誰か？』

プロタゴラスやゴルギアスに代表されるギリシャのソフィストたち。本来なら「知恵のよく働く人」という意味なのに、「詭弁《きべん》を弄《ろう》する似而非《えせ》知者」という悪名が付き纏《まと》って離れない。「無神論や不可知論、相対主義によって社会と道徳を破壊し、若者たちを腐敗させる背徳者」という烙印を押されてきた。

しかし、ギリシャに始まった西洋哲学のあり方が根本的に問われている今、ソフィストの存在を見直す作業は不可欠なのだ。哲学の再興は二五〇〇年の時空を超えて、ソフィストとの対決を通じてしかあり得ない。そんな切迫感と意気込み、そして熱情に溢れた書である。

ソフィストとは授業料をとって「公的な場で上手に言論（ロゴス）を操る技術」を授ける西洋史上初めての職業的教師だった。若者たちは新鮮な知的刺激を与えられ、熱狂的に迎えた。それに最も危機感を感じたのがプラトンだった。

プラトンは師ソクラテスがソフィストではなく「哲学者」であることを弁証することでソフィスト批判を展開する。知識の教授と引き替えに金銭を取ることは、知の自立を否定するものだ。「全知」

を標榜するなど傲慢であり、「不知」を自覚し「知」を愛し求め続けるところに「哲学者」の所以《ゆえん》があるのだ。

こうしてプラトンの「若者を誑《たぶら》かす不道徳なイカサマ師」というソフィスト像が歴史的に定着していく。その論証には歴史のパズルを解くような面白さがあるが、この書の特徴は、数少ないソフィスト自身の著作から彼らが為そうとしたエキスを抽出、「言論の力」と「知への挑戦」を再評価していることだ。

ソフィストをプラトンの〝くびき〟から解き放つ作業を通じ、相対主義や個人主義、さらには非宗教的態度など日本社会に蔓延する諸現象を考えていこうという試みは、結局はその解を私たち自身に委ねた形になっている。読み終わり重い課題を背負ったとの感を禁じ得ない。

（人文書院、二八〇〇円）

（二〇〇六年十一月十二日）

今こそ和辻の人間学を

和辻哲郎著『倫理学』（四分冊）

なぜ、和辻哲郎なのか。どうして「倫理学」なのか。和辻が近代日本で「最も包括的な哲学体系を築き上げた」（苅部直）思想家であり、『倫理学』は「日本人としての能力の極限を示す」（金子武蔵）作品だからである。

文庫版では四分冊（既刊二冊）となる『倫理学』は上中下三巻として出版された。上巻は一九三七年、中巻は四二年、下巻は四九年と終戦をはさんでいるが、グローバル化が進み、国家の枠組みが問われている今こそ、この書を読み直す意義があると思われるのである。

和辻倫理学の最大の特色は、倫理学が人間学であるという点にある。デカルト以来西洋哲学の核心にあった個人主義的人間観を厳しく批判。「倫理学を『人間』の学として規定しようとする試みの第一の意義は、倫理を単に個人意識の問題とする近世の誤謬から脱却すること」（序論）だからである。

人間とは個性と社会性という二重の性格を有し、この両者を「弁証法的に統一した存在」である。人間の存在とは人と人との「間柄」にあり、間柄は時間性と空間性によって段階的に分けられ、夫婦、家族、地縁共同体、国家と拡大する。中でも国家は最高の「人倫的組織」である。

このように和辻倫理学は展開されていくが、哲学書にありがちな抽象論ではなく、あくまでも日常的な事実によって説明しながら論を進めているところに大きな特徴がある。

国家主義への傾斜など和辻批判には根強いものがある。しかし、内外の学者による『甦る和辻哲郎』（ナカニシヤ出版）を読めば、和辻の作品が世界的にも先駆的なものであったこと、アジアの近代化を考える場合に有益であることにも気付かされる。

文庫版の各巻には、熊野純彦東大助教授による渾身の解説が付けられている。和辻との格闘の跡が生々しいまでに感じられ、「解説」のあるべき姿を示しているように思う。

（岩波文庫、各九四〇円）

（二〇〇七年三月十一日）

リアリスト、人間至上主義の孔子像

陳舜臣著『論語抄』

「愚《ぐ》（私）、断じて論語を以《もっ》て、最上至極、宇宙第一の書とす」

こう言い切ったのは江戸時代の儒者、伊藤仁斎である。それだけに注釈書や解説書は汗牛充棟ただならぬものがある。いささか謹厳な吉川幸次郎よりも貝塚茂樹に親近感があったが、本書によって陳舜臣により一層親しみを覚えるようになった。

『論語抄』は『論語』の全四九九章から一三四章を選び、孔子の人となりや孔子の生きた時代、門弟との関係などを生き生きと描いている。そこから「リアリスト」であり、「人間至上主義」を貫いた孔子が浮かび上がってくる。

誤解も正してくれた。「民は之に由《よ》らしむべく、之を知らしむべからず」は民を従わせる理由をわからせるのは難しいと読むべきで、決して儒教の封建性を示すものではないという。「女子と小人とは養い難し」も女性蔑視の表現ではないことも学んだ。『論語』は一生かけて読むべきことを痛感した。

（中央公論新社、一五〇〇円）

（二〇〇七年三月二十五日）

追い求めた「真に生きる」

藤田正勝著『西田幾多郎――生きることと哲学』

「西田哲学の難解といふことは、これを学ばんとするすべての人から発せられる嗟歎の声である。しかし一人の思想的天才がその全生涯を賭して掘り下げて行つた深い生命の世界をば簡単に唯だそこにあるものをつかむやうな仕方で受け取らうといふのは無理な要求である」『新版西田幾多郎全集』（岩波書店）を少しずつ読み、難解ゆえに挫折しようとする時、思い起こすのは柳田謙十郎『実践哲学としての西田哲学』（一九三九年）の一節である。

「純粋経験」「行為的自己」「絶対矛盾的自己同一」「絶対無の場所」……。これら難解な〝西田語〟を読み解き、「純粋経験」から純粋経験の「自覚」へ、さらに自覚の「場所」へと展開する西田哲学の軌跡をたどりながら、西田の目指したものを明らかにする。

自らを「一介の坑夫」になぞらえ、思想の鉱脈を探索し続けた西田が追い求めたのは「真に生きる」

ことだった。そして「日常の経験こそが哲学の出発点」というのが西田の一貫した立場であり、難解だが我々がじかに接している具体的な事物を離れて空疎な思索を展開したのではないことを力説してやまない。

西田の戦争への加担がしばしば指摘されるが、偏狭な自文化中心主義を排し、多文化主義的発想こそが西田の特徴だった。さらにこの書で印象的なのは、西田を中心にした「京都学派」の今日的意味をプラトンの「知の飛び火」論で説明した部分だ。

〈西田の「自ら思惟する」という信条とその実践から刺激を受けた人々のなかに、主体的に思惟する力が発火し、自らの思想を紡ぎだしていったその結果が、いわゆる京都学派と言えるのではないだろうか。まさに自立した思惟の飛び火であったがゆえに、多くの弟子は西田の思想を批判することも辞さなかった〉

日本における真の知的ネットワークのあり方を考えるうえでも極めて重要な指摘である。

（岩波新書、七〇〇円）

（二〇〇七年五月六日）

政治に求められる「理性」とは

佐々木毅著『民主主義という不思議な仕組み』

「デモクラシーとは、これまで歴史的に存在したあらゆる政治形態を除けば、最悪の政治形態である」。チャーチル英首相の演説の一節である。国境を越えたグローバル化、「文明の衝突」という価値観の闘争の時代にあって、自明と思われていた民主主義とは何かも厳しく問われている。

この書は、ギリシャのポリスという狭い都市国家でのみ可能だった民主政が、「法の支配」の尊重や社会契約に基づく権力の承認など、さまざまな変遷を経て現代民主主義に至る歴史を一望している。それはまた人類の苦闘の精神史でもあった。

民主主義にとって不可欠な「世論」とは何なのか。どんな陥穽《かんせい》があるのか。克服するためには何が必要なのかも説きながら、政治とは感情で動くように見えるが、最後は頭脳を使った活動であることを決して忘れてはならないと強調している。「理性の政治学」の書、と言っていいのかもしれない。

（ちくまプリマー新書、七六〇円）

（二〇〇七年八月二十六日）

鍵は日本の伝統の中に

苅部直著『移りゆく「教養」』

気鋭の政治学者が「教養」の今日的意味を考える「思考の旅路」で見たものは何だろうか。最も印象深いのは、G・オーウェルのエッセー「絞首刑」を紹介した部分である。

インド帝国警察の警官としてビルマで勤務していたオーウェルは、一人のインド人が絞首刑にかけられる場面に立ち会う。絞首台に向かって歩いていた男が、水溜《た》まりに近づくとふと歩みをそらし、足が汚れるのを避けた。その瞬間、オーウェルの心に小さな衝撃が走る。

すぐ命が絶たれるのに「生への愛《いと》おしみ」を保つ死刑囚。その姿に植民地支配者と現地住民の壁を超えて同じ人間であることを了解するオーウェルに、政治社会学者、栗原彬は大きな「教養」をみた。「限界状況で、教養は、生の証しとか、人間の尊厳としか言いようのないものとして、そっと現れる」からだ。著者はこれを「教養」を考える「窮極の一点」とみる。

ほんの数ページの部分を長々と紹介してしまったが、本書は、プロイセンの哲学者フンボルトやフィヒテ、シェリングらの教養論がどのような変遷をたどったか。「教養」を通じて「人格」の形成を目指す一九三〇年代の日本における教養ブームの背景にあったのは何か。それが戦後どう受け継がれ、あるいは変容したか。古今東西の「教養」論を丹念に追っている。

その中で著者が最も力点を置いているのは、民主主義を真に実践するために私たちはどのような「政治的教養」を身に着けなければいけないか、その鍵は足元の日本の伝統文化の中にあるということである。

和辻哲郎や丸山眞男らの研究を通して、北畠親房の『神皇正統記』に見られる「道の支配」や「正直の徳」、さらには佐久間象山の思想の核にあった「政治的リアリズム」に、今こそ学ぶ必要を説いている。本書それ自体が「政治的教養」の書であることを実感させられる。（NTT出版、二二〇〇円）

（二〇〇七年十月二十一日）

「同情と敬意」払う品格

尾崎護著『吉野作造と中国』

一九一七年六月二十一日、日本に遊学中の若き周恩来は、東京帝国大学教授、吉野作造を訪ねた。「民本主義の提唱者」として知られる吉野に会いたいと思ったのだ。吉野は留守だった。七月五日に再び訪ねた。しかし、不在で会うことはできなかった。周恩来は悄然《しょうぜん》として帰った。

このエピソードほど当時の中国青年にとっての吉野の存在を雄弁に物語るものはない。著者の執筆の最大の理由は、過去を克服しながら中国とどう付き合うかという難問への一つの「解」が、吉野をたどることによって得られると思ったからだ。その目的は十分達せられている。

三年間の天津在留経験から中国嫌いだった吉野は、反袁世凱《えんせいがい》勢力の蜂起失敗で、孫文はじめ多くの革命派が日本に亡命してきた一九一三年ごろから変わっていく。中国の革命運動をつぶさに研究、「多大の同情と敬意とを支那民族に払はんとする立場」を鮮明にしていく。

吉野は研究者として同情を寄せただけでない。将来の中国の中心勢力になるのは、祖国の改革を唱える幾百の青年であるとして、亡命中国青年たちに教え、彼らの学費をつくるため、東大教授を辞め朝日新聞に入社することさえした。

吉野は「今日の日本には、侵略の日本と平和の日本との二つがある」とし、日本国民の多数が「平和の日本」である事実を知ったら反日は止むだろうと論じた。ここにも今後の日中関係を考える示唆があるのではないかと著者はいう。

この書では、悪名高い「対華二十一か条要求」を吉野が支持したことにも触れ、帝国主義下の当時の常識で見れば、決して異常にひどいものではなかったと力説する。

吉野の人生と中国との関わりを本書でたどりながら、三谷太一郎氏の指摘に思い至った。

〈生涯を通じて吉野の信仰は何よりもその肯定的人間観に、そしてその肯定的人間観に基づく人生への無限のオプティミズムとしてあらわれた〉(「思想家としての吉野作造」)(中公叢書、二二〇〇円)

(二〇〇八年七月十三日)

極めて平易なマルクス主義指南書

不破哲三著『マルクスは生きている』

何度も死亡宣告されながら、生き返る。偉大な思想家の宿命であり、証しである。金融危機や地球環境破壊を背景にしたマルクス「蘇生の書」であり、これほど平易に書かれたマルクス主義指南書も珍しい。

不破氏らしい明晰さで、マルクスの現代的意味を「唯物論の思想家」「資本主義の病理学者」「未来社会の開拓者」の三つの側面から解説する。ノーベル賞の小林・益川理論も駆使した説明の一つ一つがわかりやすく、説得力がある。

不破氏の論法に引き込まれながら、ならばなぜ、共産主義が世界の主流にならないのかという疑問に逢着《ほうちゃく》、六〇年前の小泉信三『共産主義批判の常識』を改めて読んでみる。

そこには史的唯物論、労働価値説、恐慌論など、マルクス主義の根幹にかかわる問題点が実に平易に描かれている。両書を読むと、マルクスの原典に挑戦してみたい気持ちにさせられる。

（平凡社新書、七二〇円）

（二〇〇九年六月二十一日）

原風景追った生の軌跡

熊野純彦著『和辻哲郎――文人哲学者の軌跡』

〈わたくしたちはただうっとりとしてながめた。（中略）ここには慈愛と悲哀との杯がなみなみと充《み》たされている。まことに至純な美しさで、また美しいとのみでは言いつくせない神聖な美しさである〉

『古寺巡礼』の心に染みる流麗な文章に誘われて、一体どれほどの人が中宮寺の弥勒像を訪れたことだろう。和辻哲郎には、最も根源的なものを見抜く「イデーを見る眼」があったと評したのは哲学者谷川徹三である。それは詩人的な直感と体系的な思考を併せ持つ稀有《けう》の人だけができることだったのだろう。

今年が生誕一二〇年、来年が没後五十年という節目の年に、和辻評伝の決定版ともいうべき一書が出た。和辻の作品の根底には、幼き日を過ごした故郷、兵庫県仁豊野《にぶの》の「原風景への憧れ」があったのではないか。そのことを太い縦糸に、思索と生の軌跡を追っている。

日本近代の哲学的思考の可能性と限界、「煌《きら》めきと冥《くら》がり」の一切を余すところなく示した傑作『倫理学』。その家族論も地縁共同体論も少年期の記憶と深く結びついていた。

『古寺巡礼』は、西洋の思考と芸術を潜りぬけた哲学者による日本の美の「発見の書」であり、「感受性の深さと測りあうほどに使命感も人一倍つよかった、一青年の彷徨《ほうこう》の物語」だった。と同時に「帰郷の物語」として読むこともできるというのである。

道元論もカント論も原始仏教についても「開拓者」だった和辻の限界もきちんと押さえながら、全体を流れているのは偉大な先達への敬意である。哲学を論ずる書にありがちな乾いたものがない。潤いと余韻と温かさがある。

読んでいて、和辻哲郎が生涯追い求めたものとは「喪《うしな》われしもの」への愛《いと》おしみだったのであり、この評伝は和辻という偉大な文人哲学者への「鎮魂の書」なのだろうという思いにとらわれるのである。

（岩波新書、七八〇円）

（二〇〇九年十月二十五日）

お題は「私のイチオシ文庫」

貝塚茂樹訳注『論語』

武内義雄、吉川幸次郎、宮崎市定、金谷治、加地伸行……。「論語」の注釈はあまたある。素人の私に是か非かの判断はできない。貝塚茂樹の訳は「学んで時《とき》に習う」を「時《ここ》に習う」と読み、吉川博士らの厳しい批判を浴びた。しかし、読み比べてみて、私にとっては、最も親しみやすい「論語」である。

貝塚論語から浮かび上がるのは、「おだやかで、すなおで、うやうやしく、つつましやかで、控えめで、おしつけがましさがない」孔子の姿である。平凡きわまることこそ最高の非凡である、という貝塚哲学とでもいうべきものがここにはある。

（中公文庫、一〇四八円）

（二〇一〇年八月八日）

美しいヒューマニズム

佐藤孝雄・池田雅之編『今道友信　わが哲学を語る——今、私達は何をなすべきか』

中世哲学について五〇年に及ぶ研究成果をまとめた今道さんの『中世の哲学』（岩波書店）には、珍しくも二つの「あとがき」がある。癌《がん》が発見され、余命約二か月と宣告された直後の昨年八月と、延命し七か月余り経った今年三月である。

本書はそれから三か月後に出版された。鎌倉大仏殿・高徳院での五年にわたる講義をまとめたものだ。癌と闘っている中での出版だけに読む側にも特別感慨深いものがある。

ソークラテースやプラトーン、孔子、荘子の教えを、ラテン語や漢字の字義もたどりながら分かりやすく解説する。特に強調されているのが、自分自身の大切なものを人に捧げる「善」であり、他者のためにより大きな犠牲を払う「美」であり、他者によって差し出された大切なものを自身が背負う「義」である。そして今私たちがすべきことをこう語る。

〈第一に、自分自身をできるだけ卑劣な人間でないようにすることです。自分を反省して、自分から見て、自分に恥じない人間になるように努力することです（中略）自分自身を、奉仕を通じてできるだけ他者に捧げることです〉

「美しい心」「美の実践」とは何か。フランスの大学の講師をしていた極貧の時代、レストランの女主人と娘さんは一番安いプレインオムレツしか注文しない自分に、黙って二人分のパンを置いた。よその人の注文を間違えたと偽り、温かなオニオングラタンを持って来てくれた。

ドイツの貧乏講師でお金に困った時、十歳上のドイツ人講師はラテン語の本を貸してくれた。その本には三〇〇マルクと小さな紙切れが入っていた。こう書いてあった。

「まず生きよ。然《しか》るのち、哲学せよ、返すのはいつでもいい」

東西の哲学を究めた碩学《せきがく》がたどり着いた終着駅。そこにあるのは平凡すぎるほどの美しいヒューマニズムである。哲学は決して遠くかなたのものではない。そう語ろうとしていることが実に感動的なのである。

（かまくら春秋社、二八〇〇円）

（二〇一〇年十月十七日）

現代を鮮やかに一刀両断

池田晶子著『悪妻に訊け――帰ってきたソクラテス』

書評家　ソクラテスさん、『帰ってきたソクラテス』に続いて、今度の本は「ソクラテス現代を語る」の第二弾ですね。

ソクラテス　私は生涯に一冊の本も書かなかったが、プラトン君が忠実に再現してくれてねぇ。今度は池田君というう若き女性哲学者が、二千四百年ぶりによみがえらせてくれたよ。

書評家　それにしてもさすがですね。いま流行の『ソフィーの世界』はこてんぱんだし、若い人には教祖的存在の柄谷行人は「何にもわかっちゃいない」と一刀両断だし、真正の保守主義者を名乗る西部邁には「慌てちゃいかん」と叱っているし……。

ソクラテス　君は本の目次を言っているだけじゃないか。そんなことで書評なんかできるのか。まあそれはいいとして、私も最近の情勢については疎いんで、しゃべっていることはみんな池田君の振り付けなんだ。それとわが妻クサンチッペのグサリと事物の本質に迫る質問に刺激されてね。

書評家　クサンチッペさんは、リンカーン大統領夫人と並ぶ歴史的悪妻と言われていますが、大いなる誤解ですね。「男はね、仕事だよ。四の五の言わずに、やってみせることだよ」「女の能力って言うんなら、そりゃ男を動かすことに尽きるでないの。社会動かしているのが男なら、その男を動かすことこそ女の技量ってもんよ」。胸のすくタンカですね。

ソクラテス　「哲学」とは何かについては、二冊をじっくり読んでほしいし、確か池田君自身が読売新聞の七月一日付夕刊に書いていたね。クサンチッペなら「四の五の言わずに黙って読め」というところだろうな。心配なのは、売れるかどうかなんだ。

書評家　でもあなたは、『帰ってきたソクラテス』が売れなくて『ソフィーの世界』が売れるのは、ウソを書いているからだ、と言っているじゃないですか。

ソクラテス　確かに言ったけどね。この世にウソが蔓延《まんえん》しないためにも、池田君のためにも売れてほしいなあ。値段も安いしね。

（新潮社、一四〇〇円）

（『週刊読売』一九九六年七月二十八日）

思想の解釈に映される「時代」

佐々木毅著『プラトンの呪縛――二十世紀の哲学と政治』

岩波書店の「プラトン全集」が出版されたのは二〇年前の一九七八年のこと。その第五次の予約募集がこの四月に行われる。ほぼ五年に一度の割合で版を重ねてきたことになる。偉大な思想家たるゆえんは、時空を超えた息の長さとともに、まるで正反対の解釈さえも許す広さと深さにあるのだろう。

「プラトンはファシストだった⁉」という刺激的な序章で始まる本書は、プラトンの「ポリテイア」（国家）の解釈を通して、二十世紀とはどんな世紀だったのかを考えようという、ある意味で壮大な思想的試みだ。

ドイツでは自由主義や民主主義に対抗する新たな革命家として、ヒトラーとの親和性が強調された。これに対して米英では「反近代的な反動政治家」（倫理学者・ファイト）、「全体主義的イデオロギーの元祖」（哲学者・ポパー）として厳しく指弾される。

著者がたどる丹念なプラトン解釈の変遷によって、思想の解釈それ自体が時代を映す鏡であることがわかってくる。著者の最大の狙いは、こうしたプラトン解釈の歴史を追いながら、現代への「警告者としてのプラトン」を描き出すことにあったのだろう。

プラトンが発する警告とは、著者によれば、現代のように社会システムの統合機能が弱体化する状況を放置していいのかということであり、自己利益の肥大化が自己目的化している中で、「何のために」を執拗に問いかけることの重要さである。

著者は現実政治のリアルな分析者として著名だが、すでに「二十世紀型体制についての一試論」（『思想』95・10）や「二十世紀の自由主義思想」（佐々木毅編『自由と自由主義』）などの論文を残し、今、新たな二十世紀論を公にした。

本書をきっかけに、単なる回顧的な二十世紀論ではなく、一〇〇〇年単位のパースペクティブをもった体系的で骨太な二十世紀論が出てくることを期待したい。

（講談社、二四〇〇円）

（『週刊読売』一九九八年三月八日）

二　日本政治の現在

矮小な政治断じる政治記者の目

富森叡児著『凧は揚がらず――迷走する政治改革』

「凧《たこ》を揚げる」とは、現自由党党首・小沢一郎氏の言葉である。それは「政権に返り咲き、日本改造の夢を実現する」ことだった。しかし、凧は遂に揚がらなかった。小選挙区比例代表並立制が導入されたが、二大政党制は実現せず、政策本位の政治にもほど遠い。九三年以来五年にわたる政治改革は完全に挫折し、元の木阿弥となった――。

著者はこのように結論づけ、新選挙制度がそもそも日本の風土にも時代にも合わないものだと舌鋒鋭く説く。いつ収束するともなく繰り返される政党の離合集散、直面する課題の深刻さに比しあまりに矮小な政治を目の当たりにして、著者の指摘に共感する読者も多いに違いない。

平成の政治混乱の特徴を、保守合同（五五年）に至る三年半と比較しながら浮かび上がらせる手法は、政治記者として戦後政治を見つめてきた著者ならではのアプローチだ。保守合同に執念をかけた三木武吉と小沢氏の比較も説得力がある。

一方、比例代表制が最善とする著者の現状分析には疑問も残る。第一に、九八年に入ってむしろ自民党一党優位が強まったというが、先の参院選で自民党は惨敗を喫した。新選挙制度による衆院選は一度行われたにすぎない。「元の木阿弥」と烙印を押すのはまだ早いのではないか。

第二の問題は、小選挙区制が目指した「果断な政治」はポスト冷戦下では完全に時代遅れだという主張だ。しかし、グローバル化、ボーダーレス化で政治における時間の概念は格段に重要さを増し、これまで以上に「果断な政治」が求められているのではないのか。

第三は、橋本内閣の「六つの改革」は、小沢氏の改革構想を横取り、つまみ食いしたにすぎないとの指摘だ。手法やタイミングの拙さで失敗したが、橋本氏なりの時代認識による重要な問題提起だったのではないか。小沢氏を評価するあまり〝剽窃《ひょうせつ》〟というのは酷すぎるのではなかろうか。

（朝日新聞社、二〇〇〇円）

（一九九八年十月十一日）

現実との乖離を分かりやすく説明

西修著『日本国憲法を考える』

「あらゆる憲法は生命のある有機体であり、生きた現実の動態下におかれている。憲法は決して同一物であることはなく、常にヘラクレイトスのいう万物流転にさらされている」

著名な比較憲法学者カール・レーベンシュタインの言葉だ。ひとり日本国憲法だけは極めて特殊な日本的事情によって、改正論議することさえ長い間タブーとされてきた。しかし、国会への憲法調査会設置の動きにみられるように、ようやく「生きた現実」と向き合うようになっている。

本書は、現行憲法の各章について、現実との乖離をわかりやすく説明しながら、見直しの方途を示している。改正論議といえば、ともすれば第九条の自衛権問題に集中しがちだが、本書を読めば新しい人権概念や国会、司法のあり方などあらゆる分野での見直しが急務であることがわかる。

たとえば国会について著者は、参院も直接選挙制のため完全に政党化し、このままでは参院無用論は十分理由があるとして、参院の非政党化の方策、さらには二院制のあり方について抜本的な論議を始めるよう求めている。また、司法権を真に「憲法保障の砦《とりで》」とするため、憲法裁判所を設置し、司法が正面から憲法と向き合うよう提言している。

著者は自らの立場を「複眼的改憲論」と位置づける。それは「明治憲法ノスタルジア改憲論」や「民族主義的改憲論」とは異なり、国民主権や平和主義、基本的人権の尊重という現行憲法の基本原理を遵守しながら、世界のトレンドに目を配りつつ日本の独自性を大事にしようという立場だ。憲法に関するさまざまな誤解、曲解を取り除こうとする著者の狙いも十分果たされている。

それにしても、憲法規範と現実の乖離に目をつぶり、ひたすら条文をどう解釈するかに終始してきた日本の憲法学とは何だったのか。本書はそうした憲法学界のあり方に対する厳しい批判の書でもある。


（文春新書、六九〇円）

（一九九九年四月二十五日）

肉声織り交ぜ体系的に分析

佐々木毅編著『政治改革1800日の真実』

リクルート事件に端を発し、選挙制度改革に結実した一連の政治改革は、注ぎ込まれたエネルギーと改革の内容において、おそらく戦後政治史に残るものだろう。ところが不思議なことに、これほど格好の研究テーマにもかかわらず、体系的に分析した書がいっこうに現れなかった。

その理由は明白だ。政治改革反対（消極）論者は「政治改革は選挙制度改革に矮小化され失敗だった」と〝それ見たことか〟論を展開、一方の改革推進論者の一部にも、目指したはずの「二大政党時代」がやってこないとして落胆と反省の空気が広がっているからだ。

あたかも「有頂天の革命的精神のあとには長い宿酔が来る」というマルクスの言葉を実証するかのような現象を呈してきた。しかし、本書によって私たちは政治改革を歴史的にきちんと跡づける基本的文書を持つことができた。

政治改革はどんな流れをたどり、政党やマスメディアはどう対応したのか。基本的資料を随所に挟みながら、実証的かつ構造的分析を行い、当事者の肉声をインタビューの形で織り込んでいる。政治改革をトータルに把握できるよう、極めて欲張りな構成になっている。

一連の過程に取材者としてかかわった評者にとっても有益だったのは、佐々木論文と野中尚人論文である。前者は、政治改革が「冷戦という巨大シェルター」と「官僚制という行政シェルター」に保護されてきたシステムが立ち行かなくなった中で出てきたという大きな時代状況を論じながら、政治改革の意味は何だったかを整理している。野中氏による自民党執行部内の政治力学の分析も見事である。

唯一の不満は後藤田正晴元副総理や細川元首相ら関係者のインタビューだ。あまりに短すぎる。本書を読んで改めて痛感するのは、政治改革はなお道半ばであり、せっかく制度改革しても政治家自身による不断の努力がなければ烏有《うゆう》に帰してしまうということだ。

（講談社、三二〇〇円）

（一九九九年十一月二十一日）

戦後教育のゆがみ徹底取材でえぐる

櫻井よしこ著『日本の危機2』

朝のテレビでニュース解説をして一年余り。いくつかの〝法則〟があることに気が付いた。一つは教育問題を取り上げた時、そのコーナーの視聴率はまず下がらないということだ。

そこからは学級崩壊、いじめ、学力低下など「学校融解」現象の止めどない広がり、さらには想像をはるかに超える少年犯罪の多発を前に、多くの人がもはや確信をもって処方箋を語ることのできなくなった現実が浮かび上がってくる。

一体何をどう考えればいいのか。本書に収録されている教育に関する一連の論考は〝教育崩壊〟を目の当たりにして右往左往する私たちに大いなる指針を与えてくれる。

著者が力説してやまないこと、それは問題の元凶が歪《いびつ》な戦後民主主義教育にあるということだ。簡潔にまとめれば次のようになる。

〈文部省による過度なまでのゆとりや個性、自由の尊重が、自己主張はしても他者への配慮や自己責任を認識できない子供を生んだ。人間形成には規範や規律が必要だというかつての現実主義を徹底的に打ち砕いたのが戦後教育である〉

単に病理を剔抉《てっけつ》するだけではない。諸外国も含め教育再生のためのさまざまな現場の試みも紹介している。著者がたどりつく結論は「文部省は義務教育を地方自治体に任せ、高等教育を中央集権で支配するのはやめることだ」。

本書では、教育問題のほか、「手足を縛られた自衛隊に何ができるか」「地方自治の崩壊、大分、高知のケース」「年金資金を食い潰す厚生族の背信」などのタイトルで、現代日本が抱える危機の諸相をあぶり出している。

本書もそうだが、著者による一連の著書の特徴は綿密で徹底した取材と明快な主張に加え、つねに問題の根底にあるものを探り出そうとするところにある。言葉の真の意味でのラディカルな姿がそこにはある。

（新潮社、一六〇〇円）

（二〇〇〇年六月四日）

戦後政治のタブーに踏み込む渾身の議論

櫻田淳著『国家への意志』
中曽根康弘著『二十一世紀　日本の国家戦略』

私たちは今、かつてない歴史的な事態に遭遇している。経済、情報のグローバル化という大波が押し寄せ、「近代が生み出したもっとも精巧で有効な装置とみなされてきた国民国家」（野田宣雄『二十世紀をどう見るか』）が融解の危機に直面しているという世界史的な動きに加え、二十一世紀を目前に日本人にとって国家とはいかにあるべきかという根源的な問題を突き付けられているからである。

ここで取り上げる二つの書は、三十五歳と八十二歳の二人の著者が、日本が国家としての論理を再構築し、明確な戦略を打ち立てるためには何をすべきなのかを渾身の力を込めて私たちに示したものにほかならない。

櫻田氏は、故・高坂正堯氏が腑《ふ》分けした国家における三つの側面、すなわち「力の体系」「利益の体系」「価値の体系」概念を用いて国家の意味を再構成しながら、「民主主義とは多数の人々の合意、あるいは意志の上に立って、国家という名の『怪獣』を飼い馴《な》らす制度」と断言する。

こうした観点に立てば、国家を「負の存在」としてしか見なかった戦後民主主義の議論は『『怪獣』を飼い馴らすことに伴う緊張感とは無縁の誠に御気楽なものだった」ということになる。

ここまではいわば序論である。「政策提言型知識人」たる櫻田氏の真骨頂は、国家を飼い馴らすために何をすべきなのかについて具体的に提言したこのあとにある。

そこで展開されるのは、統治能力を回復するため「名誉を願い国家を指導する」ことを自らの領分とする真の意味の「貴族制度」を復活することの必要性であり、国家としての役割を画定し国家制度に心棒を通すための内務省復活論であり、さらには「平等主義思潮への訣別」を図るための「富裕階級」の復活論である。

これらはいずれも戦後民主主義が否定してきたタブーにほかならない。それゆえ本書に対しては必ずや「復古主義」の烙印を押す批判者がいるに違いない。しかし、虚心に読めば、埃《ほこり》にまみれた復古調の議論とは全く異なることがわかる。政治の本質と歴史への洞察、伝統の重視に裏付けられた、私たちが陥っているステレオタイプ的思考を打ち砕く腰の低い論なのである。

中曽根氏は、日本が米国や旧ソ連のような人工的国家とは異なる自然的国家であるがゆえに伝統的に国家戦略が欠落してきたとして、すぐ手を付けるべきいくつもの方策を提示している。総合的な情報収集を強力に行うための「内閣調査局長官」の任命、政党交付金の二割を充てる与党のシンクタンクの設置、戦略的研究や政策形成を目指す大学院、学部の新設などはその一例である。

そしてより根本的には、歴史的な伝統を踏まえた教育基本法の見直しや集団的自衛権の行使と文民統制を明確にした国家安全保障基本法の制定を強調している。これらもまた戦後政治の場でタブー視されてきたものにほかならない。

その意味でも、「利益の体系」の側面のみが突出してきた戦後政治のあり方が厳しく問われなければならないが、中曽根氏の一連の著書の大きな魅力である指導者論の面白さが本書にも随所にある。

「ここ十年間の政治家をみると、宗教性や思想性を持った求道心というものがあまりみられません。何でもチャンチャンバラバラで勝てばいい、そんなふうになっています」

「政治は何で動くか。総理大臣の能力、見識、迫力です。国家のために身を捧げる。自分の生涯を懸け、政治生命を懸けて身を捧げる。そういうような総理大臣の信念と迫力がまずあって、それが各大臣に移り、官僚や党の役員に移っていくのです」・

この言葉の重みを痛感するだけに、政治の現状に対して大いなる憂いを覚えながら読み終わらざるを得なかったのも事実である。

(『国家への意志』中公叢書、一八〇〇円／
『二十一世紀　日本の国家戦略』ＰＨＰ研究所、一五〇〇円)

(二〇〇〇年八月十三日)

改憲の袋小路を脱する処方箋

芹川洋一著『憲法改革――21世紀日本の見取図』

有権者の六割が改憲を支持しているのに明文改憲のハードルは極めて高く、アクロバット的無理を重ねてきた解釈改憲は日本国民の精神の荒廃さえ生んでいる。

このジレンマから抜け出すために編み出したのが「憲法改革」である。いきなり明文改憲には踏み込まず、基本法制定という立法改革を通じて実質的に改正し、やがて明文改憲につなげていくという二段階論だ。

集団的自衛権行使の是非が最大のポイントの九条問題では、まず安保基本法を制定、公海や公空での防衛行動は可能とすることを明確にし、そのあとで九条二項の改正を行うというものだ。二十一世紀の日本を自己決定、自己責任型の自由な社会にするための規制改革法の部分はとりわけ熱が入っている。

近年の学問的成果や現実の動きも丹念にフォローしている。明文改憲に伴う政治的、時間的コストも考えながら、なんとか袋小路を抜け出したいという現実主義的処方箋がここにはある。

（日本経済新聞社、一六〇〇円）

（二〇〇一年二月四日）

随所に「目からウロコ」改正へ問題点あぶり出す

小室直樹著『痛快！憲法学――アメージング・スタディ』
西修著『ここがヘンだよ！日本国憲法』

憲法をめぐる状況には「隔世の感」を禁じ得ない。私自身も作成に加わった読売新聞の「憲法改正試案」が世に出たのは九四年のこと。賛成・激励の意見も多かったが、組織的とも見られる反対のファクスや葉書が殺到した。不測の事態を恐れた警察がメンバーの身辺警護や自宅の見回りをしたほどだ。

あれから七年。衆参両院には憲法調査会が設置され、小泉首相が公然と憲法改正の必要性を唱えるまでに至った。憲法を自由に論じる機運がようやく醸成しつつある中で注目すべき二冊の書が登場した。

一冊はそもそも憲法とは何のため誰のためにあるかという、より根源的な問題を考えるために。もう一冊はいま私たちが直面している課題に則して日本国憲法を見直すうえで格好の書と言ってよい。

『痛快！憲法学』は出色の啓蒙書である。小泉首相と同様「変人」「奇人」と呼ばれて久しい小室直樹氏だが、ここでは氏が修めた数学、計量経済学、心理学、社会学、政治学に関する学識が縦横に駆使されている。さながら「小室式教養講座」の趣がある。

この書の魅力は「目からウロコ」が随所にあることだ。「憲法や議会は民主主義とは別物。デモクラシーのために発明された制度ではない」もその一つ。議会は「王様と貴族の都合」で誕生したものであり、最初の憲法であるイギリスの「マグナ・カルタ」は伝統を守るために作られたものだった。それが原点になって英国民主主義が生まれていく。

こうした歴史のもつダイナミズムを蘇生させようという意欲が全体にみなぎっているが、それではデモクラシーはどうなのか。市民権を得たのはせいぜいこの百年のことにすぎず、それまでは「最悪の政治」の代名詞だった。近代文明が作り出した大発明だが、独裁者を生み出す格好の温床であり、米大統領選挙の複雑なシステムは独裁者をつくらないための産物なのだ——という具合だ。

憲法やデモクラシーがなぜヨーロッパにしか誕生しなかったのか。その背景をキリスト教と仏教の違い、宗教改革の意味、契約の大切さなどから説いている。ワクワクするような「生きた世界史」がここにはある。

「憲法でもっとも大切なのは法の文面ではなく慣習である。『憲法の精神』が生きているかどうかなのだ」。こう強調してやまない著者が下した日本国憲法に対する診断は「死んでいる」だ。物騒な表現だが、強固なる官僚支配、契約の不在、「結果の平等」を至上とする平等概念の歪《いびつ》さなど、列挙されたものを考えると決してオーバーではなくなる。

では、どうしたらいいのか。『痛快！憲法学』はいかにも小室氏らしく「この現実を直視しなさい」と〝一喝〟するだけ。そこで『ここがヘンだよ！日本国憲法』の出番となる。

西修氏は「女性は天皇になれるか？」「集団的自衛権って何？」「首相公選制は是か非か？」といっ

たホットなテーマをわかりやすく解説しながら、憲法の問題点をあぶり出す。「憲法改正ハンドブック」と言っていいだろう。

憲法学者としての西氏の功績は各国憲法の動向を詳細に研究することによって、「平和主義」条項が何も日本の専売特許ではないことなどを明らかにし、日本国憲法を相対化したところにある。本書を読めば、スイスが昨年一月に施行した新憲法で軍隊の保有を明記したり、多くの国で環境権やプライバシーの保護など新しい権利を憲法に盛り込むなど改正努力を重ねていることがわかる。

こうした時代の変化に対する各国の真摯な対応をみるにつけ、日本の特殊性が否応なく浮かび上がってくるのである。

(『痛快！憲法学』集英社インターナショナル、一七〇〇円／『ここがヘンだよ！日本国憲法』アスキー、一五〇〇円)

(二〇〇一年六月十日)

問題点に多角的な光

弘文堂編集部編

『いま、「首相公選」を考える』

首相を直接国民の手で選ぼうという首相公選論が「時の利」も得てかつてない勢いを見せている。

小泉首相が首相公選導入のための憲法改正の必要性に言及、その是非を検討する懇談会がスタートした。各種世論調査でも導入賛成が国民の六割から八割にのぼっている。

こうした高まりを反映し、首相公選に関する著書も次第に数を増している。しかし、本書が類書と決定的に違うのは、この問題の古典とも言うべき『首相公選論――その主張と批判』（吉村正編、一九六二年）を収録するとともに、新たに若手政治家や学者、評論家など二十三人が賛否両論あらゆる角度から光を当てようとしていることだ。

四十年前のこの書には首相公選のそもそもの提唱者である中曽根康弘氏や、その意義と危険性を学問的端正さで説いた辻清明氏（故人）の論文が入っている。

論点はこれら論文にほぼ凝縮され、四十年経っても議論はそれほど深まっていない感じもするが、首相公選論の核心部分は、国民が直接首相選びをすることで「国民主権」を拡充するとともに、派閥政治で不安定な首相のリーダーシップを強化しようというところにある。

問題は首相公選がそのための近道であるかどうかだ。反対論は多岐にわたるが、より重要なポイントは次の二点だろう。

首相の地位の不安定さは議院内閣制の問題ではなく、政党の体質に起因するものであって、政党の改革こそ問われるべきだというのが第一点。第二は、国民の多数が選んだ首相と国会の多数派が激突した場合どう調整するかという難問が解決されていないという点だ。

その意味でもまだまだ議論を深める必要がある。本書はそのための最良のテキストになるだろう。

私個人としては、ダイナミックな政権交代と強力な政治を推進するため、衆院を完全小選挙区制とし、国民がより直接的な首相選び、政権選択ができるようにすることがもっとも現実的な方法と考えている。

（弘文堂、一六〇〇円）

（二〇〇一年八月五日）

小説で政治の本質問う

白石一文著『すぐそばの彼方』

日本は「政治小説」不毛の地といっていいのかもしれない。理想を語ることが気恥ずかしくなるような矮小《わいしょう》な現実の政治、魅力ある指導者の不在などさまざまな理由はあるだろうが、政治がマイナスイメージでしかとらえられてこなかったことの帰結に違いない。

この小説は最近まれにみる良質の「政治小説」である。権力争奪のすさまじさや政治資金の実態から政治記者の暗躍、検察の政治的動きに至るまで日本政治をリアルに分析しているというだけでない。政治の本質とは何か、政治とはどうあるべきなのかについて情熱を込めたメッセージが伝わってくるからだ。

次期首相が有力の与党実力者、柴田龍三を父に持つ主人公、龍彦は三十四歳。秘書としてスピーチ原稿を書いたりしているが、四年前に詐欺事件が発覚して自殺を図り、今なお精神的外傷から立ち直れないでいる。

しかし、父の総理・総裁への道が近づき、自らもコミットしていくにつれ、次第に自分を取り戻していく。そして再生への過程で恋人との関係を問い、愛することの意味を考え、真に生きる光明を見いだしていく。政治という公的なものと恋愛や家族という私的なものとの葛藤、煩悶《はんもん》が主旋律となって物語は展開、印象的なラストシーンを迎える。

本書には心に残る言葉が随所に出てくる。龍三は言う。「政治はひとつの奇跡なのだ。人は人との合成によって初めて奇跡を生む。たった一人の人間の意志が巨大な人間集団を思いのままに動かすことなど絶対に不可能なのだ」

かつての恋人、薫の言葉も滲《し》みる。「男の人は魅力を感じた女をだんだん愛するようになるけど、女は愛した男にだんだん魅力を感じるようになるの。だから、男はその女に魅力を感じなくなれば愛も薄れていくけど、女は愛しているかぎりはその男がどんなに変わっても引きずられていくの」

（角川書店、一五〇〇円）

（二〇〇一年八月十九日）

容赦ない本格政治批評

遠藤浩一著『消費される権力者――小沢一郎から小泉純一郎へ』

憂国の本格的な硬派の政治評論が登場した。政治指導者論には大きく分けて二つの手法があり得るだろう。第一は、政治家の性格や思想、行動の軌跡を辿《たど》りながらリーダーとしての特徴や魅力を分析していくという実証的な方法だ。第二は、政治の本質や政治家のあるべき姿を提示し、それに照らして政治家の本質と限界を明らかにするという手法である。

本書は第二のタイプの典型と言ってよい。政治とは何か、指導者とはいかにあるべきかの鋭利で明快な「定義」をまず紹介しておこう。

「政治指導者に求められるのは、大衆と対決し、説き伏せ、従わせる力である」

「国家という『公』に奉仕するのが政治家の仕事である。政治家における『公』はしばしば『悪』を内包する。政治とは不幸の拡散を防ぐことであって、幸福の撒布《さんぷ》ではない」

「政治家の分かりやすさとは複雑な問題を単純化することではない。複雑かつ多岐にわたる問題を噛み砕いて説明し、説得することだ」

こうした視点で小沢一郎、鳩山由紀夫、菅直人、加藤紘一、野中広務、小泉純一郎、石原慎太郎の七人を俎上に載せ、料理している。

白眉《はくび》は何といっても小沢一郎論だ。政策の一貫性、国民に対する説得力の点で小沢氏を評価しながらも、合意形成能力の欠如とともに、国連中心主義の安全保障政策、さらに日本という国を信じないところに「戦後民主主義の申し子」をみて、厳しく論断している。

反面教師として徹底的に批判されているのが鳩山、菅、野中氏らだ。鳩山氏については「彼の致命的な欠陥は『公』の不在である。政治的な『悪』を引き受ける覚悟の不在である」と切り捨てている。

戦後民主主義に対する評価や国家意識の有無を裁断基準に辛辣《しんらつ》な批評を加える本書には賛否両論あるだろう。しかし、政治学的素養に裏打ちされた、これほど容赦のない胸のすく政治家論も珍しい。

（中央公論新社、一八〇〇円）

（二〇〇一年九月十六日）

「真の指導者」問う対談

中曽根康弘・石原慎太郎著『永遠なれ、日本――元総理と都知事の語り合い』

「偉大な指導者」はどうしたら生まれるのだろうか。ニクソン元米大統領によると偉大ならしめるためには三つの必須の条件がある。「偉大な人物」と「偉大な国家」と「偉大な機会」である（『指導者とは』文藝春秋）。

三条件を全部備えるなど滅多にあるものではない。しかし、この条件につねに敏感で自覚的たろうとする指導者はいる。中曽根、石原両氏はその数少ない政治家である。

本書は石原氏独特の刺激的言辞で中曽根氏の胸を叩きながら、国家の指導者はどうあるべきかを論じた対談集だ。戦前の歴史評価でも中国への対応にしても、二人の隔たりは大きい。

しかし、指導者は「自分の体の内に国家を感じていなければならない」という一点で完全に一致する。それこそが「国家への献身のための自己犠牲ともなり得るし、既存の拘束を破る真の改革ともなり得る」（石原氏）からだ。

宗教や哲学を語れずして優れた指導者にはなり得ないことでも共通の認識を持つ。中曽根氏は夜の星を見て「あの星の中の一つから母親が私を見ている」という実感を持つという。さまざまなエピソードで展開される両者の死生観、宗教観は実に興味深い。日本の政治家の多くに、その匂いさえ感じ取れないことが「貧困な政治」の根底にあると思わずにはいられない。

「なるほど」と膝を打ちたくなる場面も随所にある。中曽根氏は徳富蘇峰にこう言われたという。「西郷南洲くらい妥協の好きな男はいなかった。正月の餅のように、並べて焼いていると、すぐ隣とくっついて離れなくなるのが大西郷だった。中曽根さんも見習いなさいよ」

石原氏の政治家評もうならせる。小泉首相については「時代を超え立場を超えて自分を貫く価値観である『垂直倫理』を強く感じない。いままでの言動を含めて、彼が何をいったかよく覚えていないのです」というぐあいだ。本質を抉《えぐ》る指摘である。

（ＰＨＰ研究所、一五〇〇円）
（二〇〇一年九月三十日）

側近による佐藤内閣物語

楠田實著『楠田實日記――佐藤栄作総理首席秘書官の二〇〇〇日』

七年八か月の最長不倒記録を持つ佐藤政権にあって、首席秘書官として二十一回にわたり施政方針・所信表明演説を起草した側近による壮大な「佐藤内閣物語」である。政治に関わる日記は資料的価値はあっても面白みに欠けるのが相場だが、千ページの厚さも苦にならない。

本書の第一の意義は、佐藤が首相就任前から沖縄返還を政策目標に定めていたと思われることや、返還までのプロセスがより一層明らかになったことにあるだろう。しかし、私にとって印象的だったのは、折々に漏らす最高権力者の生の声、息遣いであり、長期政権の秘密を垣間見ることができることだ。

「伊藤公が偉い、誰が偉いと言っても、海岸の砂に書いた字のようなもので波が来て自然に洗い流されてしまうようなものだ」「自分がここまで来たのは、ひとえに運がよかったからだ」「人間には運、不運というものがある。神を恐れなくてはいけない」

写経を常としていた佐藤の心の深淵《しんえん》を覗《のぞ》く思いがする。「諦観《ていかん》」さえ感じられるのだ。ポスト佐藤をめぐり、大抜擢《ばってき》した竹下官房長官が後継は福田という自らの意向にそむいて田中支持で動き、「引退声明」は見せるなと指示するなどの生々しいエピソードもある。

著者は毎晩のようにマスコミ関係者と会い、知識人との会合を重ねている。政権維持のポイントがマスコミとの関係にあるとの思いからであり、知的世界との交流によって「政治の近代化」を目指したのだった。こうした努力が長期政権を支えていたのである。

佐藤の怒りにあい、「無力感に陥る。情熱が冷めてゆく」「本当に辞めたくなった」などと挫折感を覚える著者を支えたのは、秘書官という仕事に込めた「匿名への情熱」だった。と同時に、政治的日記の随所に見える愛児との〝交流〟の記述によって、著者にとって日々成長する子の存在がどれほどの慰藉《いしゃ》になったかを知るのである。

（中央公論新社、九〇〇〇円）

（二〇〇一年十月二十一日）

日本の近代、見事に復元

三谷太一郎著

『政治制度としての陪審制——近代日本の司法権と政治』

司法制度をテーマとした専門書とあって、つい敬遠してしまう読者が多いかもしれない。しかし、読み始めたらいい。そんな先入観はたちどころに霧消し、政治史の面白さ、醍醐味を味わうことができるに違いない。

陪審制はアメリカの裁判でお馴染みの国民の直接参加の裁判制度だが、実は日本の近代化の過程でその導入が真摯に検討されたテーマだった。その最初の波は明治十年代前半にやってきた。福沢諭吉や多くの自由民権論者が公正な裁判を担保するために導入論を唱えた。

この時は実現に至らなかったが、政友会のリーダー原敬の主導で、明治末年から大正後半にかけ、第二の波が訪れた。原が陪審制導入に執念を燃やしたのには理由があった。政治疑獄事件の摘発を通じて強大化、政治化した司法部を軍部に匹敵する政治的脅威とみて、政党政治の中に組み入れようとした試みだった。政治制度として位置づけられていたのである。

原はそのためにあらゆる手段を駆使する。平沼騏一郎検事総長らを重用して司法部にくさびを打ち、鍵を握る枢密院や貴族院に対しては多数派工作も展開した。陪審法案は反政党勢力の抵抗で難航に難航を重ねたが、原が暗殺されたあとの大正十二年に帝国議会で成立した。

陪審制そのものはさまざまな理由で凋落《ちょうらく》し、昭和十八年に停止されたが、それはそのまま政党の凋落につながっていたのである。

枢密院議事録や『原敬日記』はじめ関係者の日記など一次資料をふんだんに使いながら、陪審制導入をめぐる攻防を実に生き生きと描いている。著者による委曲を尽くした〝復元〟作業は、私たちにとって今日的な課題である裁判への国民参加のあり方を考えるうえでの示唆を与えてくれるだけでない。陪審制に関する徹底した論議を追体験することで、日本近代がいかにさまざまな可能性を持っていたかという意味での「豊饒さ」さえ感じ取ることができるのである。

（東京大学出版会、五〇〇〇円）

（二〇〇一年十二月二日）

教養軽視への危機感

山内昌之著

『政治家とリーダーシップ——ポピュリズムを超えて』

リーダーの存在が最も厳しく問われるのはどんな時だろうか。第一にブッシュ米大統領のように「国家の危機」に直面した場合であることはいうを俟《ま》たない。しかし、それ以上に問題なのは「熱狂」が支配している時なのかも知れない。「有頂天の革命精神のあとには長い宿酔がくる」（マルクス）からである。

本書は「小泉人気」の背後にあるポピュリズム（大衆迎合）の傾向に対する、悲壮なまでの危機感にあふれた書である。

小泉首相の高い支持率はそのカリスマ的魅力によるところが大きい。その背後には「現存する秩序への純粋な恨み、ルサンチマン」があり、小泉氏は公の場で自分をさらけ出すことで人々に信頼感を与えている。かくて首相がポスターや写真集の出版に同意するという「パフォーマンスと呼ぶしかない仕草に市民の関心をひきつけているときに、失業率は上昇し、悲劇的な同時テロが起きている。カリスマに魅了されている市民は、その不斉合の意味を明らかに見落としている」のである。

幅広い教養に育まれた大局観と総合力を持ち合わせてこそ真のリーダーなのだ。にもかかわらず、大局観と総合力を持つエリートが不要であるかのような風潮が強まっている。これがデモクラシーにとって危機でなくて何だろう。政治リーダーに教養が必要なのは「ある物事を決定したり判断を下すときに、自分の揺るぎない根拠を持てる」からだ。こういう著者の主張に心の底から同意する。

教養の必要を説くこの本が優れているのは、著者のリーダー論そのものが深い教養によって紡ぎ出されているからにほかならない。マキャベリ、荻生徂徠、戦国武将、中国の古典、欧州の外交官の言葉を引用しながら、リーダーの要件を抽出している。謙虚で奥ゆかしく「ヒューマニティーと良識を兼備した」保科正之を語るときの著者の筆が実に温かく、深く心にしみるものがあった。

（岩波書店、一七〇〇円）

（二〇〇二年一月二十日）

意外な読書遍歴が明かされる

早野透著『政治家の本棚』

政治家はどんな読書遍歴を重ね、精神の糧にしてきたのか。八十四歳の中曽根元首相から三十八歳の民主党の枝野幸男氏まで、四十三人の政治家にインタビューした記録である。

面白いのは、それぞれ意外な青春を持っていることだ。作家になりたかった不破哲三（共産党議長）少年は憧れの吉川英治に会いに行き、教えを請うた。竹下元首相にジイドの『狭き門』が刻印されていたというのも興味深い。

司馬遼太郎の影響が大きいのも驚きである。『坂の上の雲』や『竜馬がゆく』『花神』など司馬作品を挙げた人は与野党を超えて十人以上に上る。変革期に生きたリーダーの躍動的な姿が、政治家を目指す人たちの心を捕らえて離さなかったのだろう。

細川元首相の深く沈潜した教養、谷垣禎一氏の中国古典への傾斜も印象的だ。およそ知的雰囲気のない現実政治に絶望しながらも、日本の政治家もそんなに捨てたものではないという気にもなってくる。

（朝日新聞社、一八〇〇円）

（二〇〇二年六月九日）

保守論客の保守批判

櫻田淳著『奔流の中の国家』

日本に「政治」というものはあるのか。ないのはなぜか。どうすればいいのか。この書は政治の現場も知っている若き学徒による、真の政治を蘇らせようという真摯なる試みである。

その筆法の特色は、今や「死語」と化したと思われるキーワードを駆使しているところにある。わが国が「君」「臣」「民」の三つの構造から成る「立憲君主国家」であることを確認し、それぞれが「分際」をわきまえながら精励することによって新たな国家秩序を形成しよう、と説いているのはその一例である。

「宮家の復活」をはじめさまざまな具体論が展開されているが、もっとも力の入っているのが、「臣」の再生だ。「臣」とは歴史や伝統、文化など「君」が体現する国家の「価値の体系」を護持し、「民」に規範を示して社会に秩序を付与する存在である。

「統治の作法」を実践すべき「臣」には欠くべからざる三つの条件がある。「強靭《きょうじん》な存在」「第一級の教養人」、そして「賢明な存在」でなければならないということだ。「臣」「分際」などという一見時代錯誤的な表現によって日本政治の貧困さが一層鮮明に浮かび上がってくる。「死語」は実は問題を明確にさせるための「覚醒概念」であることが分かるのである。

「政治とは何か」という本質論から最近の論調への批判も見所だ。保守派の一角を占める著者が糾弾しているのは、保守派内にある反米論や小泉首相の靖国参拝前倒し批判だ。

政治とは、現実の拘束の下で「より小さな害悪」を選択する営みであり、内野安打を連ねてどうにか一点を挙げる「堅い板に穴をくり貫いていく作業」に他ならない。にもかかわらず、保守派の論壇には「米国に抗いたい」という気分をもとにした「観念の遊戯」が支配している。あまりに幼児的で浮薄な論調ではないかと剔抉《てっけつ》しているのである。開かれた議論の出発点に成り得る十分な作品である。

（勁草書房、二〇〇〇円）

（二〇〇二年十月二十七日）

選挙制度をめぐる誤解の数々

加藤秀治郎著

『日本の選挙——何を変えれば政治が変わるのか』

選挙制度を変えたのに、日本の政治は悪くなるばかりではないか。そんな思いの人は多いだろう。この本は選挙制度への誤解を正し、制度が目指す理念をミルやバジョット、美濃部達吉、吉野作造らの主張を援用しながら鮮明にし、あるべき改革の姿を示した提言の書である。

誤解とは何か。落選候補への票を「死票」と呼ぶが、当選者の票にだって「死票」はある。「二大政党制」を二党伯仲と勘違いしてはならない。「ゾンビ議員」と評判の悪い重複立候補は、開票作業を比例代表から始めれば全く印象が違う。「目からウロコ」は随所にある。

それではどう改革すべきか。衆院は「流血をみることなく政権交代させる」小選挙区制一本とする。参院を衆院と別の制度にして独自性を発揮させようというのは、衆参の「ねじれ」を拡大させるだけだ。むしろ権限を弱め「再考を促す議院」になるような選挙制度にすべきと説くのである。さらなる改革のための十分な出発点になる書である。

（中公新書、七四〇円）

（二〇〇三年四月二十七日）

花も実もある小評伝

御厨貴編『歴代首相物語』

国家と国民の運命を一身に担うに足る指導者の不在が嘆かれて久しい。日本に内閣制度が創設されて百十七年。伊藤博文から小泉純一郎まで五十六人が首相の座に就いた。果たしてリーダーの名に値したのか。三十代を中心とした二十二人の研究者による「学問的知見に基づいたリーダーシップ分析」の試みである。

学者の手に成ると、ともすれば「無味無臭」になりがちだが、花も実もある小評伝が多い。「軍国主義の権化」という否定的評価が支配的な山県有朋について、「常に排外的なナショナリズムの夜郎臭さを警戒する」側面を浮かび上がらせるとともに、政党を拒否したのではなく、政党との連携を必然とみなした上で政党と官僚の棲《す》み分けを模索したとみる。その結びは印象的である。「山県は最期まで権力者の矜持《きょうじ》を失わず、日々の節制によって自ら作り出した長命の人生を孤独のうちに閉じたのである」

歴代首相でも最も悪名高い東条英機論もそうだ。「東条独裁」の背後には、軍部の「統帥権の独立」に象徴される明治憲法体制の持つ矛盾があったとして、むしろ、矛盾の「軋《きし》み」の中で必死にもがき続ける孤独な戦時首相」の姿を見ようとしている。多面的立体的に描こうという意欲を汲《く》み取ることができるのである。

西園寺公望は「どのようにリーダーシップを発揮しなかったか」という観点から描き、近衛文麿の真実の姿は「生前の過大評価と死後の過小評価の中間」にあるという。これらの指摘は十分うなずかせるものがある。

佐藤栄作、中曽根康弘、大平正芳論は事実の跡付けに重点が置かれ、リーダーシップの分析としては物足りなさを感じる。「薩摩の乱暴者」黒田清隆、「十六方美人」桂太郎など概して戦前の首相論がおもしろいのは人間の器の故なのか、それとも描き方の問題なのだろうか。

評伝以外に出身地マップや首相就任時の年齢、夫人の出自まで書き込んだ一覧表、さらには「首相になれなかった政治家」論もあり、歴代首相を鳥瞰する手引としても便利である。

（新書館、二〇〇〇円）

（二〇〇三年五月十一日）

議院内閣制のあり方問う

大山礼子著『比較議会政治論――ウエストミンスターモデルと欧州大陸型モデル』

皮肉屋で知られるチャーチル元首相は一九四七年十一月、英下院でこう演説しました。「デモクラシーとは、これまで歴史的に存在したあらゆる政治形態を除けば、最悪の政治形態である」

民主政治とは「より悪くない」制度であり、絶えざる改革こそが大事なのだ、と言いたかったのでしょう。その民主政治を支える議院内閣制のあり方について、二つのモデルを比較検討し、日本の政治の再生への道を探ろうとしたのがこの本なのです。

二つのモデルとは、二大政党制のもとで「政府・与党対野党」が鮮明な英国型の「ウェストミンスターモデル」と、政府と与党が自律性を持ち、野党とも協力して法案を修正していく「欧州大陸型モデル」です。その特徴と長短、各国での改革の軌跡を分析しながら、日本の国会改革で範とすべきは英国型ではなく、欧州大陸型であるというのが著者の主張なのです。

各国議会の個別研究はたくさんあります。しかし、これほど包括的に、しかも最新の動きも含めて比較政治の観点からきめ細かく分析した議会政治論はなかったでしょう。すべての議論の基本になり得る貴重な業績です。

日本の立法過程の特色についても手際良く整理されています。最大の問題点が、法案の国会提出前に与党が行う「事前審査制」にあり、内閣のリーダーシップ低下と国会審議の空洞化を招いているとの指摘もその通りです。ただ、連立政権のもとで議会内の協議を通じてコンセンサスを求める欧州大陸型をモデルにすべきという主張には、同意し難いところがあります。

というのも、日本の政治が今問われているのは、選ばれた内閣（首相）による「責任ある政治」であり、政権交代可能なダイナミックな政治であるからです。五五年体制という名の「馴《な》れ合いコンセンサス政治」からの真の脱却が求められていると思うからです。

（岩波書店、六二〇〇円）

（二〇〇三年八月二十四日）

政治の危うさ浮き彫り

大嶽秀夫著『日本型ポピュリズム――政治への期待と幻滅』

自民党総裁選は小泉純一郎氏の圧勝に終わった。それは「ポピュリズム政治の勝利」でもある。ポピュリズム（大衆迎合主義）とは何なのか。どこに問題があるのか。小泉首相の登場によって劇的に変わったかに見える日本政治の危うさを、この本は鋭く浮かび上がらせる。ポピュリズムについての著者の定義はこうだ。

〈「普通の人々」と「エリート」、「善玉」と「悪玉」、「味方」と「敵」の二元論を前提として、リーダーが「普通の人々」の一員であることを強調すると同時に、「普通の人々」の側に立って彼らをリードし「敵」に向かって戦いを挑む「ヒーロー」の役割を演じてみせる、「劇場型」政治スタイルである〉

それでは小泉流ポピュリズムの特徴はどこにあるのか。二十世紀アメリカで最も成功したポピュリストたるレーガン大統領との比較は、この本の一番の読みどころでもある。

テレビを通じて大衆にアピールする点で両者は共通している。しかし、小泉氏には「新自由主義」や「新保守主義」のような思想的な体系性はない。素朴な効率主義があるだけだ。レーガンは国民に自信を与えるポピュリズムだが、小泉氏の場合は敵を攻撃するネガティブなポピュリズムだ、と容赦のない批判が続く。

「ポピュリズム政治の申し子」たる田中真紀子論はもう一つの白眉である。戦略も意図も、そして自覚さえもない「最悪のケース」として徹底的に暴かれていく。ただ、こうした日本型ポピュリズム登場の背景にある、「ニュースステーション」はじめワイドショー的報道番組の分析は、いささか隔靴掻痒《そうよう》の感がある。

ポピュリズムの中和剤・解毒剤であるべき新聞がむしろ増幅させているとの批判、「善玉・悪玉二元論に固まってしまった有権者の判断を、成熟した大人の『現実主義』によって克服すべきときがきている」という指摘など、耳を傾けるべき硬骨の現状批評が随所に見える。（中公新書、九二〇円）

（二〇〇三年九月二十一日）

網羅性の中から浮かび上がるよりよい代表制への苦闘

西平重喜著『各国の選挙――変遷と実状』

長年にわたって選挙を研究してきた著者による入魂の書である。世界の百八十六か国もの選挙法を概観しているという、前例のない網羅性だけに本書の意味があるのではない。

選挙の方法を「小選挙区単純多数制」「小選挙区絶対多数制」「大選挙区多数制」「移譲制」「比例代表制」「混合制」の六つに分け、その特徴と問題点を解説するとともに、欧州各国を中心に制度の歴史的な変遷過程、投票の結果、さらには政局の変化にまで分析が及んでいる。そこで浮かび上がるのは、各国とも自国の歴史や政治文化も踏まえながら、よりよい代表制を目指して苦闘しているという姿である。

事典としても、「選挙物語」としても読めるが、残念なのは、アメリカやカナダ、ラテンアメリカなどについて詳しい説明がないことだ。著者一人では無理ということのようだが、他の研究者の協力も得て、ぜひ増補してほしい。それにしても、こうした本を出す出版社の「志」に敬意を表したい。

(木鐸社、一〇〇〇〇円)

(二〇〇三年十一月九日)

「政党の再生」訴える

谷口将紀著『現代日本の選挙政治——選挙制度改革を検証する』

「二回半」読む——書評を書くにあたって自らに課している原則である。赤鉛筆を持って、まず通読する。次に赤線を引いたところを抜き書きしながら、もう一度読む。そして抜き書きしたメモを読んで構成を考える。

私にとって書評の意欲がわくのは、二回目になってさらに良さが伝わってくるような本だ。中選挙区制から小選挙区制へ。選挙制度改革で何が変わって何が変わらないのか。衆院静岡一区を舞台に徹底検証した本書は、まさに書評したくなる本なのである。

無味乾燥になりがちな学術書にもかかわらず引きつけられるのは、全国一の候補者の乱立、本命不在の背景にある地方政界の動きや人間模様が実に生き生きと描かれているからだ。候補者決定までの経緯を丹念に描くことで、人間臭い政治ドラマが見事に再現されている。

第二は、選挙制度改革との関連で流布されている、いくつもの常識論を綿密な分析によって論破していることだ。「小選挙区制の導入で組織票依存型の選挙が進んだ」という〝俗論〟についても、企業・職業団体や町内会の分析によって否定する。一人だけ選ぶ小選挙区では「勝ち馬に乗りたいというインセンティブを高め、組織票を無効化する」からだ。むしろ特定候補との結び付きを弱めているというのである。

政党組織や地方議員の対応、組織票の行方などの分析を通じて浮かび上がってくるのは、小選挙区への対応という点で政党がいかに立ち遅れているかということだ。政党の地方組織が政党本位の選挙を担えないのは、「改革の失敗」というよりも、「改革の不足」によるものだという指摘にはまったく同感である。

政治献金の受け皿を政党の市町村支部に限定することや、各種の選挙を一緒に行うことで政党間の競争を促進させるなど具体的な提言もある。「政党の再生」こそが日本政治の最大のテーマであることを実感させられるのである。

(東京大学出版会、四〇〇〇円)

(二〇〇四年三月七日)

蒲島郁夫著
『戦後政治の軌跡
――自民党システムの形成と変容』

選挙で見た政治システム

学問の真価は何によって問われるだろうか。現に起きている事象について説得力をもって分かりやすく説明できるかどうか。この一点にかかっていると言っていいだろう。日本の政治における地殻変動を、二十年にわたる選挙の実証分析と理論の構築作業によってとらえようとした本書は、その期待に十分応えるものだ。著者が提示したキーワードを辿るだけでも、国民意識の変容ぶりがよく分かる。

日本の政治を長く支配してきたのは「自民党システム」だった。経済成長を進めながら、その果実を経済発展から取り残される農民などに分配することで政治的な支持を調達しようとするシステムだ。それによって経済発展と政治的安定の両立が可能となり、自民党の一党優位体制を長く存続させることができたのである。

しかし、経済発展による都市化の進行で「新中間層」が台頭、システムの矛盾も露《あらわ》になる。八〇年代以降の選挙で、自民党が勝ち負けを繰り返すのは、この新中間層が「バッファー・プレイヤー（牽《けん》制《せい》的投票者）」として登場したからだ。バッファー・プレイヤーとは「基本的には自民党政権を望んでいるが、与野党伯仲がよいと考えて投票する有権者」のことである。

それはまた自民党に代わって政権担当できる野党の不在のゆえでもあった。しかし、民主党が結成され、様相は変化する。九八年参院選で自民党が大敗したのは、経済失政に有権者は明確な「罰」を与えたのであり、失政したら政府を取り換えるという「業績投票」が日本で初めて登場したのである。

一週間後に迫った参院選では、この「業績投票」がどう出るか。さらには、小泉首相の登場で選挙を大きく左右する要素となった「党首評価」が与野党のいずれに味方するか。この本を事前に読むことで、参院選への理解は倍加するだろう。「選挙の政治学」の書として、いま望み得る最高水準のように私には思われる。

（岩波書店、三八〇〇円）

（二〇〇四年七月四日）

最強議会の制度と実態

廣瀬淳子著
『アメリカ連邦議会——世界最強議会の政策形成と政策実現』

本当の姿は細部の積み重ねによって初めて現れる。ジャーナリズムの世界に身を置く者として、片時も忘れてはならない「公理」と思ってきた。本書を読み終わり、改めてそう思う。

米連邦議会は、時に巨大な怪獣、リバイアサンにも例えられる「世界最強の議会」だ。しかし、その実態は必ずしも私たちの前に明らかにはなっていない。人々の関心がもっぱら大統領に集まっていることに加え、膨大な資料の山を踏破しなければ実態を明らかにできないという研究の難しさがあるからだ。

著者は議事規則や議会関係法、先例、慣行などを根気強く読み込むという〝難行〟に挑み、連邦議会の制度と実態、変容過程を克明に描くことに成功した。連邦議会自身が絶えざる自己改革によって国民の期待に応えようと努力してきたことも浮かび上がらせた。

戦後だけをみても、一九四六年、七〇年の立法府改革法、九五年の共和党の「アメリカとの契約」などさまざまな試みをしている。大幅に権限を拡大していく大統領に対抗し、議会復権のための自己改革だったのである。

この書を読んで驚くのは、連邦議会に関する米国内の研究が多彩であることであり、著者が実に丁寧にフォローしていることだ。個人の合理的な判断を前提にした「合理的選択制度論」が今や主流を占めるというが、この立場を取りつつも、政党の役割を重視するかどうかで「政党理論」、「条件付政党政府理論」、「情報理論」などさまざまに分かれる。連邦議会をトータルに理解することの難しさの反映であると同時に、それだけ研究に値する存在だということでもあるのだろう。

連邦議会を理想化する気はさらさらないが、彼我の差に思いを致さざるを得ない。審議の空洞化、根回し重視などマイナス・イメージばかりが付きまとう日本の国会はどうあるべきなのかを考えさせずにおかないのである。

（公人社、三八〇〇円）

（二〇〇四年八月二十九日）

〝中継ぎ説〟の虚構突く

中野正志著
『女性天皇論――象徴天皇制とニッポンの未来』

「帝室は新《しん》に偏《へん》せず古《こ》に党《とう》せず、蕩々平々《とうとうへいへい》、恰《あたか》も天下人心の柄《へい》を執《とっ》て、之《これ》と共に運動するものなり」

天皇制を考える時、いつも思い浮かべるのが福沢諭吉の『帝室論』(明治十五年)の一節である。象徴天皇制を先取りしたかのような福沢の先見性に改めて脱帽してしまう。しかし、その象徴天皇制は大きな岐路に立っている。

「天皇制を廃止したければ、ただ待っていればよい。天皇制が消滅する日もそう遠くはないからだ」。衝撃的だが、真実を衝《つ》いた書き出しで本書は始まる。皇位継承者を男系男子に限定した皇室典範を変えなければ、後継者はいなくなってしまう可能性があるからだ。

現実的な選択肢として、女性の天皇を認めるしか道はない。女性天皇は「平和で安全な文化国家」の象徴としてむしろ好ましいのではないか。その主張は常識的とも言えるもので、本書の一番の特色は、女性天皇否認の論拠の一つになっている「女帝中継ぎ説」と、男系男子による「万世一系説」が虚構であることを、あぶり出そうとしたことにある。

古代天皇制の最盛期にこそ女帝が数多く即位している。単なる中継ぎにすぎないというのは近代の

「性差史観」の反映ではないのか。「万世一系説」も、明治になって、国家の統合のため「知恵を凝らした作品」ではないのか。最近の歴史学や考古学の成果を駆使し、綿密に論証しようとしているのである。

何よりも心打たれるのは、右も左も含め、読み得るあらゆる研究成果にあたり、謙虚に学ぼうとしていることだ。天皇制を論ずるなら本書を避けて通ることは決してできないだろう。

「性根を据え、精魂を込めた」というこの書には、自らの全存在を賭けたかのような気迫が満ちている。同じジャーナリストとして、著者に心の底から羨望《せんぼう》の気持ちを抱いたことを、正直に告白せざるを得ない。

（朝日選書、一三〇〇円）

（二〇〇四年十一月七日）

説得力ある啓蒙の書

石破茂著『国防』

「どうして、わざわざ怖そ〜な本を取り上げるんですか」。この書を書評したいと言ったらこんな反応が担当者から返ってきた。著者は二年間防衛長官を務めた自民党の政治家だ。しかも「軍事オタク」の異名を持っている。書名も「国防」。ギラギラしている。きっと〝タカ派〟一色だろう。そう思ったに違いない。

しかし、読んでみればわかる。防衛問題についての大いなる啓蒙の書なのである。防衛に関する、あまたの「迷妄」を打ち破ろうという意気込みに満ちている。

冒頭のクイズが卓抜である。

〈北朝鮮が日本に向けてミサイル発射準備をした時、自衛隊のF‐15戦闘機が相手基地を攻撃するまで、どのくらい時間がかかるか?〉

五分? 三十分? 一時間? 正解は「どんなに時間があっても攻撃できない」だ。この戦闘機は領空侵犯の敵機は攻撃できるが、敵地を攻撃する能力がないからである。

そんなことを知らないで議論しているのはおかしいではないか。政治家やマスコミの知識の無さへのいらだちが随所にある。「徴兵制は憲法違反にあらず」をはじめ、一見刺激的に思えるその主張は論理的であり説得力がある。

ミサイル防衛(MD)こそが弾道ミサイルに対する唯一の防御手段であり、金銭的にも時間的にも合理的な選択である、という主張もそうだ。イラク戦争の正当性についての説明も明快であり、日本が核武装することへの反対理由も分かりやすい。

読む人によっては、過剰なまでの使命感や、「無知」を責める厳しさに違和感を覚える向きがあるかもしれない。しかし、読み終わると、著者も引用している作家、塩野七生さんの名言が実感をもって迫ってくる。

「ミリタリーな人間こそ政治を知らなくてはいけない。そして、政治家こそミリタリーを知らなくてはいけない」

（新潮社、一三〇〇円）

（二〇〇五年二月二十日）

衆院憲法調査会長が記した改正議論の記録

中山太郎著『憲法千一夜——衆議院憲法調査会への道』

衆参両院の憲法調査会の最終報告書がまとまった。歯切れの悪い内容とはいえ、長く改正論議自体が封印されてきたことを思えば、歴史的とも言えるだろう。この本は衆院憲法調査会長として主導的な役割を果たしてきた人の記録である。

外相として湾岸危機を経験した中山氏は「国のカタチ」を見直すべく憲法改正に取り組む。しかし、憲法調査委員会設置推進議員連盟を設立してから、衆参憲法調査会が作られたのは三年後。最終報告まではさらに五年の歳月が必要だった。

与野党の接点を求め、「人権尊重」「主権在民」「再び侵略国家とはならない」を三原則とし、「小異を捨てて大同につく」よう調査会を運営した中山氏の存在が必須だったことがよく分かる。憲法改正はまだ緒に就いたばかりだ。憲法改正が現実のものとなり、著者による『続・憲法千一夜』が一日も早く書かれることを期待したい。

（中央公論新社、一七〇〇円）

（二〇〇五年四月二十四日）

壮大な二十世紀物語

佐々木毅著『政治学は何を考えてきたか』

グローバリズムの席巻で国家主権の空洞化は進み、冷戦後の新たな「世界秩序」はその片鱗《へんりん》さえ見せない。二十世紀とはいかなる時代だったのか。二十一世紀を我々はどう生きるべきなのか。知力を結集して立ち向かっている。

政治学者、丸山真男はかってこう述べたことがある。〈透徹した理性と高邁な見透しを以て正しい政治的判断を下すためには、まづ以て思潮の歴史的発達の跡をきはめることがなにより大切である〉（『丸山眞男手帖』四〇号）

時代を文明史的にとらえるには思想史的洞察が欠かせない。同時に、現実の政治に対する構造的で鋭利な分析が不可欠だ。思想と政治を交錯させ、融合させた結晶がここにはある。

「二〇世紀型体制」の特徴を浮かび上がらせるとともに、その解体の過程を、自由主義、民主主義とのかかわりで描いている。「二〇世紀型体制」とは、国家が経済活動をコントロールできるという前提のもとに、民主政治との二人三脚で「利益政治の膨張」と「政治参加の利益化」が常態化した体制である。しかし、グローバル化の奔流で様相は一変、解体へと向かう。欧米の「第三の道」論や市場重視の新保守主義、新たな「帝国」論などはグローバリズムを超えようとする欧米先進国の苦闘の姿でもあった。

ところが、日本は先進国で最も遅く「二〇世紀型体制」の再検討に着手、その処理に極めて長期間奔走せざるを得なかった。バブル崩壊前の予想以上の成功に溺《おぼ》れたからであり、「市場」との闘いで国家の統治能力の欠如が露呈したからだ。グローバル化への対応で彼我の差がいかに大きかったか、実に丁寧に描かれている。

この状況を克服するにあたって政治が為すべきことは何か。「ナショナリズムや倫理主義的渇望」の行き過ぎを巧みに管理し、人類的課題など二十一世紀にふさわしい新しい具体的目標を提示することではないかと説く。トータルな二十世紀論として最高の教科書である。（筑摩書房、二八〇〇円）

（二〇〇七年一月二十八日）

気骨の底に怒りと愛情

岩見隆夫著『平和日本はどこへ　政治編・国際編・社会編』

コラムニストの端くれとして、肝に銘じている言葉がある。文芸評論家、小林秀雄の「批評について」（一九三二年）の一節である。

〈人々は批評といふ言葉をきくと、すぐ判断とか理性とか冷眼とかいふことを考へるが、愛情だとか感動だとかいふものを、批評から大へん遠い処にあるものの様に考へる人々は批評といふものに就いて何一つ知らない人々である〉

「サンデー毎日」の連載コラム一〇年分、五〇〇回のうちの一三七回を「政治編」「国際編」「社会編」の三冊に分けて収録している。

そこに一貫して流れているのは、評論するにあたって心すべき最低限のモラルである。

「人の名誉に傷をつけるときは、わが身を振り返りながら、慎重に言葉を選び、表現に品位を保つ努力を払うのが……最低の礼節だ」

それゆえ「右翼」「国粋」「非国益派」のようなレッテル張りを厳しく批判する。思考停止になってしまうからだ。

第二に、安全地帯に逃げ込まず、重心低く語る気骨、筋道を通す大切さも教えられる。小泉首相の八月十五日の靖国参拝について、著者自身はこだわるべきではないと思うが、最高指導者が自ら行くことを明言しながら豹変《ひょうへん》したのでは、「日本はよそからなめられ、国益を損ずる」という主張にもよく表れている。

このコラムには、心の底からの「怒り」がある。三年前の小泉首相と森元首相の「チーズ・ビール缶事件」では、演技ではなく本心のぶつけ合いと信じた自らの不明を恥じながら、公人が信頼を裏切ることへの怒りを爆発させる。

最も心打たれるのは失われゆくものへの深い哀惜の念である。手仕事屋きち兵衛さんの「子育て論」に共感し、孫の卒業式に「これだけは守ってほしい」と先生が説いたという投書の紹介もそうだ。「あいさつする」「好かれる人になれ」「俺《おれ》より先に死ぬな」。このコラムにはまぎれもなく「愛情」と「感動」がある。

（原書房、各一八〇〇円）

（二〇〇八年二月三日）

自覚的戦略欠く日本政治

豊永郁子著『新保守主義の作用——中曽根・ブレア・ブッシュと政治の変容』

一九八〇年代から九〇年代にかけ先進諸国を席巻した大きな政治潮流があった。「新保守主義」である。「人間の作為への深い懐疑から、国家のなし得ることの限界を説き、市場システムの合理性と効率性を強力に弁証するもの」だった。

一〇年前『サッチャリズムの世紀』で「新保守主義」の象徴ともいうべきサッチャー政治を鋭利に分析した著者が、今度はサッチャー後の日英米の政治をダイナミックに論じた。

国家機構を各分野に「分節化」し、市場メカニズムに委ねて競争させるというサッチャリズムを踏襲、進化させたのは、ブレア労働党政権だった。その逆説的なまでの「弁証法的展開」を確信ある文章でつづっている。

一方、中曽根政権は決して「新保守主義」政権ではなかったという。国家による国民へのサービスを一つ一つ見直し、「国家の撤退」を進めようとしたわけでもないし、行革・民営化も財政再建という至上命令ばかりが突出し、組織論的、制度論的アプローチが欠けていた。

日本は「新保守主義」革命を二〇〇〇年代まで持ち越したと断じ、著者が強調してやまないのは、政党の枠を超えた戦略性豊かなイギリス政治に対し、日本政治がいかに自覚的戦略が欠けていたかということである。

中曽根政治を身近に取材した一人としてはいささかの違和感を禁じ得ない。脆弱《ぜいじゃく》な権力基盤のもとで、既成勢力も利用しながら日本の国際的地位を向上させようとした明確な戦略があったと思われるからだ。ただ、現今の「漂流政治」をみるにつけ、サッチャー、ブレア政治に学ぶものがあまりに多いのも事実だ。

私が最も心打たれたのは、政治学は何のためにあるかをつづった「まえがき」だ。そこには学問の限界を自覚しつつ、我々が生きる世界に切り込んでいこうとする悲壮なまでの覚悟がある。著者は今も病魔と戦っているという。学問の「戦士」の健康回復を祈らずにいられない。

（勁草書房、二八〇〇円）

（二〇〇八年五月四日）

「良識の府」への提言

竹中治堅著
『参議院とは何か――1947～2010』

参院選が公示され与野党の舌戦を聞きながら思うのは、参議院とはどんな存在であり、いかにあるべきかということである。参議院については二つの対立する見方がある。「強い参議院」論と、参議院に影響力を認めない「カーボンコピー」論だ。二つの論とも特定の期間をとらえての結論であるとする著者は、両論を超えるべく、参議院が創設された一九四七年から二〇一〇年三月までを分析対象にする。

歴代首相は一様に参議院に苦しんだ。あの「ワンマン吉田」とて例外ではなかった。佐藤栄作は参院議長（重宗雄三）との安定的な関係で乗り切ろうとした。田中角栄以降は、参院議員を派閥の中に組み込み、法案の成立を期した……。

このように分析して得た結論は、参議院は国会の法案審議過程のみならず、政権の構成や内閣が法案を準備する過程にまで大きな影響を及ぼしてきた。識者の一般的評価は高くはなかったが、十二分にその「独自性」を発揮してきたというものである。

そのうえで現在の参議院が抱える二つの問題を指摘する。第一は、二院相互の抑制が効きすぎて立法活動が滞る危険があることだ。二〇〇七年から〇九年までの「ねじれ国会」では、民主党を中心とした野党が参議院で審議を引き延ばし、政策決定過程は大きく遅滞した。参議院でも二大政党化が進み、政権をめぐる抗争が衆参をまたいで行われたからだ。

第二は、一票の格差が大きすぎることである。選挙区では最大四・八四倍にのぼる。この二つの問題解決のため著者は、選挙制度を地域ブロックごとの大選挙区制に改めるよう提唱する。全国を一〇のブロックに分け、北海道五、東京一二、近畿二一などと人口比で定数を決め、無所属候補や中小政党が議席を獲得しやすいようにするというものだ。これら具体的提案も含め、参議院のあり方を考えるうえで最良の書のひとつと言っても決して褒めすぎではあるまい。

（中公叢書、二二〇〇円）

（二〇一〇年六月二十七日）

信頼回復への処方箋示す

大山礼子著『日本の国会——審議する立法府へ』

「自由討議の存在理由は、国会の運営並びに政党的立場において統制を受け、尽されぬ論議、隠されたる意見、少数意見を、遺憾なく発揚するにあるのであります。明朗なる政治、すなわちガラス箱の中での民主政治の発達助長に資すること大なりと思うものであります」

一九四七年七月十日の第一回国会本会議。初当選を果たしたばかりの二十九歳の田中角栄（後の首相）はこう述べた。敗戦後の混乱期にあって、「自由討議」によって議員同士が自由闊達《かったつ》に議論し、民主政治を発展させようという意気込みを感じることができる。

それから六〇年以上の歳月が流れたが、国会の現実はどうだろう。政権交代後も相も変わらず与党はひたすら法案成立を急ぎ、野党はあの手この手で審議を引き延ばし、廃案に追い込もうとする。そこにあるのは「実りある審議」ではなく、与野党の「駆け引き」だけと言っても言い過ぎではあるまい。

国立国会図書館に勤務して国会の現実をつぶさに見るとともに、『比較議会政治論』（岩波書店）などで諸外国の議会の比較研究を世に問うてきた著者が、魅力なき国会の病根を制度の側面から徹底的にさぐり、国会再生の処方箋を具体的に示したのが本書である。

国会審議の形骸化は数字の上でも明らかだ。衆議院本会議の審議時間はイギリス下院、フランス下院の一〇分の一以下であり、委員会の審議時間も減っている。法案の修正は一割にも満たない。

何が実質審議を阻んできたか。著者がまず挙げるのが与党の「事前審査」である。内閣提出の法案を与党が閣議決定前に審査する「事前審査」は、事前に与党によって承認されるので、法案成立が確かなものになるという意味で、内閣にとっては「必要悪」だった。

しかし、その結果、与党議員の影響力は増大し、内閣のリーダーシップは弱体化、国会論議は政府・与党と野党の対立の図式だけで展開されていく。政権交代で「事前審査」は廃止されたものの、与党頼みの国会運営は変わっていない。内閣が自らの責任で法案修正できるなど国会審議に関与できるようにし、与党議員も積極的に審議に参加してこそ活発な議論が展開できるのである。

一つの会期が終わるたびに継続審議の手続きをしないと法案が廃案になってしまう「会期不継続原則」も見直すべきである。時間切れ廃案を狙う野党の強力な武器となってきたが、これでは審議の深まりようがない。諸外国ではすでに廃止している。この程度の改革さえできないようでは国会の見識が疑われる。そう厳しく叱咤《しった》している。

本書のもう一つの眼目は参議院の改革にある。かつては、なくなっても困らないという意味で「盲腸」とまで揶揄《やゆ》された参議院だが、「ねじれ国会」の常態化で立法の拒否権を握るに至っている。しかし、下院（衆議院）で圧倒的多数を持ちながら上院（参議院）で過半数がないため連立政権を組むことは当然と考えているのは国際的にも極めて異例である。フランスでは法案が下院、上院を二往復しても決着がつかない場合は、下院が最終的に決めることになっている。

日本の衆議院の「三分の二再可決」も過半数の賛成で再可決できるようにすべきである。参議院は権限を引き下げることを恐れる必要はなく、むしろ言論、討論の力で存在感を発揮すべきである。

著者の提言は実に多岐にわたっている。その通り実行すれば、国会は確実に国民の信頼を勝ち得るだろう。問題は当の議員に、現状を恥ずかしいと思う気持ちと改革の意志があるかどうかである。

（岩波新書、八〇〇円）

（二〇一一年三月六日）

歴代幹事長三二人の素顔

奥島貞雄著『自民党幹事長室の30年』

一

政治が最もお茶の間の耳目を集めるのは、政治家が己が政治生命を賭けて熾烈な戦いを展開している時だろう。その行方が分からなければ分からないほど、推理小説に似たスリリングさが加わり、国民の目を引き付ける。

二〇〇五年八月、郵政民営化関連法案が参院本会議で否決されたのを受け、小泉首相は衆院解散に踏み切った。小泉氏は、法案に反対した三七人のうち小選挙区に出馬した三二人の衆院議員を公認しなかっただけではない。それぞれの選挙区に対立候補を擁立するという「刺客」作戦に打って出た。「小泉劇場」の観客はどんなドラマが展開されるか固唾をのんで見守り、それにつれ、小泉内閣の支持率は上昇していった。

この小泉手法は、これまでの自民党的伝統へのアンチテーゼでもあった。激しく対立し戦っても、戦いが終われば過去は水に流し、「挙党体制」という名の下に、丸く収めるというのが自民党政治の常識だった。自民党政治の本質とは「和の政治」だったのである。それはまた日本社会、日本人の考え方にも沿うものだった。

「自民党を壊す」と公言した小泉氏が、郵政法案を否決されるという切羽詰まった最終局面で繰り出したのが、造反議員に知名度の高い対立候補をぶつけるという〝殲滅《せんめつ》作戦〟だった。対立候補を立てなければ、郵政民営化に反対の候補ばかりになって国民の選択肢が奪われるというのが大義名分だったが、その結果、首相主導の党本部と地元議員優先の地方との対立も露になった。一連の過程を通じて自民党がさらに「壊れる」ことは間違いなく、世代交代も進むだろう。

二

そもそも自民党とはいかなる存在なのか。それを理解する上で、本書は欠くべからざる基礎的文献と言っていいだろう。先進民主主義国家の中で、わずか一〇カ月（細川・羽田内閣）を除いて五〇年もの間、一つの政党が政権党であり続けた例は日本以外に存在しない。ほとんど奇跡に近いが、それにはいくつかの理由があった。

第一は、冷戦という国際環境の厳しさである。ソ連を盟主とする共産主義陣営に対峙する自由主義陣営の一員となった日本にとって、「日米同盟」の堅持は〝国是〟となった。政権選択としては、自民党政権以外に選択のしようがなかったのである。ソ連に親近感を寄せ、時に一体であるかのような社会党に政権を委ねるという発想は、社会党支持者も含めて日本国民にはなかった。

第二は、「高度成長」である。大平正芳氏は首相当時、池田勇人元首相の一七回忌でこんな挨拶をしたことがある。「かのシュムペーター（経済思想家）は『高度成長とは神が人類に与えてくれた最後の恩寵である』と言いました。池田勇人はたまたまその時期に首相だったという幸運に恵まれたのです」。

池田内閣の「所得倍増」政策は、吉田茂以来の「軽武装・経済優先」路線の象徴とも言うべきものだが、この路線が高度成長を軌道に乗せ、高度成長が自民党の政権維持を支える機能を果たしたのである。

第三は、中選挙区制という日本独特の選挙制度である。この制度のもとでは複数の候補を立てなければ衆院で過半数を獲得することはできない。その結果、候補者の発掘・養成は派閥単位で行われるようになり、自民党は「派閥連合体」の色彩をますます濃くしていった。同じ政党同士が争うことによって活力が生まれ、政策の幅が広がることで国民の幅広い支持を調達することができた。自民党としてのアイデンティティ（絆）は政治理念や政策ではなく、「政権党であり続けること」にあったのである。

第四は、いわゆる「振り子の原理」と言われるものだ。野党に政権能力がないとはいっても、同一政党による長期政権はどうしても国民に飽きられる。それに対する知恵が左右に振りながら永久運動を繰り返す「振り子の原理」だった。

「待ちの政治」の佐藤栄作のあとは、「決断と実行」の田中角栄。スキャンダルで退陣を余儀なくされた田中のあとは、「クリーン」が売り物の三木武夫。大統領型首相を目指した中曽根康弘のあとは、根回し・調整を重視する日本型政治の〝権化〟とも言うべき竹下登……。

全く違うタイプの首相が登場することによって、国民はあたかも政権の構造が変わったかのような錯覚を起こした。この「疑似政権交代」こそが、自民党政権の永続化を支えたのであり、それは自民党内の多彩な人材によって初めて可能だった。

三

本書には、田中角栄から加藤紘一まで、自らがそば近くで仕えた二二人の歴代幹事長の素顔が描かれている。幹事長は総裁・総理に次ぐナンバー2のポストであり、長い間、総裁・総理に登り詰めるために通らなければならない〝関所〟でもあった。ここに描かれた二二人のうち八人は首相になっている。その意味でも、歴代幹事長の素顔に迫ることは、自民党政治、さらには日本の政治の本質を理解する上で欠くべからざる作業なのである。

筆者が読売新聞政治部に配属されたのは一九七六年五月のことである。政界では「三木おろし」が表面化し、まもなく田中前首相が逮捕されるという騒然たる状況の中にあった。自民党は「三角大福中」から「安竹宮」へ、そして連立時代へ移っていくが、自民党内を支配したのは、「田中支配」「竹下派支配」という名の権力の二重構造だった。それは最大派閥の田中派、竹下派が首相を決め、政治の実権を握るというものだが、その構造を理解する上でも本書は極めて有益である。

この本には身近に接していなければわからない〝特ダネ〟がいっぱいある。政治家の実像を知ることで、「政治とは何か」を考えさせられる。登場人物について私が経験し、抱いたイメージと、著者の人物評価は多くの点で一致している。

福田赳夫については、「相手がどんな立場の人間であっても同じように対応し、何よりもじっくりと相手の言うことに耳を傾けていた」とある。私の場合、福田は幹事長としてではなく首相として接したが、我々のような政治記者一年生の首相番に対しても、福田派担当のベテラン記者に対しても決して態度を変えることはなかった。

安定成長の必要性を説いて高度成長を厳しく批判した福田は、日常生活でも質素を旨とした。「もったいない」と夜、家の中の電気を消して回ることもしばしばだった。政治家の場合、掲げる政策と生活態度には往々にして開きがあるものだが、福田は見事なほど一致していた。その福田の健康法の一つが「首都高速一周」で、誰にも邪魔されずに昼寝をするためだったというのは面白い。

中曽根康弘は幹事長として地方に出張する時は他派の若手議員を誘うのが常だった。後に中曽根内閣が発足した時の閣僚名簿を見ると、この時期に誘われた他派閥の議員が多く見られたという指摘もある。この点では、田中角栄も金丸信も、選挙の応援演説にあたって、自派の候補を決して優先しようとしなかったという。〝オール自民党〟として考えていたというわけである。

これと対比するかのように、小沢一郎に対しては容赦しない。田中がベストワンの幹事長ならば、小沢はワーストワンであるとして具体例を列挙する。先輩議員に対し心の中では舌を出しながら、商人のように深々とお辞儀をするような振る舞い。昼時になると自派の若手だけを幹事長室に集めて昼食を取るというモラルなき党派活動。

梶山静六に対しても「豪快なのは声だけ。うまく行っている時はよいが、想定外のことが起こると混乱するタイプ」と手厳しい。小沢、梶山は「解体屋」ではなく、「壊体屋」であり、前者は再利用を前提にしているが後者はただ壊すだけであると断じている。

中曽根裁定によってポスト中曽根に竹下登が決まった直後の竹下の描写も、身近にいなければ分からないリアリティがある。午前一時前、新総裁に決定、写真撮影のあと幹事長室に戻った竹下の漏らした言葉は、「さて、今夜私はどうすればよいのかね」だったという。権力争奪に力を尽くしたあとの虚脱とも、後継指名を受けた直後の緊張とも取れるだろう。そんな「権力従事者」の息づかいが随所に見られるのである。

四

自民党には多彩なリーダーがいたが、タイプ別にするとどうなるだろうか。次頁の座標軸は、芳賀

図　日本のリーダーのタイプ

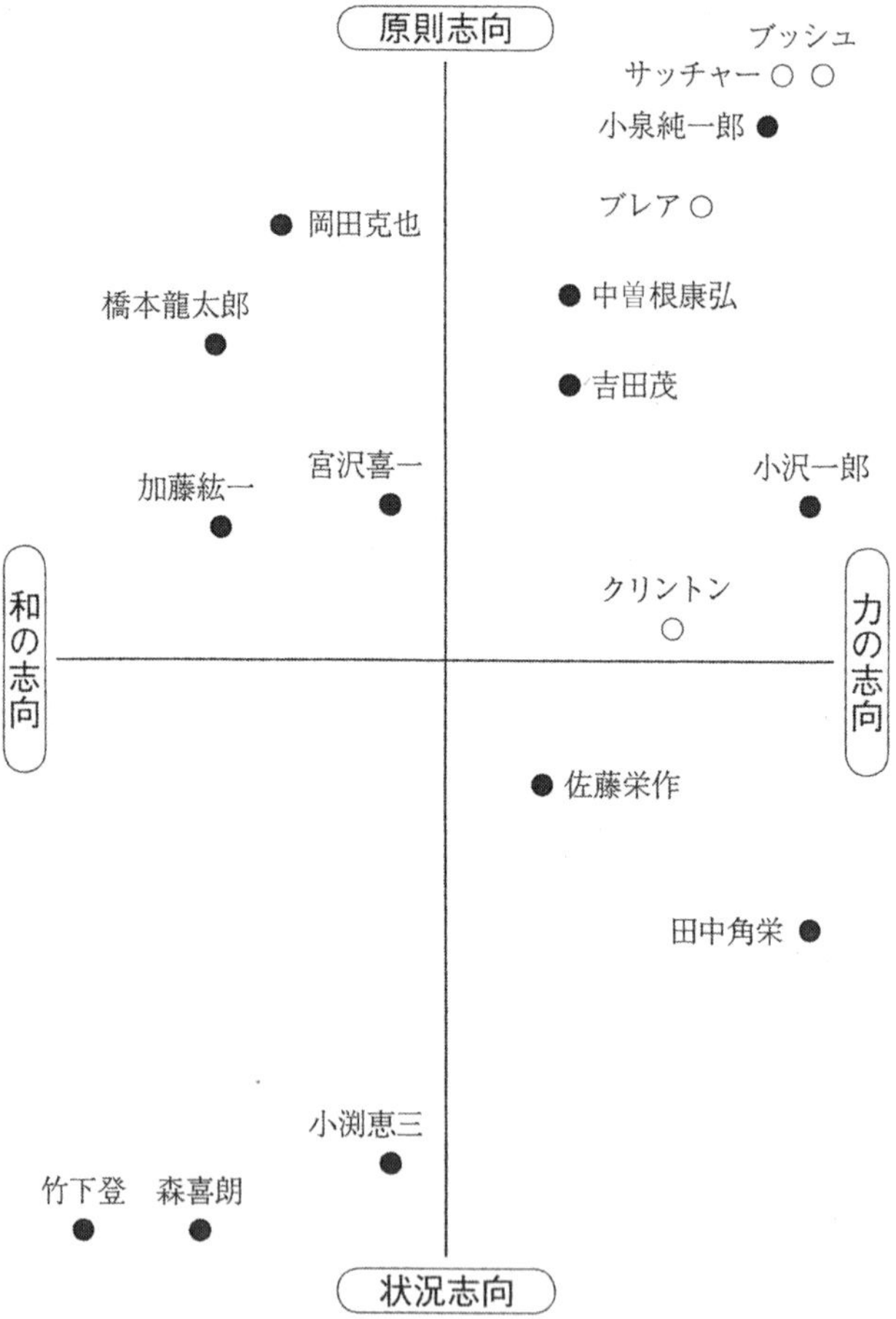

綏・東工大名誉教授が考案、加藤秀治郎・東洋大教授が修正した「芳賀・加藤モデル」と私が呼んでいるものだ。原理原則を重んずるか、それとも状況を重視して行動するかを縦軸にし、横軸は力の行使重視か、和を重んずるかで分けるというものだ。人それぞれによって意見は違うだろうが、本書に登場する人たちを理解するための一助にしていただければ幸いである。

（中公文庫、八九五円）

（二〇〇五年、解説）

三　歴史をひもとく

国民国家溶解に強い危機感

野田宣雄著『二十世紀をどう見るか』

「歴史とは現在と過去との対話である」とは、イギリスの政治学者、E・H・カーの有名なテーゼだ。野田宣雄氏の一連の論考の魅力は、常に過去との対話を重ねながら現在を分析し、未来を展望しようとするところにある。

二十世紀は「戦争と革命の世紀」「資本主義と共産主義の世紀」などとも呼ばれる。しかし、中世以来の数世紀あるいは千年単位の歴史を視野におさめて今を見ようとする著者には別の姿が見える。

それはグローバル化の波の中で、「近代が生み出したもっとも精巧で有効な装置」である国民国家が危殆《きたい》に瀕し、国民国家形成以前の「中世への回帰」が見られることだ。われわれはともすれば国民国家を所与の前提と考えてしまう。しかし、イギリスもフランスもドイツも、国民国家に先立ち複数のエスニー（小民族集団）が糾合され、同質化していくという中世以来の長い歴史があったのだ。日本にはそうした歴史がない。このため、国民国家の枠組みが崩れることによるアイデンティティーの崩壊を、ヨーロッパ諸国のようにエスニーで支えるということができず、忍び寄る「帝国」の復活の中で漂流しかねない。

本書の全体に漂うのは強い危機感とペシミズムである。国民国家が溶解するかもしれないというのにどうしてそんなに無関心でいられるのか、と日本のメディアや学界に対し批判の刃が向けられる。そしてグローバル化時代の東アジアにあって浮かび上がってくるのは、北京を中心に広がる「華夷秩序」だろう、と著者は警告するのである。

それではどうすべきなのか。そのことの言及の少なさに不満がなくはないが、それは世紀末に生きる我々みんなが考えるべきことなのだろう。ドイツの文化哲学者、E・トレルチがつとに指摘した「物を知るとは結局物をその由来において知ることである」という意味での歴史的思考の大切さを本書は教えてくれる。

（文春新書、六九〇円）

（一九九八年十一月八日）

政党の存在問う西欧との同時代性

山田央子著『明治政党論史』

明治以来の日本の政党の歴史をたどろうとすれば私たちの前には升味準之輔『日本政党史論』（全七巻、東大出版会）という名著がある。しかし、近代国家の形成にあたって、明治の先人たちが「政党」を「立憲政体」の中にどのように位置づけようとしたのかについて思想史的、理論的に分け入った考察は、ほとんどなかったと言ってよい。

本書は、少壮政治学者が福沢諭吉、井上毅、陸羯南らの政党観の分析を通じて、この未知の分野に挑んだ意欲作である。

福沢にとって国会とは「政権を争ふの論壇にして異説抗論の戦場」だった。政党の目的は政権争奪にあり、政党内閣の実現を権力闘争の結果とみるリアルな政治認識が、そこにはあった。これに対し羯南は、多数政治は「群犬政治」になっていると強く批判、政党の不可欠の要素として「国民全体の利益」や「徳義」「礼」を求めた。

著者は、こうした政党の理念型とも言える両者の違いを鮮やかに浮かび上がらせる。福沢らイギリス派と井上毅らプロイセン派との対立はつとに指摘されているが、イギリス派内部にも福沢と小野梓、尾崎行雄らの間に君主の位置づけをめぐって大きな対立があったと論証する。

それにも増して本書の価値を高めているのは、明治の政党論を世界史的文脈で論じていることだ。明治の先人たちが範としたブルンチュリ（ドイツ）、バジョット（英国）、リーバー（米国）らの政党論がどのように受容されたか、彼らの著作がどのような背景で生まれたのかを実に丹念に分析している。

その結果、明治の日本は十九世紀後半の西欧の政党論が提出した問題をそのまま写し出しているという「同時代性」が浮き彫りになる。明治の思想の持つ多彩さ、豊かさを教えてくれると同時に、その存在が根底から問われている政党のあり方を考える手がかりをも提供してくれる。（創文社、五一〇〇円）

（一九九九年一月三十一日）

時代の動きを包括的に捉える

北岡伸一著『政党から軍部へ——1924〜1941』

「歴史は未来への架橋であり、創造への決意でなくてはならぬ」歴史を考えるとき、評者が折に触れて立ち返る鈴木成高『ランケと世界史学』（昭和十四年刊）の冒頭の一節である。ヴァレリーの次の言葉も歴史の意味とは何かを我々に教えてくれる。「歴史は歴史に参加する人々にとってのみ、即ち未来に情熱を抱く人々のためにのみ歴史である」昭和の初めにどうして「政党から軍部へ」と主導権が移り、戦争に突入していったかをテーマにした本書を読むと、現代に生きる著者が歴史と対峙し、真摯に自問する姿が浮かび上がってくる。

分岐点はいくつもあった。しかし、「果断の政党指導者」の不在、国家の体をなさない意志決定機構によって悲劇は必然と化したのである。

日本の近代史の分水嶺を叙述するにあたっての著者の基本的スタンスは、「序章」にすべて言い尽くされている。内政と外交の連関に注意を払いながら、政党と軍部との対立だけでなく、政党同士、軍内部の対立も重視し、経済・社会・文化の動きも含めて包括的に捉えようというものである。

その試みは成功している。本書の第一の特徴は、単線的な歴史の把握ではなく、自由経済か統制経済か、英米協調か否かなどの対立軸を交錯させながら多角的、複眼的に歴史のダイナミックスを描こうとしていることである。

第二は、著者の歴史観や歴史事実の評価が実に歯切れよく出ていることだ。例えば宇垣外交の失敗は「近衛が公家にありがちな強い嫉妬心と猜疑心を持ち、宇垣が成功を収めて自分を脅かすことを恐れたからだ」と言い切る。

第三は、人物評が簡潔にして卓抜である。「意志薄弱の若槻礼次郎」「傲岸不遜だが媚びない加藤高明」「謹厳実直なリーダー浜口雄幸」といった具合だ。政治家研究としても裨益《ひえき》するところ大である。

（中央公論新社、二四〇〇円）

（一九九九年十月十日）

サミット史に見る舞台裏の戦い

嶌信彦著『首脳外交――先進国サミットの裏面史』

レーガン元米大統領が回想した『わがアメリカンドリーム』は邦訳にして千ページ近い膨大な書である。その中で「サミットの思い出」の部分はわずか二十数ページにすぎないが、そのレーガン氏も最初のサミットでは緊張したらしい。こんな記述がある。

「私は七か国の首脳を一つの部屋に入れたらどんな様相を呈するものか、とあれこれ想像したものである。強い自我とステータスからして、強い緊張が生じるのではあるまいか?」

日々生起する問題があまりに複雑であるゆえにサミットの限界や形骸《けいがい》化が声高に唱えられて久しい。しかし、国益と首脳の個性が角逐する最高のアリーナであることは疑いようがない。

本書はこれまでの二五回のサミットのうち一八回を直接取材したというジャーナリストによる「サミットの裏面史」だ。沖縄サミットを控えた私たちにとってわかりやすい入門書にもなっている。

書き出しからしていかにもジャーナリストらしい。欧米首脳が直接、あるいは電話で頻繁に会談を重ねながら、連携と牽制《けんせい》の神経戦を繰り返している模様を浮かび上がらせることで、「戦う首脳」の姿を描き出している。つい引き込まれてしまう。

サミットを成功に導くための事務方のトップであるシェルパ(首脳の個人代表)が事前調整をめぐって舞台裏でどんな戦いを展開しているか。さらにどんな料理を出すかも含めた議長国のホスピタリティ(もてなし)が意外に大事であることも、豊富な事例によって理解することができる。

ただ、サミット改革案については議論があるだろう。欧米偏重を是正するため、欧州の参加国は、一、二か国にとどめ、代わって中国、インド、ブラジルを加えるべきというのが著者の主張だ。しかし、これでは国連安保理の改革案と同じであり、国連とは別になぜ先進諸国によるサミットがスタートしたのかという歴史的背景や存在理由を無視したものではないだろうか。

(文春新書、六九〇円)

(二〇〇〇年二月二十七日)

烈々たる熱情で国家的理念探る

廣岡正久著『ロシア・ナショナリズムの政治文化——「双頭の鷲」とイコン』

プーチン大統領の登場、それはロシア国民がいかに「強い大国」を希求しているかの表れにほかならなかった。ソヴィエト共産主義体制の崩壊と超大国からの転落は、ロシア国民に「アイデンティティの喪失」という深刻な事態をもたらした。

一体ロシアはどこへ行くのか。何が国家の統合原理になり得るのか。この極めて興味深い問題にロシア・ナショナリズムという「ロシア的なもの」「ロシア的原理」の解明を通じて迫ろうというのが本書なのである。

ナショナリズムとは「あるネーションの統一、独立、発展を志向し押し進めるイデオロギーおよび運動」（丸山眞男『現代政治の思想と行動』）と定義される。著者によれば、ロシア・ナショナリズムの特徴は、西欧に対する愛憎相半ばする複雑な心理、過剰なまでの救世主主義的使命感やロシア的大国主義に導かれて発展したという点にある。

しかも、ロシアの民衆は常に変わることなく「無告の民」の境遇に甘んじ、国家権力にとって支配と抑圧の対象でしかなかった。そこから「国民的な一体性」、すなわち国民国家は生まれるべくもなかったのである。

ロシア・ナショナリズムの系譜を丹念にたどりながら、著者は「アイデンティティの喪失」を埋めるべく現代ロシアが採り得る国家的理念の選択肢を四つに絞って、その現実的可能性を探る。

著者の結論は、復古主義的な国家理念や西欧的なリベラル・デモクラシーは国民の支持を得られず、ソヴィエト国家への回帰、あるいは帝政時代からソヴィエト時代を貫いて流れるロシア大国主義的理念が現実的な選択肢となるだろう、というものだ。

本書を読んで何よりも心打たれるのは、歴史の流れに深く分け入りながら、「ロシアはどこへ行くのか」という難問に、烈々たるパッションで立ち向かっていることだ。深い充実感を味わうことができた。

（創文社、七〇〇〇円）

（二〇〇〇年四月三十日）

米大統領五人の危機管理を検証

ボブ・ウッドワード著『権力の失墜——大統領たちの危機管理』（上・下）

「主権者とは非常事態において決定をくだす者をいう」。ドイツの政治学者、C・シュミットが『政治神学』で喝破した定言に倣えば、すぐれたリーダーかどうかの分水嶺は非常事態における危機管理にあると言っていいだろう。

「大統領たちの危機管理」という副題の本書は、ニクソン後の五人の米大統領がスキャンダルはじめ自らの政治生命の危機にどのように対応したかを徹底した深層取材で検証したものだ。フォード政権におけるニクソン恩赦、レーガン政権でのイラン＝コントラ事件、そしてスキャンダルの〝白眉〟とも言うべきクリントン政権下のモニカ・ルインスキー事件などを俎上に乗せている。ホワイトハウスと検察官や議会、メディアの攻防はさながら迫真のドラマを見る思いがする。

第一級の政治ノンフィクションの本書から浮かび上がってくるのは、政治的にはベトナム戦争に比すべき犠牲を払ったはずのウォーターゲート事件から歴代大統領がなんら学んでいないことへの著者のいらだちである。ウォーターゲート事件の教訓とは権力行使にあたっては全面的な説明責任が求められるというものだ。

大統領を取り巻くエリート弁護士集団の存在も象徴的である。アメリカ政治の首根っこを押さえているのは弁護士であると思えるほどだ。ただ権力者に唯々諾々としているのではなく、緊張感を保っているのが極めて印象的である。

事実上世界を動かす米大統領が自らのスキャンダルの火消しに懸命になり、我を忘れている姿に薄氷を踏むがごとき恐怖を覚えたことも事実だ。

読み終えて深く嘆息せざるを得なかった。首相の身近に主治医さえいない、論ずるに値しないようなわが国の危機管理のなさに思い至ったからにほかならない。新庄哲夫訳。

（日本経済新聞社、上二三〇〇円・下二五〇〇円）
（二〇〇〇年七月九日）

楠精一郎著
『列伝・日本近代史——伊達宗城から岸信介まで』

有名無名織り交ぜ政治家で時代描く

歴史の大きな流れを縦糸に、歴史を動かす人物のヴィヴィッドな姿を横糸に一つの作品を織り成していくのは至難のことである。流れを忠実に辿ろうとすれば無味乾燥になり、人間の魅力を伝えようとすれば流れが犠牲になってしまうからだ。

歴史叙述のこのアポリア（難問）に新たな方法で挑戦したのが本書なのである。英国公使を救った外交官・中井弘のように私たちにはなじみの薄い人物と、伊藤博文や大隈重信のような首相クラスとを交互に配しながら、日本近代の歴史と時代精神を描こうとした意欲作だ。

取り上げられている人物は宇和島藩主・伊達宗城から岸信介まで十三人。バトンタッチする政治家同士が何らかのつながりがあるという運びのおもしろさに加えて、本書の魅力を高めているのは、厳格な歴史叙述ではタブーとも言うべき「歴史のイフ」に敢えて言及していることだ。

平民宰相・原敬は海軍兵学校の受験に失敗、司法省法学校に入学したが退学処分を受けた。もし海軍軍人になっていたら、もし判事か検事になっていたら大正期の政党内閣の登場はあったのか。

徳川幕府健在なら第十六代将軍になったかもしれない徳川家達は大正三年、元老会議から後継首相に推薦された。固辞しなかったならば幕府を倒した政府の首相になったかもしれない――という具合だ。

それだけでない。日本初の首相は「テロリスト」で外国公使館焼き打ちの「放火犯」だった（伊藤博文）。禁獄二年の国事犯が十数年後には警察総元締めの警保局長に就任した（小松原英太郎）。ここから日本の近代が柔軟性や可塑性に富んでいたことを知ることもできる。

近代日本で活躍した政治家論として評者にとって忘れ難いのは故岡義武教授の『近代日本の政治家』（岩波書店）だ。本書と併読したなら、おもしろさが倍加することは請け合いである。

（朝日選書、一四〇〇円）

（二〇〇〇年七月二十三日）

病弱で無能は虚像、象徴制の原型見る

原武史著

『大正天皇』

歴史研究者の使命とは何かを考える時、決まって思い出すのは名著『文学に現はれたる我が国民思

想の研究』の著者、津田左右吉の言葉である。

「学問は決まつてゐることを決まつてゐるとほりに学び知るのではなく、だれにも知られなかつたこと、わからなかつたこと、考へられなかつたことを新に知り、考へ、きわめてゆくのであります」

「大帝」「名君」と呼ばれた明治天皇と国民から敬愛された昭和天皇の谷間にあって、真の姿を「だれにも知られなかった」大正天皇の実像を掘り起こした本書は、その見本と言っていい。

大正天皇といえば、帝国議会の開院式で詔書をくるくる巻いて遠眼鏡《とおめがね》のようにして議員席を見回したという「遠眼鏡事件」に代表されるように、病弱で無能の君主というイメージのみが流布されている。しかし、『原敬日記』などをもとに著者が〝復元〟した大正天皇像はまったく異なる。

溌剌《はつらつ》として全国を巡幸、家族の団欒を大切にし、きさくで人間味に溢れていた。戦後の象徴天皇制の原型がそこにはあった。しかも大正天皇は「現人神《あらひとがみ》」としてカリスマ的権威を持った厳格な君主たる明治天皇への違和感をしばしば漏らした。

こうした言動は、牧野伸顕ら宮内官僚からみれば、近代天皇制の根幹を揺るがす危険性をはらんでいた。病弱のイメージのみを残し、真の姿が封印されたのは各国君主制の相次ぐ崩壊を目の当たりにした宮内官僚が、強い天皇を求めて強制的に「押し込め」たからにほかならない——というのが著者の結論だ。

大正天皇亡きあと貞明皇后は、朝夕多摩陵に向かって遥拝《ようはい》し、長い時間をかけて亡き天皇に祈り続ける習慣を一日も欠かさなかったという。

その姿に世間に定着した大正天皇評価への「静かで毅然とした抵抗の意志」をみる著者に、私たちは悲劇の天皇への溢れるばかりの思いを感じる。大正天皇論のパラダイム転換であり、大正研究史に新たな一ページが加わった。

（朝日選書、一三〇〇円）

（二〇〇〇年十二月十日）

〝丸山通説〟批判に説得力

牛村圭著『「文明の裁き」をこえて——対日戦犯裁判読解の試み』

戦後政治学の記念碑的作品ともいうべき丸山眞男『現代政治の思想と行動』（未来社）を読んだ時の戦慄にも似た興奮を、三十五年経った今も忘れることができない。中でも「軍国支配者の精神形態」はなぜ日本が無謀なまでの戦争に突入したのかをニュルンベルク裁判と東京裁判で露《あらわ》になった日独指導者の比較を通じて見事に解明していた。

〈百パーセント責任を取ろうとする「ニヒリストの明快さ」を持つナチ戦犯に対し、日本人戦犯は「既成事実への屈服」と「権限への逃避」を特徴とする「うなぎのようにぬらくらし、霞《かすみ》のように曖昧」な矮小な存在だった〉

この丸山テーゼは圧倒的影響力を持って戦後をリードしてきた。本書は、二つの裁判記録を克明に読みこむことによって両者にはむしろ共通性が多いことを論証し、〝丸山通説〟を根底から覆そうと試みたものだ。

「矮小性」は何も日本の旧指導者だけでない。ナチス指導者の多くが責任回避の言動に出た。丸山が「権限への逃避」の典型例として挙げた南京事件の松井石根大将は、決して道義上の責任を回避しなかった。「弱い精神」の持ち主と批判された東郷茂徳外相は置かれた状況下で取り得る「最善の策」をとったのだ――。

丸山の日独比較に批判がなかったわけではない。しかし、本書によって最も説得力ある批判の書が登場したと言ってよい。丸山論文の引用資料には意図的削除があり、「予断と先入観を恣意的と呼んでよい論証法で押し通そうとした」との指摘は極めて重要で、〝偶像破壊〟的なパンチがある。

本書には知られること少なかった竹山道雄の東京裁判論や、オランダのレーリング判事と竹山の交流など「文明の裁き」の名のもとに戦勝国によって行われた東京裁判に実に多彩な光が当てられている。「東京裁判とは何だったのか」は依然問い続けなければならない課題である。

（中公叢書、一九〇〇円）

（二〇〇一年四月十五日）

安易な日独比較論を排す

木佐芳男著
『〈戦争責任〉とは何か
——清算されなかったドイツの過去』

八月十五日が近づくたびにあたかもパブロフの条件反射のように語られるフレーズがある。「ドイツは戦争責任を認め補償しているのになぜ日本は過去を清算しようとしないのか」そして決まってヴァイツゼッカー元西独大統領の演説の一節が引用される。「過去に目を閉ざす者は現在についても盲目となるのです」

本当にそうだろうか。〈実は旧ドイツ国防軍による大掛かりな虐殺が行われ、旧日本軍そっくりの慰安婦制度もあった。戦争被害者への補償でも誠意ある対応はしなかった。にもかかわらず、こうした日独比較を不思議と思わないのは幾度かにわたって「国家的トリック」が行われたからにほかならない〉膨大なる資料の探索とドイツやポーランドなどの関係者へのインタビューによって著者は見事にこのことを論証している。

そのトリックとは、ナチスという「悪いドイツ人」とそれ以外の「善いドイツ人」の二種類のドイツ兵がいたかのように理解させ、すべての罪をナチのせいにしたことであり、ユダヤ人へのホロコースト（大虐殺）への謝罪や償いの姿勢を示せば戦争責任を認めたかのように内外に錯覚させたことである。

郵便はがき

料金受取人払

牛込局承認

3086

差出有効期間
平成24年6月
11日まで

162-8790

東京都新宿区
早稲田鶴巻町五二三番地

株式会社 藤原書店 行

（受取人）

ご購入ありがとうございました。このカードは小社の今後の刊行計画および新刊等のご案内の資料といたします。ご記入のうえ、ご投函ください。

お名前	年齢
ご住所　〒 TEL　E-mail	
ご職業（または学校・学年、できるだけくわしくお書き下さい）	
所属グループ・団体名	連絡先
本書をお買い求めの書店 市区郡町　書店	■新刊案内のご希望　□ある　□ない ■図書目録のご希望　□ある　□ない ■小社主催の催し物案内のご希望　□ある　□ない

書名		読者カード

●本書のご感想および今後の出版へのご意見・ご希望など、お書きください。
（小社PR誌『機』に「読者の声」として掲載させて戴く場合もございます。）

■本書をお求めの動機。広告・書評には新聞・雑誌名もお書き添えください。
□店頭でみて　□広告　□書評・紹介記事　□その他
□小社の案内で　（　）（　）（　）

■ご購読の新聞・雑誌名

■小社の出版案内を送って欲しい友人・知人のお名前・ご住所

お名前　ご住所 〒

□購入申込書（小社刊行物のご注文にご利用ください。その際書店名を必ずご記入ください。）

書名	冊	書名	冊
書名	冊	書名	冊

ご指定書店名　住所

都道府県　市区郡町

著者によると、トリックの創始者は冷戦を背景に再軍備の必要に迫られた初代首相アデナウアーであり、何とヨーロッパ連合国軍最高司令官のアイゼンハワーまで〝加担〟していた。トリックは「ナチ体制によって辱《はずかし》められた国民がもうひとつあった。私たちドイツ国民です」とドイツ人を被害者にしたヴァイツゼッカー演説で完結するのである。

この分野の先駆的業績である西尾幹二氏の『異なる悲劇　日本とドイツ』(文藝春秋)をさらに深めたものであり、安易な比較論がいかに事実を歪《ゆが》め真実を覆い隠すかの見本でもある。ただ、だからといって日本の戦前の行為がすべて免罪されるわけでないことは言うを俟《ま》たない。(中公新書、七八〇円)

(二〇〇一年八月十二日)

歴史に学ぶ日米関係

五十嵐武士著
『覇権国アメリカの再編——冷戦後の変革と政治的伝統』
細谷千博監修
『日本とアメリカ——パートナーシップの50年』

二十一世紀の劈頭《へきとう》に立ち日本の歩むべき道に思いを馳《は》せるとき、アメリカは何を考えどこへ行こうとしているのか、日米関係はどうあるべきかを究めるのは必須のことである。折しも九月八日はサンフランシスコ平和条約締結五十周年にあたる。この二冊はそのための必読の書になるだろう。

『覇権国アメリカの再編』は、冷戦後のアメリカの対外政策の変化をイデオロギー偏重の「超大国主導型」からグローバル化を推進する「覇権国主導型」への移行と位置づけ、大統領とホワイトハウスチームの創造的な構想力とリーダーシップが存在したことを鮮やかに分析する。

何よりも特徴的なのは、対外政策の変化を為政者の意志というレベルだけでなく、政治不信や景気後退を背景にした国民意識の変化、連邦議会と大統領との対立と融和、さらにアメリカ国家の成り立ちにまで遡って立体的、構造的に描こうとしていることだ。

本書を通読すれば、アメリカがどんな国なのかが明確な輪郭をもって浮かび上がってくる。そして第一次、第二次大戦、冷戦という三つの「世界戦争」の戦後構想への歴代大統領の取り組みをみるにつけ、日本のリーダーの貧困さに改めて暗澹《あんたん》たる気持ちを抱かざるを得なくなるのである。

一方『日本とアメリカ』は、戦後の日米関係を安全保障や経済摩擦、文化交流などあらゆる分野で検証したものだ。学者やジャーナリスト、経済人、外交官など六十五人が執筆、この一冊で戦後の日米関係を一望することができる。

日米関係を彩る多彩な群像の中でとりわけ感動的だったのは日本の科学技術再建のため身を捨てて尽力したケリー博士である。こうした人が礎となって戦後日本があることを決して忘れてはならないだろう。

（『覇権国アメリカの再編』東京大学出版会、七〇〇〇円／『日本とアメリカ』ジャパンタイムズ、二八〇〇円）

（二〇〇一年九月二日）

近代化成功の秘密に迫る

ドナルド・キーン著『明治天皇』（上・下）

限りなく緻密で雄渾《ゆうこん》な「明治の物語」である。欧米諸国による植民地化の危険迫る中、明治天皇を中心にいかに近代日本国家はつくられたのか。その苦闘の歴史を描いた「戦争と平和」の物語でもある。

謹厳、厳格のイメージのみ強く、自分の感情をめったに表さない明治天皇は一体何を考えていたのだろうか。『明治天皇紀』や侍従の日記などをもとに執拗に天皇の心の内、「声なき声」を引き出そうとする。例えば贔屓《ひいき》にしていた西郷隆盛の反乱への明治天皇の内心は、こんな風だ。

〈思えば明治天皇が脇目もふらず巡幸の日程をこなすことに専心していたのは、これらの雑念を頭から振り払う苦肉の策であったかもしれない。残りの京都滞在を通じて見せた無気力な態度もまた、同じ理由から出たことだったかもしれない〉

「歴史家にも許された想像がある」とは今は亡き萩原延壽氏の至言だ。本書の随所に「恐らく」「かもしれない」などの表現が見える。それによって初めて公式記録では無表情の彫像のような明治天皇の姿に血が通ってくるのである。

明治天皇は清国への宣戦布告に反対だった。日露戦争で多くの死者を出した乃木希典を許さなかった。旅順陥落の勝利に最初に示した反応は喜び勇む歓喜の声ではなく、敗北したステッセル将軍が武人としての名誉を保てるよう指示することだった。こう指摘しながら、開明的君主の心の最も奥底に「平和への願い」があったとみる。

とりわけ印象深かったのは、大久保利通、伊藤博文はじめ明治の指導者や侍従らが身を賭《と》して「諫《かん》言《げん》」を繰り返し、天皇もよく耳を傾けていることだ。侍従に諭された天皇はこう感謝する。「汝、朕がために能《よ》く言を尽せり、朕頗《すこぶ》る之れを怡《よろこ》ぶ、今後に於ても敢《あ》へて憚《はばか》ることなかれ、此の品軽微なれども汝に与へん」。極東の小国が見事近代化を成し遂げた秘密の一端を見る思いがする。角地幸男訳。

（新潮社、各三二〇〇円）

（二〇〇二年一月六日）

老練と思慮深さに学ぶ

細谷雄一著『戦後国際秩序とイギリス外交——戦後ヨーロッパの形成1945年～1951年』

学術書だからといって、専門家だけの狭き堂宇に閉じこもっていいはずがない。多くの人を啓発する書であってほしい。そのための必須の要件は、生々しいまでにアクチュアルな問題意識に貫かれていることだろう。研究のための研究ではなく、どこかで「今」とつながっていなければなるまい。そして難渋さを排し、わかりやすい文章であることも必要だ。

第二次大戦後のヨーロッパの新たな秩序をどう形成するか。米ソという二つの強大な国が世界支配を強める中で、イギリスはアーネスト・ベヴィン外相を中心に「大国間協調」「西欧統合」「大西洋同盟」という三つの枠組みを重層的に組み合わせながら戦後秩序を模索した。その苦闘の歴史を臨場感あふれる筆致で描いた本書は、先の要件をほぼ完全に満たしている。

イギリスは、国家主権を傷つけない形での欧州統合に固執したがゆえに、一九五〇年代を境に秩序形成のリーダーシップをフランスに奪われていく。しかし、イギリスが構想した三つの枠組みは生き続け、「ヨーロッパ分断」体制と著者が呼ぶ戦後国際秩序は、ナポレオン戦争後のウィーン体制や第一次大戦後のヴェルサイユ体制以上に強固で安定的に機能した。

秩序形成の過程で浮かび上がってきたイギリス外交とは、欧州統合をめぐる英仏対立やドイツ問題に対する米仏対立など、多様な利害を調整し、対立を妥協に変え、交渉を安定へと導く「政治的叡智」の表出にほかならなかった。老練で「思慮ある外交」こそがイギリス外交の神髄だったのである。

「戦後我々はあまりにも軍事力や経済力という数字に表れた要因ばかりに目を奪われてしまい、巧みな外交のなし得る余地を見失っているのではないか」。こう強調してやまない、パッションがほとばしり出た書を読み終わり、私たちは日本の外交現場で繰り広げられていることがいかに矮小なものであるかを骨身に染みて知るのである。

（創文社、六八〇〇円）

（二〇〇二年三月三日）

複眼で見た新しい歴史学

加藤陽子著
『戦争の日本近現代史——東大式レッスン！征韓論から太平洋戦争まで』

日本の近現代史にはおもしろさを欠くものがあまりに多い。無味乾燥か、そうでなければイデオロギー的、倫理的裁断にとらわれすぎ、生き生きとした歴史のダイナミズムが伝わってこないのである。

若き学徒のこの書は違う。複眼思考に裏打ちされた緻密さと躍動感がある。その源は「為政者や国民はどのような論理の筋道で戦争を受けとめていったのか、その論理の変遷を追っていく」という分析視点が、最後まで揺らぐことなく貫かれていることにある。それは戦争を強行する権力者と服従を強いられる国民という図式による歴史叙述とは全く対極にある。

たとえば日清戦争はどうだったか。日本の独立自衛のためには朝鮮の独立確保が不可欠で、清国の影響を排除しなければならず、そのために、内政改革に熱心な日本と拒絶する清国、文明と野蛮の戦争などさまざまな意味付けが動員され、戦争はやむを得ないものとなる。このように「戦争への道」が暗夜に灯が点《とも》るように明らかにされていくのである。

満州事変にしても「この前後ほど国民全体の受けとめ方が関東軍の発する言葉と一体化した時期はなかった」として丹念に描かれていく。同時に、教科書的な常識は次々と覆される。西郷隆盛らの征韓論は、士族の反乱を防ぐためのガス抜きではなく、維新当時の「国家の元気」を取り戻し、国家の覆滅を回避する道として模索されたということになる。

日露戦争では、アメリカの「門戸開放宣言」が、門戸を閉ざすロシアは文明国でないという文脈の中で使われ、しかもその理論的基礎を与えたのは大正デモクラシーの旗手、吉野作造であったという指摘など極めて新鮮である。

歴史は単線的に一次方程式で理解できるものではなく、連立方程式で解かなければならないことを痛感させられる。「新しい歴史学」の到来を予感させるに十分な作品である。

（講談社現代新書、七二〇円）

（二〇〇二年五月十九日）

虚実ふるい分けて再現

北博昭著『二・二六事件　全検証』

決起に参加した部隊は青年将校ら千四百八十三人。日本近代史上、最大規模の反乱である二・二六事件（一九三六年）については、「二・二六産業」と言われるほど、おびただしい数の著作が刊行されている。「昭和維新」や「尊皇討奸《とうかん》」という大義、さらには「雪の挙兵」が忠臣蔵のイメージと重なり、ある種のロマンをかき立てずにおかないからだ。

この書の持つ第一の意義は、幻と言われた東京地方検察庁保管の正式裁判資料を縦横に駆使し、事件を再現していることだろう。「証言」の持つ、当事者であるがゆえの危うさを洗い直しながら「虚」と「実」をふるい分け、事実を積み上げることによって、息詰まるような「人間ドラマ」に仕立て上げている。

「実」の中身についても、決起の核心に位置した二十五人の青年将校を、参加の形態によって「主動組」「快諾組」「自然受諾組」「慎重組」「引き込まれ組」の五グループに分けることによって、大義への殉じ方や事態の認識の違いを明らかにしている。そしてさまざまな局面での「行動の系統性・統一性」の欠落や計画そのものの杜撰《ずさん》さを浮かび上がらせている。

クーデターの成否に関して、「今一歩のところで敗れ去った」（筒井清忠『昭和期日本の構造』）、「あやうく成功しそうだった」（北岡伸一『政党から軍部へ』）との見方も根強い。これに対して、指揮官の不在に加え、クーデターの目的そのものの中に限界と失敗への必然を見ている。「国体の擁護開顕」「天皇親政」を標榜する限り、決起後の青写真を提示することは天皇大権を私議することになるからだ。

事実を「あるがまま」に追いかけることで何が見えてきたか。次の言葉は極めて印象的である。「事件が、とりとめのない思い込みや予期せぬ成り行き、偶然の重なり、といったなかでの駆け引きや損得勘定で展開した部分のじつに多いことをおしえてくれる」

（朝日選書、一二〇〇円）

（二〇〇三年二月二十三日）

死に瀕した日本語に新たな地平を開く

鴨下信一著『会話の日本語読本』

漱石から天童よしみ、歌舞伎から漫才まで駆使し、絶滅の危機にある日本語の鉱脈を掘り起こし、日本語の新たな地平を切り開こうという書だ。書名に漂う軽さとは裏腹に、日本人のあり方をも考えさせられる日本語論である。

死に瀕《ひん》した日本語とは、絶妙なる会話手法である「あいづち」や「合の手」「オウム返し」だ。この〝伝統技能〟は会話を成立させ、リズムをもたらすだけでない。「出来上ったコミュニケーションを隠す」という機能さえ含まれている。さらに「の」や「ね」を多用する女性語の真の意味、「あなた」「お父さん」といった相手に呼び掛ける人称語の重要さの指摘など、さながら「日本語再発見」の趣がある。

今こそ光を当てるべきは、「書き言葉」でも「話し言葉」でもない、この書で列挙されている第三の勢力たる「書き＝話し言葉」なのだ。そのためにも「メール文章」を少しでも豊かな日本語にしなければならない、と著者は使命感を燃やすのである。

（文春新書、七〇〇円）

（二〇〇三年四月六日）

現代に通じるテーマ

『目安箱の研究』

大平祐一著

政治の要諦《ようてい》の第一は、民の声をどのように吸い上げるかにある。目安箱の眼目は「権力者への直訴」にあり、徳川八代将軍・吉宗が享保六年（一七二一年）、江戸に初めて設置したことを、私たちは教科書で知っている。

ところが、何を意図し、どれだけの数がつくられ、効果はあったのかとなると、網羅的で体系的な研究は無いに等しい。この書は「訴えの保障」という観点から、目安箱の全容解明を試みた初めての研究と言ってよい。

幕府による目安箱は、江戸に先立つ百年前に京都所司代で設置されている。江戸と前後し、美濃、佐渡、大坂、長崎、駿府にも置かれた。藩による設置は、最も早い尼崎藩を筆頭に七十四藩に及び、設置の時期は享保、宝暦、天明・寛政期に集中している。それは財政が破綻《はたん》するなど幕藩体制の矛盾が噴出した時期であり、目安箱によって「訴えの保障」をすることで、政治的、経済的危機を打開し、新たな政策を展開しようとしたのである。

それでは目安箱は何を意図したのか。著者は三点に集約する。第一は「言路洞開」による提言・意見の奨励であり、第二は、役人の統制であり、第三に、人民の救済・不満の解消が目的だった。投書には、雑言や恨みに基づくものなど採用に値しないものも多かったが、有名な小石川養生所がつくられたほか、各藩で役人の処罰や政策転換が行われた。訴えの内容と処理の模様が丹念に拾い出され、揺らぐ幕藩体制下で苦悶する姿が生き生きと描かれている。

目安箱は明治になって復活、わずか数年で廃止された。しかし、法制度としての目安箱はなくなったが、今でも地方自治体でさまざまな目安箱がつくられるなど、国民の意見を吸い上げる「装置」として試みられている。その意味でも、徳川、明治における目安箱の研究が、実は普遍的で、しかも極めて現代的なテーマであることを実感するのである。

（創文社、八〇〇〇円）

（二〇〇三年十月五日）

幕末の庶民生き生きと

西木正明著『養安先生、呼ばれ！』

時は幕末、所はみちのく、羽州（秋田）の院内銀山に、門屋養安という名物医がいた。「酒っこ」が大好きな養安先生。その日常を通じ、激動の時代に生きた庶民の姿が生き生きと描かれている。物語の〝進行役〟は秋田弁だ。秋田弁には一種のどかで牧歌的な趣があるが、日々の暮らしには、「つらましにゃ」（無残な）ことが「ずっぱり」（たくさん）あるのだ。

銀山に働く者は粉塵を大量に吸い込むため、ヨロケ（珪肺《けいはい》）で四十すぎまで生きるのはまれだ。そんな中で、ヨロケの亭主に尽くし、だみだし（葬式）をした夜、男と逐電する女房。ヨロケに効くという熊胆《にゅうたん》を手に入れるため肌身を許したが、ニセ物と分かって無理心中する許嫁《いいなずけ》同士……。この世の定めから逃れられぬ名もなき人々の悲しみが伝わってくる。

その一方で、庶民の生活の豊饒さともいうべきものが随所にある。ハタハタの米糠《こぬか》漬け、キノコの溜《た》まり漬け、寒中に炊いた飯を凍らせて乾燥し蒸《ふ》かし直した氷飯《こおりめし》、酒を加えてまろやかにし、時に山《さん》椒《しょう》やフキノトウを練り込んだ味噌で焼いた牛肉。思わずヨダレが出てくる。色も香りも味もある小説なのである。

ヨロケの治療に尽力した養安先生が現役引退後の残された人生を捧げたのは種痘の普及だった。日本で初めて種痘が行われたのは文政七年（一八二四年）、北海道松前藩でのことだった。しかし、藩全体として種痘に取り組んだのは秋田の久保田藩だった。その最前線で養安先生と娘のおすま、養子で婿の泰安は、住民の不安を取り除きながら普及に努めたのだった。

養安先生は明治六年、八十二歳で大往生を遂げた。その前年、おすまが亡くなった。臨終を看《み》とった孫は見守る人たちに言う。「母が祖父を呼ばったのだと思います。それにしても養安先生だば、この世でもあの世でも、呼ばれっぱなしで忙しいこと」。この小説を読んで、「本当にえがったな」と思うのである。

（恒文社、二二〇〇円）

(二〇〇三年十一月三十日)

平野久美子著
『高松宮同妃両殿下のグランド・ハネムーン』

全四一七日、旅費六億円の新婚旅行

一九三〇年四月、二十五歳の「ミカドの弟君」と、十八歳の「ショウグンの孫娘」が横浜港から旅立った。高松宮殿下と喜久子妃殿下のハネムーンの訪問先はイギリス、スペインなど欧米二十四か国。全行程四百十七日、旅費は今のお金で六億円を超すという空前の大旅行だった。

本書は、侍女としてこのロイヤル・ハネムーンに随行した山木たけが持ち帰ったホテルのラベルを通して辿った記録である。当時のホテルラベルの美しさに魅せられるだけでない。二つの大戦のはざまで苦悶する各国事情も浮かび上がってくる。喜久子妃殿下の天真爛漫ぶりも随所に見える。

両殿下が帰国して三か月後、満州事変が勃発する。ハネムーンは「日本に暗雲が立ちこめる昭和という時代の、雲間から日差しがのぞいた一瞬の、夢のようなできごとだった」。この物語はしばし、その夢の世界に私たちをいざなってくれるのである。

(中央公論新社、二四〇〇円)

(二〇〇四年四月十一日)

説得力ある網野史学批判

山折哲雄著『さまよえる日本宗教』

「日本人よ、汝《なんじ》は『宗教』という名の錨《いかり》を奪われたまま、いったいどこへさまよいでていこうとしているのか」

痛切なまでに張り詰めた危機意識。華麗なレトリック。そして凜《りん》とした説得力。大事な箇所に赤線を引いて読むのを常としているが、最近これほど頁が赤く染まった本も珍しい。

なぜ日本の宗教は力を失ったのか。立ち返り取り戻すべきものは何なのか。根源的ともいえる問いを正面に据え、内村鑑三や南原繁、柳田国男らを読み直し、明治以来の宗教政策がいかに日本固有の信仰に違背し、破壊したかを浮き彫りにしている。

靖国参拝に関連した「無宗教の戦没者追悼」論は当然ながら糾弾の対象となる。死者の追悼行為が無宗教でも可能であるという常識がいつからまかり通ったのか。「一礼」なら無宗教であるという政治の常識など、言葉遊びの「知の退廃」「知の錯乱」以外の何ものでもない。さらには、老人介護の究極の姿は、人生の最期にあたっての「宗教介護」にこそあるという指摘など、対象は広く、射程も長い。

白眉は、「無縁」や「公界」「非農業民」といった概念を前面に押し立て、日本の中世史像を一変させた網野善彦氏への批判だ。網野史学はアンチテーゼとしての魅力に満ちているが、そこには大きな問題がある。

「中世」を理念化し、いわば絶対化された中世から古代を眺望し、近現代を撃とうとする。しかし、そもそも「傀儡子《くぐつ》」や「遊女」といったマイナーな遍歴民が時代を切り開いたと思っているのだろうか。結局は、日本における「国家」や「民族」を否定するための方法だったのではないのか。

私も含め、網野史学に魅《ひ》かれつつ大きな違和感を覚える者にとって、これほど説得力のある網野論はなかった。溢れるばかりの情熱に貫かれ、読むものを引きつけずにおかない。

（中公叢書、一六〇〇円）

（二〇〇四年十一月二十八日）

「大奥」と闘う男たち

関口すみ子著
『御一新とジェンダー——荻生徂徠から教育勅語まで』

大奥を中心とした「女権」をいかに剥奪《はくだつ》するか。江戸から明治にかけ、そのために精力を傾注した男たちの苦闘（⁉）の物語だ。豊富な資料を駆使し、男たちの「うめき」と「凱歌《がいか》」を浮かび上がらせた壮大なドラマでもある。

十五代将軍徳川慶喜は、十三代家定のお世継ぎになることを嫌った。大奥の老女が老中以上の権力を持っており、自分が将軍になっても到底改革はできないと思ったからだ。荻生徂徠は八代将軍吉宗に献じた『政談』で、「大名の妻ほど埒《らち》もなき者はなし」と切り捨てた。

将軍の大奥、大名の奥の権力にメスを入れることは為政者の悲願だった。「寛政の改革」で有名な松平定信にとって「奢侈《しゃし》」を抑えることは女を抑えることだった。しかし、女権排除は挫折に終わるしかなかった。水戸徳川家の徳川斉昭は「牝鶏《ひんけい》の害」の除去を掲げて大奥を改革しようとした。撃退されたのは斉昭だった。女権の前に死屍《しし》累々たるものがあったのだ。

維新の志士たちの最大の関心事も、将軍大奥瓦解《がかい》後の天皇周辺の女権排除だった。参議西郷隆盛の強力なリーダーシップのもと、明治四年に「女官総免職」を断行、悲願はようやく達成された。そして明治天皇の美子《はるこ》皇后を通して、「政事に嘴《くちばし》をはさまない」賢母良妻の女性像が打ち立てられていくのである。

どうして日本の女性は「つつましやかに責任を引き受け、性的に容易に手に入る女」というイメージが作られたのか。その違和感が研究の原動力になっているが、さながら推理小説を読むような興奮さえ覚える。「歴史家に許された想像力」を随所に忍ばせているからだ。

「大名の妻を作り込む」ように孫娘を育てた上杉鷹山。しかし、娘たちはいずれも若死にした。「婚家への献身の誓いが娘たちに過度な自己犠牲を強いたのかもしれない」……。

読み終わり、嘆息せざるを得ない。「女性とは、かくも恐ろしきものか」と。

（東京大学出版会、六二〇〇円）

（二〇〇五年五月十五日）

政党政治家の生の姿

鳩山一郎・鳩山薫著『鳩山一郎・薫日記』（上・下）

「六月十一日　月曜　晴」。昭和二十六年（一九五一年）のこの日、鳩山一郎の日記には天候が書かれているだけである。公職追放解除を目前に脳溢血で倒れたからだ。昭和十三年以来書き続けてきた一郎日記はここで終わり、翌年からは薫夫人が代わって日記をつけることになる。

政治家の日記を大別すれば、饒舌なまでに自己を語るものと、一日の出来事を簡潔に記した日録的な二つの類型がある。『原敬日記』『芦田均日記』は前者であり、『石橋湛山日記』や『鳩山日記』は後者に属するだろう。

六年前に出版された上巻「鳩山一郎篇」に続く下巻「鳩山薫篇」には、闘病生活を経て、念願の政権を獲得、保守合同、日ソ交渉、そして永眠に至るまでの夫の後半生を支えた人の日々が描かれている。

備忘録のような記述から浮かび上がるのは、鳩山一郎を取り巻く人間の層の厚さだ。さまざまな人から贈り物が届き、一緒に賛美歌を歌って眠りに就く家族がいる。

昭和二十九年十二月七日、吉田内閣は総辞職、三日後に鳩山内閣が誕生した。総辞職の日の薫日記には「河野一郎氏来られ涙して喜ばる」とあり、『鳩山一郎回顧録』にはこう書かれている。

〈私は二階の書斎で、僅《わず》かな時間ではあったが、三木（武吉）君と河野（一郎）君と三人だけの時間を持つことが出来た。その時、三木君はたゞ一言「よかったなあ……」といって、私の手を固く握った。河野君は、何もいわずに、顔をゆがめていたが、とうとうたまりかねて、大声をあげて泣いてしまった〉

簡潔な日記の記述を理解するためには補強するものが必要だ。『回顧録』もそうだが、下巻に掲載されている伊藤隆氏による長大な解説（一郎評伝）は読者の大いなる助けになる。両方を照らし合わせながら読むと、戦前、戦中、戦後を通じ一貫して政党政治家であり続けた鳩山一郎の生の姿が浮かび上がってくる。

（中央公論新社、上八〇〇〇円・下一二〇〇〇円）

（二〇〇五年六月十九日）

人物評価、生き生きと

山内昌之・中村彰彦著『黒船以降——政治家と官僚の条件』

人を得れば歴史はかくまで面白くなるものなのか。豊富なエピソードをもとに、歴史家として許され得る限りなき想像力を巡らしながら、世界史的な視野で幕末・維新という時代とサムライたちの実像を描いている。

良質の歴史教科書とも言えるこの対談の第一の面白さは、「瓢簞《ひょうたん》なまず」阿部正弘から、「肉食動物」徳川斉昭まで、小気味のいい人物評にある。「比較の妙」もある。幕末・維新を主導した三藩の比較もそうだ。

自己陶酔に陥り、すぐ直接行動に出る水戸。「中興の祖」は出ず、血で血を洗う内紛を繰り返す悲劇の源はどこにあったのか。長州は会津とは違って海に面し、交易で資本蓄積できた。しかし本藩と支藩の角逐を克服することはできなかった。その点、薩摩は団結心が強く、密貿易の経験から外交能力もあった。それが英国との交渉でも発揮された。

歴史のダイナミズムも生き生きと描かれている。京都における佐幕派勢力「一会桑《いっかいそう》」（一橋慶喜、会津、桑名）をキーワードにした権力闘争分析はその白眉である。薩長は最初から倒幕を目指したのではない。「一会桑」を排除することで主導権を取ろうとした。しかし、大政奉還という「奇手」を前に、倒幕によってすべての権力を奪うしかないと判断したのだ。

坂本龍馬が暗殺されたのは、慶喜をトップにした共和制を構想したからであり、背後には薩摩がいた。王政復古の〝黒幕〟は英国公使パークスだ。慶喜がナポレオン三世になることを恐れたのだ。魅力あふれる推理が次々続く。

概して阿部正弘や川路聖謨《としあきら》、榎本武揚、勝海舟ら旧幕臣への評価が高い。優秀な幕臣がいたから明治の近代化は可能だったとみるからだが、幕臣が体現する価値への共感がひしひしと伝わってくる。江戸っ子の義侠心や義理人情、「武士《もののふ》の心」への哀惜の情が実に快い。(中央公論新社、一八〇〇円)

(二〇〇六年二月十二日)

「吉田路線」の功罪検証

中島信吾著『戦後日本の防衛政策——「吉田路線」をめぐる政治・外交・軍事』

四二年前、二十九歳の若き政治学者、高坂正堯が『中央公論』に発表した「宰相吉田茂論」は大きな衝撃を与えた。独善的でワンマンというマイナスイメージのみ強かった吉田の評価は一変し、吉田が選択した道は「吉田路線」として高く評価される契機となった。

「吉田路線」とは、敗戦からの経済復興を最優先に、防衛費の急激な増加を抑え、日本の防衛をアメリカに依存するというものだった。その「吉田路線」はどのように展開したのか。国内政治の状況や米国の対応、軍事的側面から徹底分析を試みている。

そこから意外な事実が浮かび上がってくる。高度成長で「吉田路線」の前提条件が崩れ、反吉田の鳩山、岸が政権を担当したにもかかわらず、吉田以上に経済優先政策を選択し、結果的に「吉田路線」を継承したというのだ。

吉田にとって「吉田路線」は、一貫した哲学に基づくものではなかった。状況に対応するための選択だったが、池田政権になって目指すべき規範としての価値を与えられ、「吉田ドクトリン」へと昇華する。そこには当事者の意図を超えた歴史のダイナミズムがある。

それでは米国は日本の防衛にどんな方針で臨んだのか。冷戦の進行や国際収支の状況で日本に対する防衛圧力の強弱はあった。ただ、アイゼンハワー、ケネディ、ジョンソン政権を通じて「親米日本」になることが望ましいと考え、日本の国内事情や日本人自身のメンタリティーに細心の注意を払って政策立案していた。そのことがよくわかる。

日本にとってそれ以外の選択肢はなかったにせよ、同盟関係の相手が米国だったことの幸運を思わざるを得なくなる。米国への過度の依存を改めつつ、日本の防衛はどうあるべきなのか、真摯に議論する前提として、「吉田路線」の功罪の検証は必須なのであり、本書がそのための大事な一冊であることは疑いない。

（慶應義塾大学出版会、四八〇〇円）

（二〇〇六年四月三十日）

議会人の気骨伝える

楠精一郎著『大政翼賛会に抗した40人——自民党源流の代議士たち』

日本に議会制度が導入されて五十周年を迎えた昭和十五年（一九四〇年）は、すべての政党が消滅した年でもあった。戦時下の「新体制運動」の一環として政党人は大政翼賛会になだれ込んだが、この事態を議会政治の危機ととらえた議員たちがいた。衆議院の院内交渉団体「同交会」のメンバーである。

「同交会」に結集した四〇人は落選の恐れとテロの危険に身を晒《さら》しながら、議会政治を守ろうとした。この書は彼らの議会政治観、人となりを描くことによって、軍国主義が支配する「暗い時代」にあっても、気骨ある人たちがいたことを教えてくれる。

「憲政の神様」尾崎行雄、帝国憲法下で国民主権を唱えた植原悦二郎、早くから婦人参政権の実現を訴えた坂東幸太郎と星島二郎。このメンバーから戦後、三人の首相（鳩山一郎、片山哲、芦田均）と三人の衆院議長（林譲治、大野伴睦、星島二郎）が生まれた。

その意味でも、同交会のメンバーは「帝国議会開設以来蓄積されてきた議会政治と民主主義の伝統を戦後にリレーした」とも言える。彼らの気骨ぶりを示すエピソードも随所にある。

大野は三度目の挑戦で衆院選に当選した。政友会の公認は幹事長・森恪の反対で得られなかった。しかし、選挙戦終盤で当選確実と伝えられるや、「貴下を公認す、幹事長」という電報が届いた。大野はこう返事した。

「コウニンヘンジョウス　クソクラエ　バンボク」

和歌山選出の世耕弘一は清貧を旨とし、残した遺産は、長男には借地・借家の自宅一軒、二男には電話の加入権だけだった。

戦争に至る太い流れを無視して彼らの動きを過大に評価するのは慎まなければならない。しかし、二世、三世が支配する今の政界では想像できない生粋の議会人の息吹が伝わってくる。議会政治の原点を考えさせずにおかない。

（朝日選書、一二〇〇円）

（二〇〇六年九月十日）

辞書制作の舞台裏をあぶり出す

石山茂利夫著『国語辞書　誰も知らない出生の秘密』

辞書は「神話」に彩られている。「正しいこと、動かし難いことだけが書かれている」という〃辞書信仰〃がある。碩学《せきがく》と呼ぶにふさわしい編者が、膨大な項目の全体に目配りして作ったものに違いないという思いこみが私たちにはある。それが見事なまでに打ち砕かれる。『広辞苑』(岩波書店)は今や国民的辞書である。しかし、新村出《しんむらいずる》は名義貸しの編者に過ぎない。専門分野の用語である百科項目の重視はこの辞書の一番の特徴だが、新村チームの原稿はとても使えないと判断した岩波書店が社員を動員し突貫工事で再編集したものだ。それなのにどうして新村出、猛父子の執念の作品であるかのように歪《ゆが》められたのかも克明に検証している。

戦前の花形辞書である『広辞林』の裏にある編者、金沢庄三郎と出版社、三省堂の確執など、辞書制作にまつわる舞台裏があぶり出されている。国語辞書の「解体新書」の趣がある。

(草思社、一六〇〇円)

(二〇〇七年八月十九日)

「靖国も政治学」をまざまざと描く

毎日新聞『靖国』取材班著

『靖国戦後秘史——A級戦犯を合祀した男』

小泉政権下であれほど政治の喧騒《けんそう》に包まれた首相の靖国参拝問題。今日投開票の自民党総裁選では大きな争点になってはいない。しかし、政治の大きな火種であることに変わりはない。その靖国の最大のポイントはA級戦犯合祀《ごうし》の是非にある。

本書は、A級戦犯合祀をめぐって対照的な動きをした筑波藤麿《ふじまろ》、松平永芳《ながよし》両宮司の「思想と行動」を通して靖国の戦後を一望した、画期的なドキュメントだ。筑波宮司は敗戦によって戦後民主主義の象徴となった皇室と寄り添い、A級戦犯合祀を死ぬまで保留にした。これに対し、幕末の福井藩主、松平春嶽《しゅんがく》の孫である松平宮司は「東京裁判史観」を否定するために合祀に踏み切ったという。松平宮司論は詳細を極め、宗教を政治的に利用したと断じている。

ベールに包まれていた靖国神社の最高意思決定機関、崇敬者総代会の模様も生き生きと描かれ、「靖国の政治学」の書と言ってもいい。

（毎日新聞社、一五〇〇円）

（二〇〇七年九月二十三日）

近代化への苦悶反映

霞信彦著『矩を踰えて——明治法制史断章』

明治国家日本には二つの至上命題があった。いかに列強による植民地化を防ぐかという「民族の独立」であり、日本社会の近代化である。

二つの要請に応えるため、まず求められたのが法の整備だった。明治十五年、わが国最初の近代法典である「旧刑法」が作られるが、その前の一五年間、日本社会を律したのは時代をさかのぼること優に千年を超える律令を範とした「仮刑律」「新律綱領」「改定律例」だった。

「律令」から近代への移行のはざまに生まれたさまざまな物語をつづったのが本書である。刑罰は五つに分かれていた。「養老律」にもとづく「笞《ち》・杖《じょう》・徒《ず》・流《る》・死《し》」だ。しかし、「笞・杖刑」には、執行する側の恣意が働く。「笞四十」は「懲役四十日」に改められることになった。死刑には、首を絞める「絞《こう》」、首を切る「斬《ざん》」、刑場にさらす「梟示《きょうじ》」があった。このうち「梟示」は見せしめ的色彩が強すぎるとして、明治十一年を最後に姿を消した。

明治の初め、自由恋愛は御法度だった。「犯姦律《はんかんりつ》」の条項に婚姻以外の男女関係はたとえ合意の上(「和姦」)であっても、「密通」として「杖七十」に処された。それが改正され、夫ある身だけが裁かれる「有夫姦」となった。

しかし、妻が捕まれば、子を抱える夫はもっと困難に陥るとして、その窮状を救うため、今でいう「親告罪」になった。これら改廃の背景には、地方裁判所から政府に「伺」という形で行われた疑問や意見具申があった。

「男色」を罰する「鶏姦罪」というのもあった。日本近代法の生みの親ともいうべきフランス人法律家ボアソナードが「双方承諾の上だから罰すべきでない」と異を唱え、復活することはなかった。

一見無味乾燥とも思われるような歴史の資料を丹念にひもとけば、そこには近代化を目指して苦悶する生身の人間と社会の姿が見えてくることを教えてくれる。滋味あふれる書だ。

(慶應義塾大学出版会、二〇〇〇円)

（二〇〇七年十一月十八日）

原武史著『昭和天皇』

祭祀で何を祈ったか？

八年前、大正天皇像を一変させる『大正天皇』を世に問うた著者が、今度は昭和天皇の内奥に迫る密度の濃い書を出した。なぜ昭和天皇は一貫して宮中祭祀《さいし》に熱心だったのか。一体何を祈ったのか。母、貞明皇后との確執、兄弟間の〝暗闘〟も織り込みながら解明している。

今でも天皇は年間三〇回前後の祭祀に出席しているが、新嘗祭《にいなめさい》を除くほとんどは明治になって作られたという。それ故、京都に郷愁を抱く明治天皇は祭祀に極めて消極的だった。大正天皇は神道そのものを重視していなかった。

その意味でも昭和天皇の祭祀に対する熱意は特異である。祭祀に携わることで「万世一系の天皇」を実感したのだろう。しかし、真の理由は「真実神ヲ敬セザレバ必ズ神罰アルベシ」と叱責《しっせき》する貞明皇后の存在が大きかったのではないか。次第に「神ながらの道」に没入していく母に手を焼きつつ、影響を免れ難かった。

そして戦後も祭祀にこだわったのは、「平和の神」であるべきアマテラスに戦勝祈願したことで「御怒り」を買ったのではないか。そのことを謝罪し、悔い改めて平和を祈り続けようとしたのだろう。そう結論付ける。

後宮制度を廃し、一夫一婦制を定着させるなど、近代的天皇のイメージが強い昭和天皇の精神の葛藤を追いながら、著者が〝告発〟してやまないのは、一体何のために祈ったのかということだ。第一は「皇祖神」であり、第二に貞明皇后であり、国民は二の次だった。戦争を終結させようとしたのも、「三種の神器」を守るためだったのではないか。

宮中祭祀の真の意味は、戦後も「天皇家の私事」として継続することで、日本国憲法で規定された象徴としての制約を軽々と乗り越えたことにあるという。この結論にいささかの違和感を抱きつつ、昭和天皇の精神の内実に迫ろうとした意欲作に心からの拍手を送りたい。

（岩波新書、七四〇円）

（二〇〇八年二月十七日）

名望家の歴史から描く日本の近代化の軌跡

竹山恭二著『平左衛門家始末——浜松・竹山一族の物語』

遠州浜松の下堀村に四〇〇年も続く竹山家。その十五代目当主が幕末から明治にかけての一族の歴史を描いた物語である。庄屋を世襲、幕府討伐に加わり、学校を設立、紡績会社を起こし、郡長となり、銀行家へと転進していく。さながら大河ドラマを見ている思いがする。

竹山家に残る文書を縦横に使った描写は細密を極め、そのまま日本の近代史になっている。著者の歴史を紡ぐ力量にまず脱帽する。丹念に記録を残した旧家の文化の質の高さ、責任意識にも脱帽せざるを得ない。

時代は変わっても、豪農や地方名望家と呼ばれた人たちの精神の基軸にあるものは変わらなかった。「私」よりも「公」を重んずる意識だ。慈善事業にも惜しみなく金と時間と労力を使った。日本の近代化を可能にした秘密の一端がここにある。『ビルマの竪琴《たてごと》』の竹山道雄は著者の叔父だが、この本には先祖への誇りがある。

（朝日新聞社、二五〇〇円）

（二〇〇八年六月二十九日）

名器の流転を描く

近藤道生著『茶の湯がたり、人がたり』

「空《くう》より出《い》でて空に還る。喝！」

千利休以来の大茶人と言われた鈍翁《どんのう》・益田孝は一九三八年十二月二十八日、臨終にあたって、主治医としてただ一人居合わせた平心庵・近藤外巻《とまき》に遺言し、九十一歳の天命を全うした。

外巻は鈍翁と五〇〇回を超える茶事を共にした茶友だった。外巻の子である道生は鈍翁に愛され、幼きより茶の湯に親しんだ。この書は鈍翁はじめ信長や秀吉ら茶の湯に魅せられた男たちの物語であり、茶道具の持つすさまじいまでの磁力と、その数奇なる運命を描いた日本文化の書である。

名物茶道具の中でも信長が最も慈しんだという茶入「つくも茄子《なす》」。著者も三度拝顔の栄に浴したというが、婆娑羅《ばさら》大名、佐々木道誉《どうよ》が手に入れ、足利三代将軍義満が虜《とりこ》になり、義政、茶祖珠光《じゅこう》、松永弾正、信長、千利休、秀吉、家康へと歴史的な人物の手をへていく。

信長はなぜ、茶入の王者と言われている「初花肩衝《はつはなかたつき》」より「つくも茄子」を愛したのか。それは加齢とともに、整いすぎた優美さよりも、「つくも茄子」の幽玄を愛するようになったのではないのか。味わい深くもスリリングな推理が、井戸茶碗「筒井筒《つついづつ》」をめぐる家康毒殺の謀《はかりごと》、利休賜死の謎にも迫っていく。

著者は前後二回「筒井筒」に対面した。まろやかで力感にあふれ、初日に映える富岳《ふがく》の玲瓏《れいろう》に近い趣を漂わせていたが、後ろ髪引かれる想いで遠くからもう一度見返すとどうだろう。

「あの元旦の富士のまろやかさは忽然《こつぜん》と消え失せて、喘《あえ》ぎつつ登る富士の地肌の荒涼突兀《とっこつ》の景観に急変している」

「存在」や「有」を核にした西洋的思考と対極にある「東洋的無」を体現する茶の湯文化の二十一世紀における意味も含め、著者のしなやかな美意識が密度の濃い文章で綴られている。無粋な身だが、しばし数寄で深遠な世界に沈潜する幸せを感じることができた。

（淡交社、一八〇〇円）

（二〇〇八年十二月七日）

西木正明著『ウェルカム　トゥ　パールハーバー』（上・下）

壮大な日米開戦への謀略

日本はなぜアメリカとの無謀な戦争をしてしまったのか。真珠湾攻撃に至る道の真実は何だったのか。それは不可避だったのか。おびただしいまでの研究書、論文が出ている。しかし、これほど立体的に描かれた壮大な読み物も珍しいだろう。

真珠湾攻撃の報を聞いた英首相チャーチルはわき上がってくる哄笑《こうしょう》をこらえ、日記に記した。「今次の戦争勃発以来、はじめて枕を高くして眠れる。神よ、我に力と御加護を」

その四か月前、米大統領ルーズヴェルトはチャーチルに言った。「こうなったら三国同盟もろとも、まとめて叩き潰すほうがいい。なまじ切り離して日本に東アジア支配を続けさせるほうが、将来に禍根を残す」

パールハーバーへの道、それは英国の海外秘密諜報《ちょうほう》部MＩ6の前アメリカ支部長、ウイリアム・ワイズマンという稀代《きだい》の謀略家によるチャーチル、ルーズヴェルトも巻き込んだ恐るべきシナリオだった。

〈風前の灯《ともしび》の大英帝国を崩壊から救うには米国の参戦が不可欠。そのためには、民間主導の日米交渉で日本側に希望に満ちた条件を提示し、その後政府間交渉で一転してハードルを上げる。そうなれば日本は受け入れられず、武力行使に踏み切らざるを得なくなる〉

諜報のスペシャリスト天城康介と江崎泰平は、諜報の限りを尽くしてこの陰謀を暴き、日米開戦を阻止しようとする。しかし……。

天城にはモデルがあり、政治指導者や外務省の当局者はじめ多くが実名で登場する。ワイズマンは著者による新たな資料の発掘で、その実像が初めて明らかにされた。

謀略に加わった米宗教家の苦悩。平凡な家庭の幸せを夢見ながら祖国を守るため死を賭す男たち。運命に翻弄される女性たち。国家の存亡を賭けた死闘だけでなく、等身大の人間も生き生きと描かれている。

嘆息せざるを得ないのは、謀略に対抗できる体制もなく、指導者もいなかった「日本の悲劇」である。

（角川学芸出版、各二〇〇〇円）

（二〇〇九年三月一日）

封印されてきた「皇室」「沖縄」との関わり

佐々淳行著
『菊の御紋章と火炎ビン
――「ひめゆりの塔」と「伊勢神宮」が燃えた「昭和50年」』

「佐々危機管理物語」シリーズに〝禁断の書〟(⁉)が加わった。

警察庁警備課長、三重県警本部長としてかかわった「ひめゆりの塔事件」など「反皇室闘争」の警備を通し、自ら封印してきた皇室と沖縄について語っている。

危難にあたってたじろぐことなく、周囲を思いやる当時の皇太子殿下と美智子妃殿下の「ノーブレス・オブリージ」(高い身分に伴う重い義務)の姿。最悪の事態に備える警備の真の敵が、外よりも組織内部の自己保身や出世第一主義にあることを鮮やかに浮かび上がらせている。

自分の栄達を阻んだという上司についての幸子夫人の言葉は、千金の重みをもって響く。

「浅沼長官、加藤長官、宇野総理のお三方にお礼をいいなさい。足を向けては寝られませんよ。そのお三方がいなければ、今日の貴方はいないんですからね」

(文藝春秋、一七一四円)

(二〇〇九年五月三十一日)

二極に割れた思い

ドナルド・キーン著『日本人の戦争——作家の日記を読む』

「吾々は忍苦する。残念ながら忍苦する。千年後には必ず日本がふたたび偉大な国家になるような遠大な教育を考えよう……健康な肉体と冷徹な頭脳を持った子供たちを作ろう。一口でいうと、鋼鉄のような日本人である」

「忍法帖」シリーズで流行作家となった山田風太郎は一九四五年八月十六日の日記にこう書いた。二十三歳の医学生にこう書かせた戦争とは何だったのか。アメリカの日本文学研究家による本書は、山田も含めた作家たちの戦時下の日記を通して、「戦争という惨禍と変化の時代に日本人であるとはどういうことか」を問うている。

一方の極には、大和民族の優越性を信じ、特攻隊を「日本民族の至高の精神力の象徴」とみなした伊藤整がいた。山田風太郎は確かなる現実認識を持ちながら、敵への憎しみを露《あら》わにし冷血動物になって「きゃつらを一人でも多く殺す研究をしよう」とまで記した。

別の極には永井荷風や仏文学者渡辺一夫、ジャーナリストの清沢洌《きよし》らがいた。荷風は敗戦による戦争終結を「恰《あたか》も好し」と書き、日暮れには友人たちと「平和克復」の祝宴を張った。渡辺は軍部への激しい批判を日記に残した。

「もし竹槍を取ることを強要されたら、行けという所にどこにでも行く。しかし決してアメリカ人は殺さぬ。進んで捕虜になろう。国民の高慢を増長せしめた人々を呪ふ」

その中間に多くの作家がいたということだろう。真珠湾攻撃によって米英との戦争が勃発した時には、荷風ら少数の例外を除き、作家の多くは沸き立った。左翼文芸評論の中心的人物、青野季吉でさえ「天皇陛下の臣下として一死報国の時が来た」と書いた。

著者の筆の運びは裁断調になるのを極力避け、日記自身に語らせる。そこから何を学ぶかは、あなた方日本人が考えるべきだと言われているようだ。戦後生まれの私自身も問われていることを実感せざるを得なかった。角地幸男訳。

（文藝春秋、一七一四円）

（二〇〇九年九月二十日）

文化育んだ「放蕩王」

君塚直隆著
『ジョージ四世の夢のあと
――ヴィクトリア朝を準備した「芸術の庇護者」』

「この亡き国王ほど、その死を悼まれない王はいなかった。（中略）ジョージ四世という名の巨大な怪物（リヴァイアサン）ほど、臣下たちから好意を寄せられなかったグロテスクな存在などいはしない」

一八三〇年七月十六日、英高級紙「タイムズ」は自国の君主の死をこう酷評した。皇太子時代から道楽三昧《ざんまい》の日々を送り、宮殿の造営に湯水のごとくカネを使わせたのだから無理もない。しかし、そうだろうか。「放蕩王《ほうとうおう》」として歴史から葬り去っていいのか。

ジョージ四世(在位一八二〇～三〇年)はロンドンの中心部を改造し、各地の公園をすべて改修、バッキンガム宮殿の造営に着手した。二〇年の歳月を費やして完成したのは世を去って七年後だった。現在六千点を超える絵画が収蔵されている国立美術館を創設したのも、世界で二番目に蔵書の多い大英図書館の礎を築いたのも彼だ。ジョージ四世なしにイギリス文化を語れないのかもしれないのだ。

この王の再評価にあたって、著者の筆は細部を積み上げる。たとえば一八二一年七月十九日の戴冠《たいかん》式。王冠は一万二五三二個のダイヤがちりばめられ、これとは別に、一三三三個のダイヤと一六九個の粒よりの真珠で宝冠を作らせた。圧巻は華麗なる晩餐《ばんさん》会のメニューである。

一五八三人の貴顕の胃袋を満たしたのは、三九〇三皿に上る異なる種類の料理だった。そのために使われた食材は牛肉が三四八三・九キロ、仔牛《こうし》の肉が三二〇九・八キロ、羊肉一一一三・三キロ、ベーコン七七八・五キロ、ラード二四七・五キロ、バター四一〇・四キロ、鶏卵八四〇〇個……。

「神は細部に宿る」という。著者の功績は、ミクロを徹底して極めることによって壮大なマクロを浮かび上がらせているということだろう。そしてこの書は、すぐれた文化や芸術とは同時代人には決して受け入れられることのない破天荒な人物によって為《な》されるものなのかもしれないことを教えてくれる。

（中央公論新社、二三〇〇円）
（二〇一〇年二月二十八日）

「経済戦」敗北が招いた悲劇

松元崇著『高橋是清暗殺後の日本――「持たざる国」への道』

日本はなぜ無謀としか言いようのない戦争に突入してしまったのか。軍部の独走を許した未成熟の政党政治、明治憲法下での「弱い首相」などいくつもの理由があろう。財務省主計局次長などを務めた著者による本書のユニークさは、財政・金融の側面から、負けるべくして負けた背景を分析していることだ。

日本の軍部は経済合理性をまったく理解しないまま国際社会で非難される行動をとり続け、国際金融界における多くの友人を失い、孤立化の道を歩んだ。「経済戦」に敗北したことが悲劇の大きな背景としてあったという。

臨時軍事費特別会計による軍事費のとめどなき膨張。中国よりも満蒙の特殊権益が重要であると錯覚した愚かさ。日露戦争は、日米戦争に比べ彼我の経済力の格差がはるかに大きかったが、日英同盟を背景に欧米の金融市場での戦費調達が可能だった。一つ一つに説得力がある。

先の戦争での日本人の戦没者は約三一〇万人。ソ連一七〇〇万人、ドイツ五五〇万人、ポーランド四〇〇万人……。押さえるべき数字がきちんと書かれているのもいい。（大蔵財務協会、一七一四円）

（二〇一〇年十月三十一日）

権力創出のダイナミズム

本郷恵子著『将軍権力の発見』

私たちが鎌倉・室町時代に抱く平均的なイメージとは、「公家政権」と「武家政権」が対抗し、後者が圧倒していく過渡期の時代というものだろう。本書は、公家と武家と寺社という三大勢力がどうせめぎ合い、どのように「将軍権力」が作り上げられていったかという「権力創出物語」である。

鎌倉幕府は不自然とも言える政権だった。将軍を頂点に据えながら常に将軍を排斥、その代わりに「御成敗式目」に代表されるように、法や裁判による道理や公正の原理で統治を担保しようとした。京都に近づかず、朝廷と物理的な距離を置くことで政権を維持しようとした。朝廷権力への介入を避け、公家政権との並立に甘んじたとも言える。

これに対し室町幕府は、足利尊氏の弟直義や管領細川頼之らを中心に、積極的に「将軍権力」を創出しようとした。あえて京都に幕府を構え、京都の地を公家政権と分け合った。直義は安国寺・利生塔の建立、天龍寺の造営、塔婆造営事業の全国的展開などを通じ、禅宗と手を携えながら全国支配を喧伝《けんでん》した。

頼之の主導のもとで三代将軍義満の官位の昇進を図り、武家政権の長だけではなく、朝廷の有力廷臣となることで公武両政権の最高権力者となった。太政官符や官宣旨など朝廷の文書形式の利用も全国支配を確立するためだった。

こうして地域と中央政権が均衡を保ちつつ、全国レベルでの統制を保つための核としての「将軍権力」が発見、創出されたのである。ただ、それとても旧来の公家政権を排除することはかなわなかったという意味では限界があったのである。

分析は細部にわたりながら、時代を全体としてとらえる鳥瞰《ちょうかん》図を失っていない。私のような素人にとっても、権力創出のダイナミズムを堪能させてくれる。迷走する日本政治の現状を嘆きながら、「権力」を構想するとはどういうことなのかを深く考えさせられた。（講談社選書メチエ、一五〇〇円）

（二〇一〇年十一月十四日）

四　生と死に向き合って

遠藤ふき子編『母を語る』

ズシリと響く人生の〝芯〟の吐露

「ますじ。お前、東京で小説を書いとるさうなが、何を見て書いとるんか。……字引も引かねばならんの。字を間違はんやうに書かんといけんが。字を間違ったら、さつぱりぢやの」

井伏鱒二の「おふくろ」（昭和三十五年）には、老母にこんな風に説教される場面がある。のちに文化勲章を受章する小説の大家もこれでは形無しだ。母親の〝純粋型〟として真っ先に思い浮かべるエピソードである。

本書には、NHKラジオ深夜便で各界の著名人が語った母の姿が収められている。登場するのは作家の椎名誠さんや詩人の谷川俊太郎さん、茶道の千宗室さんら一二人。それぞれが実に味わい深い。「日本の母」の原像ともいうべきものがある。

作家の出久根達郎さんのお母さんは「人さまに迷惑だけはかけたくない。ただそれだけで一生を生きた」。なんと戒名まで息子に作ってもらった。文字の読めない母親だったが、「タカラハコ」と下手な字で書いたお菓子の空き箱には、息子からの手紙の束が入っていた。

作家の林真理子さんの父母は同年同月同日生まれ。花を贈ったら、「お花ありがとう。これから私たちは、あなたたちに迷惑をかけないこと、それだけを心して生きることを誓いました」というファックスが届いた。そこには母の強さと悲しさがある。

「いつも泣いて飛び込むのはやっぱり母親で、かっぽう着に顔をバーンと突っ込んでいく。そこが一番居心地がいいわけです」と話すのは俳優の奥田瑛二さん。弁護士の堀田力さんは「生みの母にも育ての母にも借金だらけですよ」と脱帽する。

新書判の小さな本だが、ズシリと響くものがある。母を語ることがそのまま自らの人生の〝芯《しん》〟の部分を吐露することになっているからなのだろう。聞き手である編者のお母さんが描いた表紙の絵には、母の温かさがある。

（日本放送出版協会、一一〇〇円）

（一九九八年十一月十五日）

書き手の深層鋭く謎解き

鴨下信一著『面白すぎる日記たち——逆説的日本語読本』

「演出家的手法」とはこのことだったのか、と思わずにはいられない運び方である。いかにも肩の力を抜いたかのようなタイトル、「なぜ日記を書くかなどという哲学的命題は願い下げである」という書き出しに、こちらも安心して読み出すと、いつの間にか意外に重く本質的なテーマの森に入り込んでいるという仕掛けになっている。

人はどうして日記を天候から書き始めるのだろうか。『明月記』の藤原定家にとっては、まず天気を書かなければ内示の遅れでふさぎ込む自らの心事を述べることができなかった。貧苦にあえいだ樋口一葉は「廿九日　曇天」と書き出すことで、このあとに「窮甚し」と記すことができたのである。

このように日記における天気の意味を解き明かしていく著者は、「日記はいつ書くのか」「日記はなぜ隠すのか」という、ごくあたりまえの、それでいて本質的な疑問に次々と答えていく。

石川啄木はなぜ「ローマ字日記」を書いたか。ローマ字を使うことで自己を解放できた、という「精神解放説」が通説だが、著者はそれとは別に、書き慣れず時間のかかるローマ字を綴ることが啄木にとっては自らの不幸を噛みしめることにほかならなかった、とみるのである。

本書はこうして日記の書き手の深層に潜むものを鋭角的に浮かび上がらせる。そしてそれをいかにも演出家らしい手際で謎解きをしていくのである。

重光葵と木戸幸一というA級戦犯の日記の「並べ読み」も新鮮だ。二冊の日記を突き合わせて読むことで二人の人間像を浮かび上がらせている。とりわけ冷淡な記述の裏に潜む木戸の「抑えた激情」とでも呼ぶべきものの分析にはうなってしまう。

日記といえば明治の劇作家、依田学海がいる。本宅での『学海日録』とは別に妾宅《しょうたく》での『墨水別墅《しょ》雑録』を残している。本書に注文があるとすれば、この二つの日記の分析をしてほしかったということだ。

（文春新書、六九〇円）

さ迷う漂流民の苦悩が心打つ

吉村昭著『アメリカ彦蔵』

（一九九九年六月二十七日）

「吉村昭」は、一度として裏切られたことのない作家である。何よりもまず、文体に限りなく魅せられている。大仰な表現を排し、淡々すぎるとさえ思われる筆致で事実が積み上げられていく。「抑制された端正さ」ともいうべきものが、どんな劇的、激烈な言葉よりも心に染みてくるのである。

幕末の漂流民にしてアメリカに渡って洗礼、帰化し、リンカーンはじめ三代のアメリカ大統領と握手し、日本で初めての新聞を発行した男の生涯を描いた本書も、最初から最後まで吉村流である。

印象的なのは、アメリカという国の懐の深さだ。当時のアメリカは南北戦争の最中にあったが、外国人である一漂流者に教育を施し就職の世話をし、大統領も気軽に会う。そのおおらかさ、伸びやかさには驚くしかない。

しかし、それにも増して心打たれるのは、自分はアメリカ人なのかそれとも日本人なのか、アイデンティティを求めてさ迷う主人公の苦悩の姿だ。服装も食事も、そして顔さえもアメリカ人と見まがう非日本人となりながら、明治維新を経て日本自身の欧化が進む中で、「日本人」に回帰していく。

「彦蔵は洋服を排して、毎日、着物を着て正坐して日を過すようになり、筆を手にして一心に習字にはげんだ。日本には、外国にはない美しい伝統があり、日本人として自分もそれに従わねばならぬ、と心から思った」

最晩年の彦蔵の姿は哀切極まりない。彦太郎、ジョゼフ・ヒコ、浜田彦蔵……。さまざまな名前を持つアメリカ彦蔵は、最後まで漂流せざるを得なかったのである。

「歴史小説を書くときも、史実というのは絶対いじらない」（『図書』九九年十月号）と言う著者が本書を執筆するにあたって下敷きにしたのは『アメリカ彦蔵自伝』（東洋文庫）だ。本書と読み比べてみると、小説家の腕とは、かくまですごいものなのかがわかる。

（読売新聞社、一八〇〇円）

（一九九九年十月三十一日）

不幸に立ち向かう人間の強さ描く

宮本輝著『睡蓮の長いまどろみ』（上・下）

十八年前、生と死が織りなす書簡体小説『錦繍《きんしゅう》』に心打たれて以来、宮本輝の作品には幾度となく鼓舞されてきた。本書を読みながら「生きるとはどういうことなのか」と考え込まざるを得なかった。

イタリアのアッシジ郊外のオリーブ畑に囲まれた小さな村で、世良順哉は子と名乗れぬまま母・森末美雪に会う。なぜ母は四十二年前、乳のみ児だった自分を捨てて去ったのか。「母の真実」に迫る旅が始まった。

帰国した順哉を待ち構えていたのは、ウェイトレスの少女が自分の目の前で会社の非常階段から跳び降りるという衝撃的な事件だった。どうして少女、千菜《ちな》はほほ笑むようにして自殺したのか。しかも死んだはずの千菜から「さよなら」「逢いたくても逢えない」という手紙が届く。一体だれが書いたのか。

スリリングでわくわくするような謎解き作業が進み、育ての母・登紀子の死、父との濃やかな会話をはさみながら、二つの謎はやがて一つに収斂していく。読者を引き込ませずにはおかない展開の中で、物語の核となるキーワードと情景が登場する。

そのキーワードとは、仏教で蓮の花が象徴しているという「因果倶時」という譬喩《ひゆ》である。「原因が生じた瞬間には結果もそこに生じている」ということだと母から聞かされるが、終局に到ってその真の意味を知ることになる。

北海道・羅臼の港で沛然《はいぜん》たる雨に全身を打たれながら微動だにしない一羽のカラスの不羈《ふき》なる姿は極めて印象的だ。それはまた宿命、運命に立ち向かう意思の象徴であり、「母の真実」を解く鍵になっていくのである。

「向上してゆこうとしている人間、生きてゆこうと闘っている人間を書こうとした」と著者は『錦繍』について語っている。その『錦繍』とあえて比較すると、不幸を敢然として引き受けて生きる人間の強さが描かれている本書にはさらなる深みが加わったようにみえる。

(文芸春秋、各一四二九円)

(二〇〇〇年十月二十九日)

背景の「時代」描き切る

吉村昭著『敵討』

敵討《かたきうち》、仇討《あだうち》とは穂積陳重が『復讐と法律』(昭和六年)で古今東西に関する学識を駆使して分析しているように「近き時代に至るまで、風俗上これを美徳善行となし、儒教はこれを奨励し、公許の状態において永く行われた」復讐である。しかし、成功の確率たるやわずか一%程度だったといわれる。討つもの、討たれるものの悲惨さ、苛烈《かれつ》さは長谷川伸『日本敵討ち異相』はじめ多くの作品に描かれている。敵討への庶民感情を逆手にとった山本周五郎『よじょう』という名品もある。もはや書き尽くされたとさえ思われるのにあえて二篇の敵討物語をものしたのは、ひとえに敵討の背景にある「時代」を描きたかったからなのだろう。

「敵討」は伯父を闇討ちにされ、父も返り討ちにあった熊倉伝十郎が七年の辛酸の末、牢獄から放たれた敵を討つ物語だ。討ち取って初めて、闇討ちの背後に老中水野忠邦の膝下《しっか》で世間を震え上がらせた鳥居耀蔵の陰謀があったことを知る。

敵を求めてのあてどない彷徨《ほうこう》と鳥居の暗躍、失脚が一切の装飾を排した吉村流で描かれている。敵討を遂げて七年後に伝十郎は黴瘡《ばいそう》（梅毒）で息を引き取る。気晴らしに遊里に足を向けたためだが、敵討の宿命にも思えて哀切極まりない。

「孝子の鑑」とまで言われた敵討は、明治の近代化の過程で禁止されていく。「最後の仇討」の主人公、臼井六郎は十一歳にして、藩の政争で父と母を惨殺され、十二年に及ぶ苦難を経て、明治十三年に判事として出世した敵を討つ。ところが、それより七年前すでに「仇討禁止令」が公布され、禁獄終身刑を受けるのである。

敵討を「美しい行為」と称える勝海舟や山岡鉄舟、星亨も登場、敵討禁止に至る時代模様を映し出している「最後の仇討」が評者にとってはより印象深かった。敵討という人間の根源的なまでの衝動と、一生を賭《と》して達成したあとの拭《ぬぐ》いようのない虚無感がひしひしと伝わり、読む人の心をとらえて離さない。

（新潮社、一五〇〇円）

（二〇〇一年三月二十五日）

戦時下を生きた母の叫び

なかにし礼著『赤い月』（上・下）

「五族協和」「王道楽土」のスローガンのもとにつくられた満州国にソ連が侵攻したのは昭和二十年八月九日のことだ。陸軍の見通しの甘さと対応の杜撰《ずさん》さ、現出した悲惨この上ない状況は半藤一利『ソ連が満洲に侵攻した夏』（文藝春秋）に余すところなく描かれている。

混乱の坩堝《るつぼ》の満州を舞台に強い意志力で子供を守り抜いた一人の女性を軸に据えたこの小説は、戦火の中で生きるとはどんなことか、国家と個人の関係はどうあるべきなのかを深く考えさせずにおかない。

美貌のヒロイン波子は夫とともに満州に渡って酒造業を起こし栄華を極める。しかし、ソ連の侵攻で極限状況に遭遇しながら子供二人と逃避行を続け、夫は途中で病死する。

波子は生き延びるためならどんな手段も厭《いと》わない。「自分勝手」と指弾する娘にこう言い放つ。〈この世に善いも悪いもない。卑怯も非人情もない。子供を守るためだったら、母さん、人殺しだって泥棒だってなんだってやってみせる〉

著者の母がモデルという波子のこの言葉には善悪をはるかに超越した「母の叫び」がある。

波子は陸軍のエリート、大杉寛治と商社員で秘密諜報《ちょうほう》員の氷室啓介を愛する。「不潔だ。人間に絶望した」という娘にこう諭す。

〈生きていくためには愛しあう人が必要なの。人間とは愛なしでは生きていけないものなのよ〉

二人の軍人が体現しているものは重くて深い。大杉は十万の居留民を脱出させるため玉砕者を募り自決、その直前につぶやく。「祖国を恨むな。大いなる愛をもって祖国を赦《ゆる》せ」

自らの子を身籠《みご》もったロシア人女性をスパイとして処刑せざるを得なかった氷室の煩悶《はんもん》は一層深く、悲惨極まりない。「国家のために人を殺すことは正義だと確信して軍人になった。しかし、胸の痛みを国家が引き受けてくれてこそ成り立つ、俺と国家の関係だった」。渾身の書は圧倒的な迫力をもって私たちに迫ってくる。

（新潮社、各一五〇〇円）

（二〇〇一年七月一日）

いかに死ぬかが問われる時代

山内喜美子著
『老人さん――ある特養老人ホームの試み』

入所者の八割が痴呆性老人という茨城県内の特養老人ホームを二年間にわたって取材した密着ルポである。灰皿の煙草や石鹸、果ては自分の便まで口にする痴呆老人。その衝撃的事実を目の前に突き付けられ、「明日は我が身」と身につまされる。

しかし、絶望だけではない。有効な治療方法がない中で「音楽療法」や「回想療法」など人間らしさを取り戻すための種々の試みがなされている。行為の意味のわからない「失行」老人に、たとえ九十九回無駄であっても残りの一回に賭けて語りかけようという寮母さんの努力には手を合わせたくなる。

昔は「女は三界に家なし」などと言われたが、痴呆女性の徘徊《はいかい》の行き先が生まれ育った実家であることが多く、痴呆の男性はカバンを持ってかつての職場に行きたがるという。人間とはかくも悲しいものなのか。

今やいかに長生きするかよりも、どのように迷惑をかけず健やかに死ぬかが問われる時代になったことを実感せずにはいられない。

（文藝春秋、一七六二円）

（二〇〇一年七月八日）

裁判官の心理に分け入る

夏樹静子著『量刑』

日本の法廷小説、犯罪小説に新たな地平を切り拓く作品が登場した。テレビのサスペンスドラマをみれば一目瞭然のように、このジャンルの主テーマは犯行の裏に潜む人間の悲喜劇だったり、犯人を追跡する警察、検察の執念や正義感だったりするのが通例だった。

『量刑』によって、まさにブラックボックスだった判決の決定プロセスが読者の前に明らかにされていく。アンタッチャブルとも言うべき裁判官をはじめ法曹関係者への徹底した取材に基づく、裁判官の心理のヒダにまで分け入った画期的な小説と言っていい。

母と子が犬の散歩中に車に轢《ひ》かれ、まだ息があるのに加害者によって殺され奥多摩の山中に捨てられる。この事件を担当した裁判長は厳しい量刑を科すことで知られる神谷正義。生命軽視の風潮の中で判決が易きにつき、死刑が回避される状況に胸が灼《や》かれるような憤りを持つ神谷ゆえに、当然厳罰で対応するとみられた。

ところが、判決の一か月前に前代未聞の事態が発生する。神谷の娘、真理が誘拐され、有期懲役刑を言い渡すよう要求する脅迫状がメールで送られてきたのだ。応じなければ残虐な方法で真理を殺害するという。絶壁に立った神谷は娘を救うため裁判官としての良心を捨ててしまうか。神谷を含めた三人の判事による「合議」はどうなるのか。真理をどう救出すればいいのか。

息詰まるような展開の中で、「合議」がどういう形で進められ、収斂していくかが明らかにされる。

そして最後に意外な事実が……。

この記念碑的作品から浮かび上がるのは、人間が人間を裁くことの砂丘の風紋にも似た危うさであり、にもかかわらずそれに耐えながら「量刑の客観性」を追い求めざるを得ない宿命が私たちにはあるということだ。「裁き」の根源にあるものを問い、小林秀雄が「傑作」の折り紙をつけた菊池寛の『ある抗議書』を読んで以来の重量感を覚えた。

（光文社、二二〇〇円）

（二〇〇一年七月二十九日）

謎解きに重ねられた「人間救済」という主題

松尾由美著『銀杏坂』

金沢とおぼしき北陸の古都を舞台にした連作ミステリー。幽霊や生霊、超能力が織り成す不可思議なる事件の連続。次々謎が解かれていく面白さに加え、生きることの切なさがやるせないほど伝わってくる。

二十二歳で亡くなった諸橋佑香《ゆか》の幽霊ごと買い取られたアパートで二百万円のダイヤのブローチがなくなった。犯人は幽霊なのか。ブローチはいずこへ消えたのか（「横縞町《よこしまちょう》綺譚《きたん》」）。予知能力のある石倉晴枝が二日後に夫を殺す夢を見てしまった。殺人が現実化しないため逮捕してくれという。どうしたら犯行を防げるのか（「銀杏坂《いちょうざか》」）……。

中年刑事・木崎は若い刑事とともに、こうした〝難事件〟を合理的な思考で解決していく。しかし、その過程で幽霊や生霊に仮託した人間の悲しさやさびしさを知る。

淡く墨絵のようだった世界は、最終場面で一気に濃い輪郭を伴って開けてくる。妻を失った木崎自身の心に潜む悲しみの深さに思い至るのである。「人間の救済」という重いテーマがここにはある。

（光文社、一六〇〇円）

（二〇〇一年十月二十八日）

心に迫る新境地の三編

乙川優三郎著『生きる』

「生きる」とは「耐える」ことなのかもしれない。なぜ耐えなければならないのか。「大義」のためだったり、「愛する者」や「家族」のためだったり、人によって違いはあるだろう。私にとって、「生きる」とは何かを考えさせる、これほど心に迫る小説は最近なかった。

藩主の後を追って死のうとした又右衛門は筆頭家老から「追腹」しないことを約束させられる。しかし、寵愛されながらどうして死なないのかと、石の礫《つぶて》が飛び、死よりも辛い針の筵《むしろ》の日々が待っていた。娘むこは切腹、なぜ止めてくれなかったかと娘に義絶を告げられる。一人息子は自決し、病弱の妻はやがて逝く。

生きるとは汚辱に塗《まみ》れ、醜態を晒《さら》すことなのか。精根尽き果てた又右衛門は家老への恨みつらみをしたためる。が、最後に思い到ったのはむしろ己のふがいなさだった。そして思いもかけないラストシーンが待っていた……。

表題作の「生きる」は、三度読み、三度胸に込み上げてくるものを抑えることができなかった。絶品と言っていい。耐えて耐えて耐えることが「生きる」ことなのである。

「安穏河原」はもっとすさまじい。己が信じる「大義」のため奉行職を捨て、娘を苦界に投じながら「誇りを失うな」と諭す武士と、その誇りと幼き日に親子で出かけた河原の思い出を胸に生きる娘、双枝の壮絶な物語だ。

三作品に共通しているのは、「大義」に振り回される男の脆《もろ》さに比し、対照的な女の強さである。双枝はもちろん、たとえ寝たきりでも日差しの濃さに心を明るくし、風が運ぶ花の香に幸せを覚える又右衛門の妻、佐和。「貧しい暮らしの中にも幸福は生まれる」と言う「早梅記」のしょうぶ。男たちのもがく様が虚ろにさえ見えてしまうのは私の思い過ごしだろうか。

あたかも朝もやの中の淡い墨絵のような印象があった乙川作品の世界が、いま濃い輪郭を持った新たな到達点に立った気がしてならない。

（文藝春秋、一二八六円）

（二〇〇二年二月三日）

美しく輝く「老い」とは

加賀乙彦著『夕映えの人』

死の持つ圧倒的な重さから、「いかによく死ぬか」が切実なテーマとして語られる。しかし、もっとも大切なことは「いかに生きるか」ではないのか。「死ぬ」ことはあくまでも「生きた」結果ではないだろうか。五十も半ばとなり、病を得て手術に遭遇し、その思いを強くしたところで、『夕映えの人』に会った。生きる勇気が湧いてくる「希望の小説」だ。

精神科医の小谷四太郎は四人兄弟の長男。父を送り、母を看取る。次弟の失明と家族崩壊を目の当たりにし、母の最後には人工呼吸器を外すかどうかで兄弟が侃々諤々《かんかんがくがく》の議論になる。

自分が勤める精神病院の院長の急死で院長になるが、六人が焼死する火災が起きる。責任をとって病院を辞め、「高原村」に山荘を建て移り住む。そこから新たな人生が始まり、予想だにしなかった父母の隠された断面が明るみに出る。

それはどこの家庭にもありそうな光景だ。ありふれているがゆえに、右往左往しながら必死に生きる姿には限りないリアリティーがある。還暦を迎えた四太郎は妻に言う。

〈ぼくはわびしい六十代は送りたくない。夕映えの人でありたいよ〉

〈斜陽に照り映える物の姿は、立体的でもっとも美しく輝かしいんだ。夕映えの美を日本の古典はちゃんと表現している。色うるわしく、はなやかに、きよげなりとね〉

「夕暮れ」「濡れ落ち葉」。お年寄りを取り巻く言語は、死という漆黒の闇に向かう暗さばかりが強調される。しかし、「夕映え」には長い歳月を耐えてきた者だけが持つ、輝きと陰影と深みがある。そう訴えているのである。

「なぜ、あらゆる山は美しいのでしょうね」と問う四太郎に、画家の鈴村玄得は答える。「それは小谷先生が山を美しいと思う心を持っておられるからですよ」。人はみな、心に「夕映え」を持っている。問題はそれを引き出そうとするかどうかなのだ。そんな気がしてならない。（小学館、一九〇〇円）

（二〇〇二年三月二十四日）

生存の根源に光を当てる

曽野綾子著『原点を見つめて——それでも人は生きる』

曽野さんの文章に接するたびに、自分がいかにぬるま湯につかり、安住しているかを思い知らされてきた。アフリカやアジア、中東、南アメリカなどの極貧の現場から、「生きる」とは何なのかを執拗に問う本書もまた、私たちにとっての「自明なるもの」、既成の観念を根底から揺さぶらずにはおかない。

貧乏とは「今夜食べるものがない」ことを意味し、憎しみとは「生きる情熱」にほかならない。学校は知識を得るためではなく、「食事があるから行く」場所である。自分の食べる物さえないスラムで人が犬を飼うのはなぜか。犬は子供にとっての遊び相手であり、暖を取るための「必需品」だからなのだ。

生存の根源に光が当てられることで「砂上の楼閣」の如く危うい自分を発見するのである。三十年以上前、イザヤ・ベンダサンが『日本人とユダヤ人』で「日本人は安全と水は無料で手に入れられると思い込んでいる」と看破した時の衝撃を思い起こした。

（祥伝社、一六〇〇円）

（二〇〇二年四月十四日）

「天皇の代替わり」に直面したメディアの最前線

青山繁晴著『平成』

波乱に満ちた昭和から平成に替わったということはどういうことなのか。通信社の政治部記者として、昭和天皇の吐血から崩御、新たな年号の決定にいたる熾烈《しれつ》な取材競争の最前線から描いたドキュメント風の小説である。

天皇の代替わりという歴史的な状況に比し、政治家やマスコミ幹部が何と卑小であることか。リアリティーあふれる描写は随所にある。最も印象的だったのは、口が固く「赤錆《さび》」と呼ばれる首相官邸の高官だ。年老いた母を九州から東京に呼び寄せたが、まもなく亡くなる。母は本当に幸せだったのか。「出世した息子を見れば幸せだろうという驕りがあった」と、テーブルに額を打ちつけるシーンは、私たちが辿った「昭和」の持つ悲しみにも思えてくる。

主人公と外国育ちのテレビ局記者との交情、女性記者を取り巻くセクハラ行為など盛り沢山で、テーマが十分収斂されていない恨みが残るのが惜しまれる。捨てるべきものは捨て、深める工夫が欲しい。

（文藝春秋、一二八六円）

（二〇〇二年九月十五日）

魂をゆさぶる女の強さ

乙川優三郎著『冬の標』

天保から維新前夜に至る動乱期に、南画への情熱にすべてを賭けた女性の物語である。封建の世という時代、世間体、家制度、肉親の情など、あらゆる柵《しがらみ》と闘いながら、決して屈することなく情熱の炎を燃やし続け、自らの内面を深めていった「精神の物語」でもある。

東国小藩の大番頭の娘、明世は「自由な心の世界に導く標《しるべ》」である南画の世界に身を投じようとする。しかし、十八で結婚を強いられ、絵に対する周囲の無理解、夫と舅《しゅうと》の死による婚家の零落、亡夫への憎悪を糧に生きる姑《しゅうとめ》の介護というさまざまな束縛が描くことを許さない。

二十数年の時を経て、燠《おき》のように内部で赤々と燃え続けてきた絵の世界に再び打ち込み、同じ画塾で学んだ光岡修理と新たな自由を求めて旅立とうと決心する。だが、修理は藩内の政争で帰らぬ人となり、狂気と孤独の淵にさ迷う。

圧巻は、最愛の人を失ってから真の自立の道を歩もうとするまでのすさまじいまでの心の葛藤の描写にある。髪を振り乱し、悶え苦しみながら、画紙の上に一点の嘘もなく男を甦らせることによって狂気を乗り越えるのである。

「生きる」とは何か。人が内面的に成長するとはどういうものかが息もつかせぬ形で迫ってくる。私たちは、主人公とともに「自由と孤独は紙一重」であることを思い知り、「憂鬱な日は憂鬱を描けばいい」という師の教えの深い意味に打たれる。「素を描けばいいのだ。人も木も草もそれぞれに根をおろし、花をつけ、風に枝を折り、枯れてゆく。あるがままの姿を描くことが自分の絵ではなかろうか」という境地に、一緒に辿り着いたような思いなのである。

清澄さの中に濃密なイメージを残し、ひたひたと心に染み入る作者独特の風景描写は、さらに深みを増している。それにしても舞台となっている「思ひ川」とは何と叙情をかき立てられる川の名前だろうか。魂を心底から揺さぶられる作品である。

（中央公論新社、一六〇〇円）

（二〇〇三年一月五日）

維新後も輝く武士の魂

浅田次郎著
『五郎治殿御始末』

時代が革命的に変化し、価値観が一八〇度転換した時、人はどう対応するのだろうか。維新後もない明治を舞台にした六つの作品には、敗者の矜持《きょうじ》、失われたものへの限りない哀惜、そして「精神の気高さ」を弊履《へいり》のごとく捨て去る現代への痛烈なる批判が凝縮されている。

「椿寺まで」は、日本橋江戸屋の丁稚《でっち》、新太が旦那《だんな》の小兵衛に連れられて甲州街道を下り、高幡不動の奥山の椿寺で自分の出自の秘密を知る話だ。そこで新太は小兵衛の真の姿を知る。それは戦乱の中でいっそう輝く「武士の魂」の物語でもある。「男ってえのは、耐えるだけ耐えたそのしめえにァ、真赤な血の涙を流すものなんです」。小兵衛について語る寺男の言葉は痛いほど切ない。

戦場で命と引き換えに「金壱阡両」を払う約束をした証文をめぐる「箱館証文」は、二転三転する展開に思わず息を呑《の》んでしまう。証文を交わしたのは、同胞同士で殺し合うことの空しさゆえであり、「そこもとの命、千両で売らぬか」は「われらの命、この国に捧げぬか」と同義語だったのだ。それだけに、あらゆるものが止めどなく洋化していくことに激しく抵抗せざるを得ないのである。

「五郎治殿御始末」は、藩を始末し、家を始末し、孫の始末をし、自分の始末までした男の物語である。ここにはもう一人の主人公がいる。「この尾張屋忠兵衛は武士ではないが、人間でござります。男でござります」。激変の中でも恩義を忘れず、こう腹の底から叫ぶことのできる、人の命を心からいとおしむ商人がいる。

テーマの重さに比し、それぞれの物語に漂う一種の「あでやかさ」は何ゆえだろう。そう思い、やがて得心した。椿の赤と血の赤、緑青の甍《いらか》と金色の鯱《しゃち》、燃え立つ楓《かえで》の紅、朱色の俥《くるま》……。色彩描写の妙にあるのだ。読み進むにつれ、著者の筆の冴《さ》えはいよいよ増し、小説の醍醐《だいご》味を心から堪能させてくれるのである。

（中央公論新社、一五〇〇円）

（二〇〇三年二月二日）

米大統領選という設定を巧みに活かす

ジェイムズ・グリッパンド著『誘拐』

アメリカ大統領選の真っ直中《ただ》で誘拐事件が起きる。誘拐されたのは数々の武勲を誇る黒人大統領候補（共和党）の孫娘。捜査の指揮を執る司法長官は民主党の女性候補であるアリスン。一体誰の仕業なのか。黒幕は誰なのか。

息をもつかせぬ良質の政治サスペンス小説である。良質たるゆえんの第一は、設定の巧みさにある。大統領選の最中というタイミング、どちらが大統領になっても「黒人初」「女性初」という組み合わせ。しかも女性候補は八年前に養女を誘拐された経験を持つ。捜査と選挙が複雑に絡み合って進むことが十分予想できる。

第二に、いたるところにヤマ場があって、気を抜くことを許さないテンポの良さがある。そして何よりもヒロインには不屈の闘志と、知性に裏付けられた賢さがある。打ちひしがれてしまいそうな状況に何度もぶつかりながら、アリスンは決してひるまない。いつもながら政治が見事なドラマになる国を羨《うらや》ましく思ってしまう。白石朗訳。

（小学館、二一九〇円）

（二〇〇三年三月十六日）

真摯に生きる人への賛歌

宮本輝著『約束の冬』（上・下）

希望の小説である。「約束」の重さを通して人間が生きていくとはどういうことなのか。心に染み入るように迫ってくる。

物語は一つの「約束」から始まる。十年前、一人の少年が留美子に一通の手紙を渡して走り去った。「十年後の十二月五日、地図のところでお待ちしています。たくさんの小さな蜘蛛《くも》が飛び立つのが見られるはずです。ぼくはそのとき、あなたに結婚を申し込むつもりです」

この約束は果たされるのか。人の心は十年の歳月を経ても変わらぬものなのか。ここにはさまざまな約束が登場するが、「持続底音」のように静かに奏でられているのは「けなげさ」である。冬が来る前に、懸命に空高く飛ぼうとする蜘蛛の子のように、癌《がん》と戦いながら、過去に苦しみながら、約束を果たすために真摯に生きようとしている男女がいる。

肝臓癌で十年にもわたって闘病生活をした小巻は、ネパールに学校をつくろうという留美子との中学時代の約束を支えに生きようとする。澄明なまでの地平に立つ小巻の言葉の一つ一つが胸を打つ。「もし再発したら、そのとき悩めばいいのよね。私のほうが癌よりも強かったら私が勝つ。最善を尽くす。それで駄目だったら死ぬ。それだけのことなのよね」

この小説の強さは、登場人物たちから発せられる言葉の吸引力にある。調理器具メーカー社長の上原桂二郎は癌で亡くなった妻に話しかける。「死が訪れるまでは、生きて生きて生き抜いて、仕事をしなければならない。体力と知力と精神力のすべてを使うことだろう」

バーのマスター、新川秀道は言う。「女房も私も、誠実であること、正直であること、露ほども悪事を目論んだりしないこと、他人をねたんだり、やっかんだり、自分たちの不運をなげいたりしないことを人生の第一義としてきた」

「よく生きよう」という人々への限りない賛歌のように思える。

（文藝春秋、上一六〇〇円・下一五五〇円）

（二〇〇三年六月十五日）

柳生家の野望、躍動的に

荒山徹著『十兵衛両断』

小説の醍醐味とは何だろう。生と死の境界を超え、伝奇と歴史、虚と実の間を縦横に駆け巡るところにもあるに違いない。徳川幕府における剣の覇者たらんとした柳生家の野望と正統を賭けた争闘が、秀吉に蹂躙《じゅうりん》された朝鮮も舞台に実に躍動的に描かれている。「十兵衛両断」はじめ五話があたかも五幕の芝居のように構成され、意外な展開に飽きることがない。

「十兵衛両断」は、剣をとっては一代の麒麟児《きりんじ》、柳生十兵衛が一対の仮面をかぶることで魂が入れ替わる「ノッカラノウム」という朝鮮妖術にかけられる話だ。頑強な肉体は朝鮮に持ち去られ、妖術師の劣弱な肉体だけが残された十兵衛は刻苦修練の末に、天才的な技量を蘇らせる。そして遂に韓人十兵衛と再生十兵衛が将軍家光の前で真剣勝負をする日がやってきた。一人が死に、一人が生き残った。しかし、その生き残った十兵衛も……。

五話の中でもっとも印象深かったのは第二話「柳生外道剣」である。慶長十年、京都・伏見城で家康と会見した朝鮮使節が要求したのは、何と秀吉の「剖棺斬屍（プグアンチャムシ）」だった。墓を暴き、棺を裂き、屍体を斬り刻むという朝鮮の刑罰だ。家康の命を受け、石舟斎、宗矩の柳生父子は実行する。外道の剣と言われようが、父子には大名になるという見果てぬ夢があったのだ。

家康の狡智さとともに浮かび上がるのは宗矩の徹底したリアリズムである。石舟斎にはまだ大名になるという現世利欲と新陰流の正統を受け継いだという自負との間で煩悶があった。しかし宗矩には、柳生家のためなら血を分けた我が子の命も捨てて顧みない非情さがある。そこにはある種の壮快さささえ漂う。

五つの物語は、十兵衛が三たび死ぬことによって円環を閉じる。作中人物が発する「詐術の要諦《ようてい》は、虚偽と真実の匙《さじ》加減にあり」をそのまま実践した小説である。揺るぎない構成とともに、重厚な文体が極めて魅力的だ。

（新潮社、一八〇〇円）

（二〇〇三年八月三日）

五十三歳を惹きつける謎の女子高生

『乱調』
藤田宜永著

ミステリー小説の謎解きの面白さと、恋愛小説が醸すロマンの巧みなブレンド品である。人気ミュージシャンだった息子、鷹也はなぜ自殺したのか。その原因を探るべく村井清貴はパリから帰国した。鷹也のマンションに行くと、鷹也のファンという十七歳の女子高校生、深雪《みゆき》が住んでいた。なぜ女子高生が部屋にいるのか。深雪は息子の恋人だったのか。鷹也のノートにあった「Mに会いたい」のMとは誰なのか。自殺する前、鷹也はパリで「俺、恋してるんだよ」と言った。それはMなのか。謎は深まりながら物語は進んでいく。そして村井は三十六歳も年下の深雪に惹かれていく。

村井は、つかの間ではあったが、もはや失われてしまった非日常的な世界に身を投じた。それは人生の半ばで起きた「乱調」だった。一瞬にして暗転するかもしれない。でも、そこには不思議なほどの心の静謐さがあるではないか。中年の「哀しみの歌」が聞こえてくる。

（講談社、一八〇〇円）

（二〇〇五年九月二十五日）

窯元の嫁が体現する戦後日本女性の芯

津村節子著『土恋』

佐渡・相川から、新潟県安田村の窯元の長男に嫁いだみほを待ち構えていたのは苦難の連続だった。姑、舅の死、残された借金、火入れの失敗、不渡り手形……。しかし、みほは落ち込む夫、啓一を励ます。「おめさんの食器は日本一使い易いけえ、おめさんしか作れねえ食器を作れば、必ずお客さんがつきますっちゃ」

二〇年以上も里帰りすることなく、四人の娘を出産した翌朝から台所に立つという苦労も、啓一の面取湯呑みが次々賞をもらうことで、ようやく報われていく。

みほの半生から浮かび上がるのは、「女のたくましさ」だ。台風で窯が潰れても、家族が死ななくてよかったと思い、火入れの失敗で七割無駄になっても、三割残っていると前向きに考える強さ。どんなに苦しくとも「やりくりは、私の特技すけ」と言い切れる揺るぎなさ。戦後の日本女性の芯にあるものを見る思いがして強く打たれるのである。

（筑摩書房、一六〇〇円）

（二〇〇五年十一月六日）

美しく強靱な伝奇ロマン

荒山徹著『柳生薔薇剣』

読書委員となって七年余り。二回以上書評した小説家は吉村昭、宮本輝、乙川優三郎の三人である。私にとって期待を裏切られることのない作家だ。新たに荒山徹が加わった。『十兵衛両断』もよかったが、『柳生薔薇《そうび》剣』は堅牢で、得心のいく面白さが一段と増した。

故国朝鮮との縁を断ち切るため、一人の女性が鎌倉東慶寺に駆け込んだ。秀吉の朝鮮戦役の際、日本に渡った美貌のうねを強制帰国させようとする朝鮮使節団と幕閣の土井利勝。時の将軍家光の意を受けて阻止しようとする柳生但馬守宗矩。物語はうねの争奪戦を縦糸にしながら、さまざまなドラマで彩られていく。

十兵衛をも凌ぐ剣で、うねと東慶寺を守ろうとする薔薇にも似た女剣士、柳生矩香《のりか》。家光の秘められた恋。宗矩の練り抜かれた機略と野望。そして朝鮮出兵に隠された〝真実〟とは。

しかし、この小説の最も核にあるのは、女性に対する「崇敬」とでも呼ぶべき想いだろう。「雪をもあざむく白い肌」の矩香をはじめ、うね、東慶寺住持の天秀尼らは美しいだけではない。権力と対峙する強靭《きょうじん》さを持っている。発する一言一言も実に印象深い。

「城はな、女にこそ必要なのだ。男にそれがわからぬ限り、女には永遠に城が要る」（矩香）「かってわたしは満月でありました。男と女はともに半月です。半月と半月が結ばれて、美しい満月となるのでしょうね」（うね）

日朝関係を被害者と加害者という善悪二元論で裁断できないことも教えてくれる。文禄・慶長の役で日本に渡った数万の朝鮮人の多くは、「両班（ヤンバン）」という貴族階級が支配する李朝朝鮮の極端な身分差別から逃れようとしたのだ。

二代将軍秀忠の言葉は今に通じる。自分の意に反し、朝鮮使節団の要求を断固はねつける家光を「天晴れ至極」と褒めながら言う。「父たるわしが、子に教えられた思いぞ。卑屈と善隣友好を混同してはならぬ、とな」

（朝日新聞社、一六〇〇円）

（二〇〇五年十一月二十七日）

情報戦争の実態描く

手嶋龍一著

『ウルトラ・ダラー』

新しいインテリジェンス（情報）小説が登場した。物語として描かれた「事実」が、次々起きる現実によって裏付けられるという、堅牢なまでのフィクションである。

一九六八年十二月、東京の下町から突然、若い印刷工が消えた。八八年七月、米マサチューセッツ州の名門製紙会社からドル紙幣の原材料が運び出された。八九年二月、スイス・ローザンヌの由緒あるメーカーが売った精巧な凹版印刷機械がマカオで足取りを絶った――。

時も場所も異なるこれら事実が、実は精緻を極めた偽一〇〇ドル札「ウルトラ・ダラー」の製造という一点に収斂していた。それは独裁者の指令による北朝鮮の国家プロジェクトだったのだ。英国の秘密情報部員でもあるBBC東京特派員は、米国のシークレット・サービスや日本の女性官房副長官らと情報のキャッチボールを繰り返しながら核心に迫っていく。

追跡の行く手に見えたものは北朝鮮の単なる外貨稼ぎではなかった。背後には恐るべき目的があり、その奥には長い間にわたって練られた大国のしたたかな外交戦略があった。

この小説の真骨頂は、知られざる情報の世界の細密な描写にあるだけではない。外交はいかにあるべきか、情報戦略の要諦《ようてい》とは何かが印象深い言葉で綴られている。

「外交とはつまるところ公電を書き綴っていくわざなのだ。プロの外交官なら、交渉の記録だけは手元に必ず残しておき、歴史の裁きを受ける。これは外交官という職業を選んだ者が受けなければならない最後の審判なのだ」

外交の公理を論じながら、この小説には不思議なまでの「彩り」がある。凜《りん》とした日本女性の強さと美しさ、着物や京料理の持つ雅び、京篠笛《しのぶえ》の嫋嫋《じょうじょう》とした響き……。そこには「日本的なるもの」への限りない憧憬《しょうけい》がある。長く特派員生活をしてきた著者のナショナリストの一面を垣間見た思いがする。

（新潮社、一五〇〇円）
（二〇〇六年三月十二日）

時代超えた男の悲哀

浅田次郎著『お腹召しませ』

『五郎治殿御始末』（中央公論新社）で、戦乱の中でいっそう輝く「武士の魂」の気高さを描いた著者が、今度は、武士の観念に縛られない「人間らしさ」とは何かを考えさせる世界に私たちをいざなう。時代を超えた「男の悲哀」のようなものが浮かび上がってくる。

四十五歳の江戸詰藩士、高津又兵衛は、三百石の旗本の家から婿をもらい、願ってもない良縁と喜んだ。ところが、婿の与十郎はこともあろうに藩の公金に手を付け、女郎を身請けして逐電してしまった。責任をとって切腹すれば、幼い孫を跡継ぎに家は残ると重臣の留守居役に言われ、又兵衛は苦悩する。

二五年も連れ添った妻、玉を磨くがごとく育てた一人娘。それなのに、悲しむと思いきや、いささかの動揺も見せない。口をそろえて「お腹《はら》召しませ」と言う。「父上もせいぜい生きて五十年。五年早うに身罷《みまか》られると思えば、むしろ死に処を得たと申せましょう」と、実に手際よく切腹の準備を進めるのだった。

ああ、なんという非情さ。妻子の手で死装束を着せられ、死地に赴く、その直前に、又兵衛には深く去来するものがあった。そして、小さいころからの与十郎をよく知る老中間・久助が決定的な役割を果たすことで、思ってもみなかった方向に向かうことになる。

「大手三之御門御与力様失踪事件之顛末《てんまつ》」は由緒正しき鉄砲隊の与力が、勤番中に煙のように消えてしまう話だ。なぜ「神隠し」のように消えたのか。男には、いっとき「神隠し」に遭ってまで果たさなければならないものがあるのだ。ここには「不在の自由」を求める、ささやかな抵抗の物語がある。

幕末から維新を舞台にした六つの短編には、人間の素朴な心情への哀惜の気持ちと、文明化のもとに人間らしさが失われていくことへの「憤り」がある。共感せずにはいられない。

（中央公論新社、一五〇〇円）

（二〇〇六年三月二十六日）

川島英子著『まんじゅう屋繁盛記——塩瀬の六五〇年』

「伝統を守る」とは何か

週末の一日、独り囲炉裏を囲み、濃い緑茶で和菓子を食べながら好きな作家の本を読む。至福の時である。桜餅も柏餅もいいが、饅頭《まんじゅう》ならなお好ましい。

饅頭は中国元の人、林浄因が六五〇年前に来日、中国の「饅頭（マントウ）」をヒントに肉食が許されない僧侶のために作ったのが始まりという。塩瀬総本家は林浄因を始祖に、その後奈良、京都に分かれ、江戸に進出した。宮中に出入りを許され、足利将軍家や戦国武将に愛されるが、三十四代当主の著者は単にその歴史を辿っているだけでない。中国に林浄因の碑を建て、毎年「饅頭祭」を開くなど饅頭をめぐる行動の書でもある。

伝統を守るとは、先人の労苦に頭を垂れ、人との縁《えにし》を大切にして「味を守っていく」ことであることを実感する。「沈んだときに決してやってはならないのは、思いを断つこと」。この母親の言葉を日々実践してきた当主の張り詰めた、深い境地の生き方にも打たれる。

（岩波書店、一六〇〇円）

（二〇〇六年七月二日）

「母性」「父性」とは何か

夏樹静子著『見えない貌』

私にとっての夏樹さんの作品の一番の魅力は「瑞々《みずみず》しさ」にある。時代を象徴する事件を積極的に取り上げながら、その中で変わることのない人間の「哀切さ」が見事に描かれているからだ。

行方不明の娘は無残にも殺されていた。朔子は残された携帯電話のメールから、娘の孤独を知り、自責の念にかられる。メル友の犯行に間違いないと確信した朔子は一人大胆な行動に出る。そして第二の事件が起きる。犯人が逮捕され、事件は一件落着したかに思えた。ところが、事態は想像だにできない展開をたどる。メールの持つ陥穽《かんせい》、命と引き換えにした用意周到なシナリオ……。実に堅牢な作りである。

日本の法廷小説の記念碑的作品『量刑』以来、著者にとって五年ぶりとなる推理長編は、メル友とのつながりなしに生きられない現代人の孤独、自らの死さえも厭《いと》わない「母性」「父性」とは何かを考えさせずにおかない。

（光文社、一八〇〇円）

（二〇〇六年十月八日）

掌に息づく〝恋愛宇宙〟

小池真理子著『玉虫と十一の掌篇小説』

「文字通り、掌《てのひら》に載せてしまえるような短い小説ながら、ここには千枚を超える超大作では味わえない、別の宇宙が息づいている」

批評家のコメントではない。著者自身の「短いあとがきにかえて」の一節である。何と自信にあふれていることか。しかし、読めば「その通り」とうなずかざるを得ない。

この小説集に一貫して流れているのは、交わることのできない、男女の間に横たわる「さみしさ」「虚《むな》しさ」である。さらには人間存在それ自体の虚空をつかむような「頼りなさ」「はかなさ」と言ってよいのかもしれない。

ピアノ教師の女は､同性愛の夫と別れ､小さなペットショップの経営者と一緒に住む｡「あんたが作ってくれるものを食べるのが人生一番の幸福だよ」と言われ、女は「永遠にこうやって、このひとと同じものを食べ続けていたい」と思う。ところが、男は妻が脳梗塞で倒れたと偽り、自らの腫瘍《しゅよう》の手術を行い、妻の元に帰る。男はもう戻ってこないと思いながら、女は生きていくことさえ億劫《おっくう》になるのだった。

〈寂しい、というのではない。切ない、というのでもない。孤独、というのでもない。長く生きていればいるほど、わからないことが増えてくるのを女は感じる〉

「地の底に吸いこまれていくような虚しさ」「風のない月夜の湖のような、しんとした静寂」。言い知れぬ感情の表現はさまざまだが、その思いは、著者も引用しているオスカー・ワイルドの名句に尽きるのだろう。

「戀《こい》の測りがたさにくらべれば、死の測りがたさなど、なにほどのことでもあるまいに」

「虚しさ」だけでない。ここには「希望」もある。中学生の義弟のあふれるばかりの性のエネルギーに「活力」を与えられる女、男という「玉虫」を求めて上京を決意する女など、女のしなやかな勁《つよ》さも描かれている。

純度の高い、深みのある作品集である。

（新潮社、一二〇〇円）

（二〇〇七年一月十四日）

一途な忍ぶ恋と真の忠義

葉室麟著『いのちなりけり』

肥前小城《おぎ》藩の重臣の婿になった七十石の部屋住み雨宮蔵人《あまみやくらんど》は、初夜に新妻、咲弥《さくや》に言い渡される。

風雅の道が備わってこそ奥行きのある武士。「これぞとお思いの和歌を思い出されるまで寝所はともにいたしますまい」

頑丈な牛を思わせる無骨な蔵人だが、咲弥を「桜の化身」と崇《あが》め、「何度生まれ変わろうとも咲弥殿をお守りいたす。わが命に代えて生きていただく」と一途に思う。ところが、蔵人は藩主から舅を「上意討ち」にするよう命じられる。蔵人を追う咲弥は思わぬ展開を経て、水戸徳川光圀のもとに預けられる。

蔵人の「忍ぶ恋」を縦糸に、水戸家と将軍家の対立、将軍綱吉と京都の朝廷との暗闘を横糸に、物語は進む。そして蔵人は遂に自分の心をそのまま映す和歌を見つける。蔵人は決して死を厭《いと》わない。

「わたしは毎朝、顔を洗った後、おのれは死んだと思うことにしております。すると体も心もすっと軽くなります」

久しぶりに清冽《せいれつ》な小説を読んだ。一途なまでに汚れなく求める心の美しさ、男の切なさがひしひしと伝わってくる。そして、真の「忠義」とは何かを考えざるを得なくなる。

光圀は中老、藤井紋太夫を自ら手打ちにする。紋太夫は光圀を排斥しようとしている柳沢保明《やすあき》に賄《わい》賂《ろ》を使った。そうしなければ水戸家を、光圀を救えないと思ったからであり、それは成敗を覚悟して果たそうとした忠義だった。

これぞまさしく「忠義の臣」ではないかと問う小城藩主に光圀は答える。紋太夫は水戸徳川家を救った。しかし、上様のご政道を批判したわしまでが、柳沢に媚《こ》びて命を長らえたということが天下に知れわたればどうなるか。「わしまでが膝を屈したとあれば、光明が失われる。光明であることがわしの忠義であったが、紋太夫はわしの忠義を奪った」

凛《りん》とした男女の生き方を軸に据えた、骨のある構想力をもった時代小説に出会うことができた。

（文藝春秋、一五〇〇円）

（二〇〇八年九月二十一日）

「愛の再生」は可能か

石原愼太郎著『火の島』

男女の愛をどう描くか。小説家にとって永遠の課題であろう。小宇宙の中で、ひたすら男女の内面に錨《いかり》を降ろし深部に迫るという方法もあれば、大きな時代状況を背景に愛の姿を描く手法もあるだろう。

『火の島』は三宅島の噴火を基軸に据え、企業買収や裏社会に巣くうヤクザ組織、外国人犯罪の実相など極めて現代的な状況をリアルに分析しながら「愛の再生」を追い求めている。骨太な「見果てぬ愛」の物語でもある。

噴火で父と兄二人を失い、人間何をしても無駄だという虚無感を抱いてきた浅沼英造。殺人も厭《いと》わず乗っ取ろうとした建設会社の社長夫人が向井礼子であることを知り、生まれ変わろうとする。

二人には運命的出会いがあった。漁師の子である中学二年の英造は東京から三宅島に転校してきた小学五年の礼子のピアノを聴き、官能的なまでの衝撃を受ける。命を賭して二度、上級生らの嫌がらせや嵐から彼女を救った。しかし、噴火は二人を無残にも引き裂く。

そして三〇年後の再会。会社を救うよう礼子に頼まれた英造は「必ず君を守る」と約束する。礼子にとって英造は、沸きたって流れてくる火の河の上を、白いシャツを着て彼女に向かって懸命に手を振りながら救いに来る天使なのだ。

噴火以来のこれまでの生は仮の姿であり、これから真の生が始まる。そう思う二人を誰が責められよう。その不条理を咎《とが》める相手は神様しかいないだろう。

澄明なたたずまいで描写される二人だけの夢幻の時。劇画を思わせるドラマチックな後半の展開。そして心揺さぶられるラストシーン。英造が頼りにしている桜井弁護士と彼との会話は心に染みるものがある。

「よく来てくれたな、有り難う。お陰で私は何かをまた信じられるような気がしているよ」

「何をですか」

「人間を、かな」

(文藝春秋、一八五七円)

(二〇〇九年二月一日)

裁判員の置かれる状況をリアルに描く

夏樹静子著『てのひらのメモ』

将来の役員とも目されていた広告代理店勤務のシングルマザー、種本千晶は会議に出席するため帰宅が遅れ、一人息子を喘息《ぜんそく》の発作で死なせてしまう。仕事優先の身勝手な行動なのか。それとも不幸な偶然の積み重ねによる悲劇なのか。

ギリシャ哲学の研究者を夫に持つ五十七歳の専業主婦、折川福実は裁判員として千晶を裁くことになる。法廷小説の最高傑作『量刑』（光文社）の著者は、八月初めに予定されている裁判員制度の第一号裁判を前に、あなたが裁判員になったらどんな状況に置かれるか、何を基準に考えればいいかをリアルに描いている。

リーガルサスペンスの面白さだけでない。母性とは、愛情とは何なのかも深く考えさせられる。人を裁くことがいかに至難なことかを実感させると同時に、裁判とは畢竟《ひっきょう》、犯罪事実の究明を通じて「人の心」を裁くことにほかならないことも教えてくれる。

（文藝春秋、一五二四円）

（二〇〇九年七月五日）

血と土と心の物語

高山文彦著『父を葬《おく》る』

「二上山にのぼって、アケボノツツジを見たとね。いっぱい咲いとったね」

「ああ、ああ」と、父は言う。

「おれも一緒に見たかったよ、一緒に二上山にのぼりたかったよ」

取材のためウクライナへ向かう息子は、癌《がん》で余命わずかの父に電話する。「言葉など聞けなくてもいい、木枯らしの声でもいいから、話がしたかった」のだ。

怖いだけの父だった。甘えたことのない父だった。しかし、認知症と複数の癌で、残された命三か月と言われ、介護をしているうちに父の実像が霧の中から見えてくる。

新米の中学教師だった父が持っていたキルケゴール『死に至る病』の文庫本に一枚の栞《しおり》が挟んであった。そこにはこう書いてあった。

「Hello dear my sweet heart!」

苦悩、絶望の書に、愛《いと》しい恋人に呼びかけるような言葉。異常とさえ思ったが、やがて気づく。heart を death と置き換えれば、そこには深いユーモアがあることを。

「やあ元気かい、僕の親愛なる死よ！」

父の孤独な優しさとは裏腹に、恐ろしいのは母だ。「母というものが、あらゆる人生の場面で私を破壊し、私を蔦《つた》のようにからめとろうとするからだ。母とは故郷であり、国家のことであろう」。夫を死の淵から引き戻そうとする母の姿には鬼気迫るものがある。

この小説は、家族とは何かを考えさせる「血」の物語であり、高千穂を舞台に、ふるさととは何かを問う「土」の物語である。そして何よりも、芯の部分に限りない優しさを秘めた作者の「心」の物語である。

父との別れが迫っている時、父とダム工事の現場を渡り歩いた老人に会った。老人は言った。

「あと一週間か二週間か……。でもな、あの世とは、よかとこらしいじゃないか。行ったきり、ひとりも帰って来たもんはおらん」

（幻戯書房、一九〇〇円）

（二〇〇九年八月九日）

脱獄囚と刑務官との命がけの戦い

吉村昭著『破獄』

七月三十一日に三回忌を迎えた吉村さんの作品はどれも読み始めたらやめられない。とりわけ厳格な監視の中、四度も脱獄を繰り返した男の物語には戦慄さえ覚える。夏の暑さを忘れさせるに十分である。

分厚い鋼で作られた手錠と足錠の両環のナットに味噌汁を垂らし続けて腐食させ脱獄する。気の遠くなるような、神業のごとき脱出手法にも引き込まれるが、ここには脱獄囚と刑務官たちの命がけの戦いがある。次第に監視されているのは囚人ではなく、看守だという矛盾した関係になっていく様が実に生き生きと描かれている。

（新潮文庫、五五二円）

（二〇〇九年八月十六日）

人間の可能性説く物語

宮本輝著『骸骨ビルの庭』（上・下）

またしても「宮本輝ワールド」の虜《とりこ》になってしまった。私にとっては、「喪《うしな》われしもの」への賛歌となって聞こえ、「人間の可能性の物語」として深く心に響いてくる。

大阪・十三にある、隣がラブホテルの通称「骸骨《がいこつ》ビル」。阿部轍正と茂木泰造という二人の青年は、この場所で戦災孤児たちを育てた。しかし、阿部は、子供への性的暴行の汚名を着せられ、非業の死を遂げる。

そのビルに八木沢省三郎は住人を立ち退かせるため、管理人として着任した。それにしても、なぜ子供たちは成人しても、このビルに住み続けているのか。茂木はどうしてビルに留まることに執着するのか。いくつもの疑問を一人一人に聞いてみた。

そこで浮かび上がってきたのは、「無償の献身愛」を超えたものだった。子供たちの幸福と人間としての成長に全てをなげうち、親以上の存在になろうとする姿だった。

「福徳」「報恩」「忘恩」「人を幸福にする力」。大木惇夫の「戦友別盃の歌」。精神と肉体の二つの「たましい」を意味する「魂魄《こんぱく》」……。これらの言葉の中に、喪われたものへの哀惜が見える。

この小説を道徳的理解に閉じこめることは厳に慎まなければならない。しかし、深く感じ入る言葉が随所にある。

「優れた師を持たない人生には無為な徒労が待っている。なぜなら、絶えず揺れ動く我儘《わがまま》で横着で臆病で傲慢な我が心を師とするしかないからだ」

「人間が抱く嫉妬のなかで最も暗くて陰湿なのは、対象となる人間の正しさや立派さに対してなの」

「雑木林がなんであんなにきれいなのか。それはさまざまな種類の木が生えてるからや。それぞれ種類の違う木はお互いに生きるための闘争をしてるそうや」

（講談社、各一五〇〇円）

（二〇〇九年八月二十三日）

葉室麟著『花や散るらん』

壮絶な「女の戦い」

物語は徳川五代将軍綱吉の生母、桂昌院への従一位の叙位をめぐる確執を軸に展開される。一日も早く叙位を朝廷に認めさせようと動く柳沢保明とその命を受けた吉良上野介。吉良は金と刀で公家を脅しながら、桂昌院の期待に応えようとする。

これを阻止しようとするのが、京の八百屋の娘である桂昌院の出自を卑しむ将軍御台所《みだいどころ》信子や大奥を差配する右衛門佐《うえもんのすけ》、柳沢の側室町子。京の公家から東に下った彼女らは、浅野内匠頭長矩《ながのり》の勤皇の心を巧みに利用して吉良の動きを封じ込めようとする。

これに前作『いのちなりけり』の主人公である咲弥や夫蔵人たちを巻き込みながら、松の廊下の刃《にん》傷《じょう》、吉良邸討ち入りとなだれ込んでいく。ここにはもうひとつの魅力的な「忠臣蔵」の世界がある。それにしても、禁裏（朝廷）と将軍家、雅《みやび》と俗という対立を貫いているのは、壮絶なまでの「女の戦い」である。男たちはその中で利用され、翻弄される。

げに女性とは恐ろしきものなりと実感するが、彼女らの発する一語一語がまた性根が据わり、針のように鋭い。咲弥や信子、右衛門佐はもちろん、「女はこうと思うたら後には退《ひ》きしまへん」とつややかに笑う町子。夫上野介に関わる女や子供を容赦なく始末させ、最後は夫を見離す富子……。

男でわずかに精彩を放つのは、大石内蔵助である。吉良に討ち入るのは「女の憎しみ」に踊らされてではない。「われら武士の義により吉良を討ち申す。されど、大奥の意には沿わぬ。ひとのいのちはさように安いものではない。弄《もてあそ》ぶのはお控えなされ」。内蔵助のこの言葉は千鈞《せんきん》の重みをもって伝わってくる。

吉良の孤独、人間らしさもよく描かれている。この作品は『いのちなりけり』に続いて直木賞を逸した。しかし、作家としての力量は着実に開花しているように思われる。（文藝春秋、一五〇〇円）

（二〇一〇年二月七日）

「艱難汝を玉にす」

澤田ふじ子著『深重《じんじゅう》の橋』（上・下）

京の都を焼き尽くした応仁・文明の乱。戦火だけでない。疫病・飢饉の頻発で民は塗炭の苦しみに襲われた。日本の歴史を一変させたこの大転換期に人はどう生きたのか。底辺から這い上がった男と頂点にいた将軍を軸に、時代と人間を描いた雄大で堅牢な大河小説である。

十五歳で人買い市で湯屋（風呂屋）の主に買われた「牛」。過酷な労働に耐えながら、自力で「九九」

や「いろは」を覚える。支えは同じ境遇の新蔵の言葉だった。

「艱難汝《かんなんなんじ》を玉にす、匹夫も志を奪うべからず、篳路襤褸《ひつろらんる》ともいうぞよ」

男はたくましく成長、一緒に湯屋に売られた「もも」と結ばれるが、湯屋から逃げ出す際に別れ別れとなってしまう。男が初めて、わが子と相見《まみ》えるのは戦場でだった。男は西軍、わが子は東軍で戦い、待っていたのは過酷な現実。

ひたすら己を鍛え生きようとするも、いかんともし難い運命。「もも」と同じ垢《あか》かき女だった「お七」の言葉は示唆的だ。「人はさまざまな糸で絡み合いながら生きている。結ばれているはずの糸が、なにかによって突然、断ち切られてしまう。そこで二つになった糸は、危うい世の中を漂ってまた別の糸と結ばれる……」

室町八代将軍義政は政治的に無力、愚かな将軍だったといわれる。「実証史学」をきわめた三浦周行博士は、義政の人格的価値は「無能の自覚」という一点にあったと断言している（『日本史の研究』）。

しかし、著者は資料を駆使しながら、繰り返し繰り返し「無能説」に反駁している。愚かどころか、今も生き続けている日本文化を成立させた稀有《けう》な人物だった。政治に容喙《ようかい》して抹殺される愚を避け、権力や財力を巧みに使って日本文化を成熟させるという「隠蔽的擬態」を取り続けたというのである。

この小説はそのまま日本芸能史、生活史である。学ぶべきことが実に多い。

（中央公論新社、上一七〇〇円・下一八〇〇円）

（二〇一〇年五月三十日）

棄教した真の「殉教者」

村木嵐著『マルガリータ』

天正十年（一五八二年）、わずか十三歳の千々石ミゲルら四人の少年が、西国の切支丹大名によって南蛮への使節として派遣された。八年後に帰国、四人はやがて修道士となる。しかし、ミゲルだけは一〇年も経たぬうちに棄教した。ミゲル改め清左衛門は行く先々で切支丹から蔑《さげす》まれ、なぶりものにされた。なぜミゲルだけが、棄教という「苦難の道」を選んだのか。日本から一人の「殉教者」も出さないためだった。

天主教の普及者たちは「殉教者」が出れば出るほど民の信仰は強まり、切支丹は増えると考える。しかし、どうして死ぬことが尊いのか。天主教は死ぬためのものではなく、生きるためのものではないのか。「殉教など南蛮人が勝手に、己が見たい夢を東の果ての島に押しつけているにすぎない。天主様の御意志ではなく南蛮人の意志にすぎぬ」。四人は心を一つに「殉教者」をなくそうとするのだった。

この物語には、政治権力（統治）と宗教の相克、誰のための何のための信仰なのか、真に信仰の自由を守るとはどういうことなのかという根源的な問題を突きつけている。宗派間の対立を巧みに利用しながら、「悪魔のささやき」にも似た策を弄《ろう》する豊臣秀吉の存在感も大きい。「殉教」はイスラム原理主義ともだぶり、極めて今日的な問題も提起している。

対照的な女性二人の生き方は、女性のたくましさを感じさせずにおかない。揺るぎなく微動だにせず信仰の世界に生きる伊奈姫。それに対し、清左衛門と夫婦になる珠は、信仰より人を信じ人を愛することの勁《つよ》さを代表している。

ひたすら「殉教者」を出すまいと誓い合ったジュリアンが捕まり、拷問にかけられることになって、物語はクライマックスを迎える。その時、清左衛門は意外な行動に出る。天主を裏切り、悪名に耐えたミゲルこと清左衛門こそ、多くの人の苦悩を一身に背負った、真の意味の「殉教者」ではないかとの思いを禁じ得ない。

（文藝春秋、一五〇〇円）

（二〇一〇年九月十二日）

「合議」という裁判の核心を描く

夏樹静子『量刑』

優れた推理小説と言われるためには、いくつかの条件がある。ハッとするような発想の大胆さ、トリックの面白さはどうしても必要な要素だろう。しかし、それだけでは十分でない。描いている世界が透《す》けて見えるように細部が描かれていなければならない。

それでもまだ十分ではない。登場人物や犯罪の背景に、「時代」が映《うつ》し出されていなければならない。推理小説とはいえ、そこには奥行きが必要なのである。欲張りな注文だとは思うが、『量刑』に関する限り、これらの条件をことごとく備えているように私には思われる。

新聞の書評とは、けなすものでは意味がない。できるだけ多くの人に読んでもらいたい本を紹介すべきだ、というのが私の持論である。それを前提にしつつ、書評する本にはいくつかの類型がある。好むと好まざるとにかかわらず避けて通れないものがある。また、書評せずにはいられない内的衝動に駆られる本もある。

私にとって『量刑』は後者の代表である。三年前、読売新聞に書いた書評には、私なりの渾身《こんしん》の思いが込められている（二〇六頁参照）。

＊　＊　＊

書評が出た直後、長く裁判を担当していた同僚の編集委員が、ベテラン判事にこう言われたという。

「『量刑』を読んだ？　裁判官の内面の動きや心理の描写があそこまで真に迫っている小説も珍しい。大岡昇平の『事件』に匹敵するんじゃないか。合議の模様もよくあそこまで取材できたものだ」

『量刑』には、夏樹作品の特徴がよく表れているように思う。

その第一は、「堅牢《けんろう》なる細部」によって構築されているということだ。リアリティーは推理小説の命であり、どれだけ細部を丁寧《ていねい》に描いているかにかかっている。一見些細《ささい》だと思われるような部分も決して忽《ゆるが》せにしていないかが問われる。たとえば神谷正義《かみやまさよし》の昼食の描写はこうだ。

〈法廷が続いているので、そんな日の昼食は、冬はきつねうどん、夏は冷しきつねうどんと決まっているのだ。あまり重いものを食べて満腹になると、てきめんに午後の法廷で眠くなるからである。うどんの理由までわざわざ若い判事たちに話すわけではないが、裁判官のいちばんの大敵がほかならぬ公判中の睡魔であることを、彼らもそろそろ身にしみて悟っているだろう〉

「神々は細部に宿る」のである。一例を挙げてみたが、どのシーンも細部をおろそかにしていない。

第二は、登場人物たちの行動に、ある種の必然性があるということだ。登場人物それぞれの行動が、それ以外に選択のしようがない宿命的な状況の中で物語が展開していくのである。上村岬《うえむらみさき》の行動にしてもそうだ。描写の巧みさもあるだろうが、自分を岬と同じような状況に置けば、きっと同じような行動を取ったに違いないと思ってしまう。それゆえにリアリティーは増すのである。

第三の特徴は、「合議」というベールに包まれていた「秘密の花園」の扉を開けたことにある。「結審から判決までに行われる合議は、三人の裁判官が集って、事件に対するそれぞれの心証を述べ、議論を尽くして、最後に量刑を決定する重大な会議」である。

にもかかわらず、これまで鍬《くわ》を入れられることはなかった。取材上の困難さもあったろうが、考えてみれば、合議に碇《いかり》を下ろさない裁判小説など、ほとんど無意味に等しいと言われても仕方がないのである。先にベテラン判事の感想を紹介したが、当事者である彼らにとっても、『量刑』の描写はリアリティーがあったということなのだろう。

第四は、裁判官の娘を誘拐して、脅迫するという犯罪の意外性が挙げられる。新鮮なのである。誘拐と言えば相場は決まっている。犯人は金品を要求するか、誰かの釈放を求めるのが常だった。しかし、この小説の犯人は違っていた。要求は四点あった。
①上村岬事件の裁判を回避しない
②同事件の判決を延期しない
③上村岬に有期懲役刑を言い渡す
④誘拐について警察に通報したり、外部に知らせることは一切しない
④はどんな誘拐事件でも決まって要求されるものだが、①から③まではまずお目にかかることがない。被告にとっては、量刑こそが生死を分けるほど重要なことなのだが、分け入られることがなかった。読者は虚を衝かれてしまうのである。
こうして思いつくまま四点の特徴をあげたが、私がこの小説の核心にあるものと思うのは、人が人を裁くとはどういうことなのかという永遠のアポリア（難問）に正面から立ち向かっていることである。

裁判の基本となる「自由心証主義」とは、どの証拠を信用し、犯罪事実をどのように認定するかは、すべて裁判官の自由な判断に任されているということであり、裁判官の認識や確信を総合したものが「心証」である。裁判官の良心にすべてが委《ゆだ》ねられるということでもあるが、そこには限りない危う

さが付きまとう。

たとえば、殺意があったかどうかをどう判断したらいいのか。殺そうという意思があったという「確定的殺意」とみるか、それとも、死んでもかまわないと思ったという「未必《みひつ》の殺意」とみるかで量刑はまったく変わってくる。絶対的、客観的な証拠などない状況で、最後は裁判官の心証に委ねられるのである。

裁判官とは、決して神のような存在ではない。「鋼鉄のハートを備えた異星人」でもない。求刑の八掛けと言われる無難な判決をしようという量刑の「相場主義」に支配されてもいるだろう。神谷のような信念の持ち主ですら、死刑判決を出す前は、眠れぬ夜を過ごし、食欲をなくし、出したあとは高熱を発して役所を三日も休んだ。極めて人間的な営為なのである。

しかも、詳細に描かれている「合議」の模様で明らかになってくるのは、その合議ですら、三人の裁判官の力関係、微妙なバランスの中で右や左に揺れ動く。

誘拐犯である守藤秀人《もりふじひでと》が取調官に昂然と顔を上げて述べる様は、単なる自己弁護以上に真実の響きがある。

「動機は、岬への愛情でもあるし、己の保身でもある。（中略）しかし、最後に自分を衝き動かしたものは、裁判官の事実誤認であったと思う。（中略）事実誤認のまま公判が進み、誤判によって死刑が宣告されることには、どうしても承服できなかったからです」

裁くことの風紋にも似た危うさを認識しつつ、しかも娘を誘拐されて要求をのまなければ殺されるという絶体絶命の状況下で、神谷は踏みとどまる。事件を公表し、さかのぼって「合議」を幻にするという方法によってである。静岡県浜松市の中田島砂丘《なかたじまさきゅう》での回想シーンは、この小説の白眉だ。感動的ですらある。

＊　＊　＊

私が初めて夏樹作品を読んだのは、今から三十年以上前のことである。当時、読売新聞浜松支局に赴任したばかりだった。『蒸発』の瑞々しさに感銘し、夏樹さんに手紙を出した。見知らぬ読者に対し、夏樹さんは丁重な手紙と、サイン入りの『見知らぬわが子』を送ってくださった。

その手紙には、戦時中に大井川の上流の大変な山奥に疎開《そかい》し、戦後は熱海で小中学校を出たので、静岡県はよその土地と思えません、とあった。それだけに、『量刑』のラストシーンが、浜松の砂丘であることに、特別の感慨を覚えるのである。

（光文社文庫、各七〇五円）

（二〇〇四年、解説）

五　あの人の生き姿

刺激に満ちた虚像破壊の試み

佐藤誠三郎著『笹川良一研究——異次元からの使者』

故笹川良一ほど徹底したマイナス・イメージで語られる著名人も珍しいだろう。「最後の黒幕」「戦後のフィクサー」「右翼の大立者」……。数え上げれば切りがない。社会科学者ケネス・E・ボールディングの指摘を思い起こしてしまう。

「人間はある程度までイメージによってつくられる。イメージはメッセージを創造するがゆえに、人々は他人が抱いているイメージに合わせようとする」(『ザ・イメージ』)

本書は、世に流布されている笹川イメージを百八十度転換させようとした、極めて刺激に満ちた書である。中でも興味深いのは、A級戦犯容疑者として収容された巣鴨プリズンでの笹川の言動だ。

A級戦犯容疑者として逮捕・起訴されるよう自ら志願、入獄直後からマッカーサー元帥やトルーマン大統領にしばしば書簡を送り、日本の正当性を主張した。他の容疑者を機会あるごとに励まし、刑死したり、服役している戦犯とその家族に対する支援活動のため、酒と煙草を絶ち、七十七歳の老母や夫人、兄弟まで動員したという。

これらの事実はマイナス・イメージに隠れてほとんど知られていない。ハンセン病患者や難民の救済、ガンやエイズ対策への支援など数々の社会事業も、「売名行為」として片付けられてしまうのが常だった。

本書の特色は、笹川の「実像」に光を当てようとしただけでなく、「虚像」定着の背後に、笹川的なものを忌避する戦後知識人の姿を見てとり、厳しい批判を展開していることだ。あるいは後者にこそ執筆の真の動機があったのかもしれない。

偶像破壊ならぬ〝虚像破壊〟を試みるあまり、プラス・イメージが肥大化していることや、莫大な私財がどのように蓄積されたかの解明がほとんどなされていないなど、瑕瑾《かきん》がないわけではない。が、人の評価は棺を蓋《おお》ってもなお定まらないことを教えてくれる。

（中央公論社、一八〇〇円）

（一九九八年八月二日）

歯に衣着せぬ鋭さ 「理と理」の印象も

後藤田正晴著

『情と理――後藤田正晴回顧録』

内務官僚としてトップを極め、政治家としても絶えず政治の中枢に身を置いた著者のオーラルヒストリー（語りの記録）である。「情と理」には、「理」の官僚から「情」の政治家に自己革新を遂げた、との思いが込められている。

印象的なのは、エリートとしての自負の強さと、事態を見る眼の明晰さ、そして権力行使にあたっての抑制的な態度だ。

権力への抑制的対応は、後藤田氏のイメージからは意外と思われる向きもあろうが、「警察は堪え忍ぶことに徹すべき」という言葉に象徴的に表れている。別件逮捕や見せしめの強制捜査が多いと、捜査の現状を厳しく批判するのも、首相権限の強化に慎重であるのも、その一環だ。

「カミソリ後藤田」の本領は、政治家の寸評にも表れている。

中曽根元首相＝理路整然と正面突破の理屈で押して、世論操作もする。しかし、やりだしたら足下から反対が出て大変苦労する。

竹下元首相＝高い見識は感じさせないが、やっつけられたという思いをしないうちにやっつけられちゃう。

宮沢元首相＝頭が良すぎて先が見え過ぎる。だからやろうとすることに勢いがない。

歯に衣着せぬ鋭さと、味わい深い趣がある。本書で異彩を放つのは、共産主義革命への警戒心だ。戦後いくたびか左翼革命の危険があったことを振り返りながら、現在の共産党に対して「社民（主義）に変われば話が別だが、絶対あかん」と断言してはばからない。

官僚としてどう身を処すべきか、政治家は何をなすべきなのか。本書には一つの回答がある。自信喪失の官僚、確固たる原理・原則を持たず「小さな政治」に流されている政治家にとって、益するところ大に違いない。

ただし、著者の思いとは別に、「理」が勝って「情」の姿が見えにくく、「理と理」の印象が強いのも事実である。

（講談社、各一七〇〇円）

（一九九八年八月十六日）

見事に一貫したリベラリスト像

猪木正道著『私の二十世紀――猪木正道回顧録』

猪木正道著『政治学新講』は、学生時代に「政治学」への蒙《もう》を啓《ひら》かれた一冊として忘れられない書である。そこにはアメリカの政治学者H・D・ラスウェルの有名な定式が解説されていた。

$$p \} d \} r = p$$

政治的人間（P）の特徴は、私的な動機（p）を公的目標に転位し（d）、公的利益の名において私的動機を合理化する（r）ところにあるというものだ。「}」は転化を意味する。

政治分析にあたって有効な〝法則〟であることを政治記者生活を通じて実感している。

その猪木氏の回顧録を大いなる期待をもってひもとき、充足した気分をもって閉じることができた。

戦前戦後を通じ、マルクス・レーニン主義を排する一方で、軍国主義を唾棄《だき》する「闘うリベラリスト」には、見事なまでの一貫性がある。

一貫性の所以は幼児からの科学的思考に加え、象牙の塔ではなく研究所でドイツの継戦能力をはじめ生きた現実の分析に従事したこと、さらには妥協を好まぬ性格それ自体にあったように思える。

本書にはいくつもの魅力がある。黒白、好き嫌いを明確にする小気味良い語り口もその一つだ。俗流マルクス・レーニン主義は「あらゆるものを敵か味方かの二つに分ける、怠け者にはまことに好都合」であり、向坂逸郎氏については「頑固を売り物にする老人に救いはない」、大江健三郎氏は「この空想的平和主義の文士は平和日本の恥」と斬って捨てる。

著者が妻を語る口調はなんともほほえましい。ドイツ留学にあたって「私は倉子にただ一つだけを誓った。研究一本に専念して貞潔を守ることである」という記述など天真爛漫《らんまん》そのものである。「京大を米帝国主義に売り渡した猪木教授」という立て看板を見た妻に、「あなたは京大を売り渡したそうですね。代金はどこに隠しているのですか」と真顔で詰問されたという。思わず吹き出しながら、夫婦のありようも考えさせられた。

（世界思想社、二八〇〇円）

（二〇〇〇年五月二十八日）

「永遠の少年」を大統領にした烈女

ゲイル・シーヒー著『ヒラリーとビルの物語』

ヒラリー・クリントンの上院議員当選、それは新しい時代の到来を告げるものだった。米大統領選取材のため出掛けたニューヨークのホテルで、大統領である夫と娘を従えて勝利演説するヒラリーをテレビで見ながら本書を読みおわり、そのことを実感せずにはいられなかった。

丹念な取材と心理のひだに深く分け入った怜悧《れいり》な分析によって、「ヒラリーの戦争と平和」を見事に描き切っている。評者が近年読んだ政治家論でこれに勝るものはない。

この夫婦にはいくつもの謎がある。しかし、本書を読めばその多くは氷解する。そもそも「倫理的絶対主義者」たる彼女が、なぜ希代の女たらしの所業に耐えることができたのか。

それは暴力的なアルコール依存症の継父の家で育ったがゆえのトラウマをもつ「永遠の少年」を大統領にすることが、彼女の確固たる意思に基づく人生戦略だったからだ。自ら描いた壮大な物語を完成すべく、心の中に神経を麻痺させるための分厚いまでの防護壁を築いていたのである。

これだけならボロボロになるだろうが、彼女は彼の中に、自分を尊敬し賞賛してくれる「代理の父親」の姿を見いだしていた。激しい諍《いさか》いの直後に睦《むつ》み合う二人の姿を多くの側近が目にしている。その意味でも「二人は一人」なのであり、この物語は複雑で矛盾に満ちたラブストーリーなのである。

女性である著者の鋭い刃はビル・クリントンという男を余すところなく裸にしている。「ビルのパターンは『誘惑と裏切り』であり、ヒラリーが怒りを爆発させると改悛というもう一つの要素を付け加え再び裏切りの周期に入り、誘惑を再開する」というところなど白眉と言っていい。

翻訳の巧拙を論ずる資格は評者にはないが、日本語の文章として実に歯切れ良く躍動的であるのが、本書の魅力を倍加させている。櫻井よしこ訳。

（飛鳥新社、二二〇〇円）

（二〇〇〇年十一月二十六日）

父子結んだ対話と信頼

高坂節三著『昭和の宿命を見つめた眼——父・高坂正顕と兄・高坂正堯』

父と兄の生涯を深い愛情と誇りを以て伝えられるとは何と幸せなことだろうか。本書を読み、まずそう思わずにいられなかった。

カント哲学者たる父・高坂正顕の思想的軌跡をたどりながら、昭和という時代、就中《なかんずく》西田幾多郎を中心とした京都学派の様子を生き生きと描いている。保守反動の戦争協力者のレッテルが張られたままの父の復権の書という趣もあるが、私たちが最も魅かれるのはそれが「父と子の物語」であるということだ。

正顕はのちに国際政治学をリードする正堯に対する「実にうまい助言者、誘導者」だったという。少年期に歴史の魅力を教え、囲碁の才を伸ばし、ミルを勧め、折にふれアドバイスしている。

正堯三十三歳の著書『宰相吉田茂』への父の手紙はそれ自体すぐれた批評になっている。〈第一に歴史を見る眼がしっかりしている。歴史は甦らすことだ。殺すことではない。第二。むつかしいのは適切な評価をすることだ。これには勇気と知恵がいる。それがかなりしっかりと出来ているように思う〉

これより四年前、正堯は父についてこう書いている。〈父が私にカントについて語るとき、私は何よりもそこに自信に満ちた人間の姿を見た。社会の評価にほとんど左右されない自信があった。この信念こそ、父から子へと受け継がれて行くべきものである〉

対話と信頼があってこそ言えるものだろう。この父子は、大学紛争にあって学生の要求に屈することなく決して自説を曲げなかったことでも共通していた。

高坂正堯は六十二歳でこの世を去った。前年に初孫が生まれ、この孫に祖父として英語を教えてやりたいという願いを持っていたという。亡くなるその瞬間、「口を一文字に結んで、自分の意志で死を迎えたお姿は、戦国武将のそれとそっくりでした」と主治医は語っている。できることなら、かくありたいものだと思う。

（ＰＨＰ研究所、一七〇〇円）

（二〇〇一年一月二十八日）

元首相を「恋うる歌」

小渕暁子著『父のぬくもり』

人が一生を終えるにあたって本当に幸せだったと思えるのはどんな時だろうか。仕事で評価され、世の人々から尊敬のまなざしが注がれるというのもそうに違いない。しかし、我が子から「誰でもない。あなたの子供に生まれて幸せだった」と言われることに勝るものはあるだろうか。私自身は心密かに、固くそう信じている。

この書は小渕恵三元首相の長女が紡いだメルヘンのような「父を恋うる詩《うた》」である。決して饒舌ではない。むしろ感情の表白を極力抑えているがゆえに余韻が深い。文章の一つ一つに静謐なまでの「沈黙」の持つ強さがある。

可愛がっていた小さな犬のチワワが死んだ。〈父が倒れる一ヶ月まえのことでした。父にはなすと、何も言わずにだまっていました。わたしが泣いていると、父はだまって傍《そば》にいてくれました〉。

私がニュース解説をしていた日本テレビ系「ズームイン‼朝！」に小渕首相から「ブッチホン」をもらったことがあった。この時パジャマの上にお気に入りの半纏《はんてん》を着ていたことを初めて知ったが、妹の優子さんがイギリスへ留学するのを首相公邸の庭で見送った時もこの半纏姿だった。

〈父はいつまでもいつまでも妹を見送っていました。—総理寒いので中へお入りください。SPさんに何度声をかけられても中へ入ろうとしませんでした。……ぽつんと父の姿が公邸の庭先にありました〉

そんな父が倒れる数日前。公邸の寝室のベッドの上に父と母と座りながら話していると父のパジャマの裾《すそ》からふくらはぎが見えた。

〈ああパパの足って私の足にそっくり。形も爪もなんか似てる。なんて思いながらほんの少ししあわせな気分になっていた〉

わずか百頁余りの本だが、幾度となく涙が出るのを抑えることができなかった。「私は父の娘で本当に幸せでした」という結びの一言がしみじみと実感できた。

（扶桑社、九五二円）

（二〇〇一年五月十三日）

自由主義者の面目躍如

石橋湛山著『石橋湛山日記』（上・下）

近代日本の政治家の日記で質量ともに私たちを圧倒するのは『原敬日記』である。それ自体一つの政治史の趣さえある。原は手帳に詳細にメモし、これをもとに週末にまとめたという。

病気のため首相就任後わずか二か月で無念の退陣を余儀なくされた石橋湛山の日記（昭和二十―三

十一年）はその対極にある。『佐藤栄作日記』と比べても記述は格段に簡潔だ。公開を意識しない自身の「心覚え」のような記録であり、それゆえに随所で心情が吐露され、「戦闘的自由主義者」の面目躍如たるものがある。

〈予は或意味に於て、日本の真の発展の為めに、米英等と共に日本内部の逆悪と戦つてゐたのであつた。今回の敗戦が何等予に悲みをもたらさゞる所以である〉（昭和二十年八月十八日）。敗戦へのこの突き放した真情は、戦時中軍国主義と戦った石橋だからこそだろう。

「凜然《りんぜん》たる硬骨漢」（谷沢永一氏）の批判の刃は米占領政策にも向けられる。日本の言論を抑えてどこにデモクラシーがあるのかと論断、昭和二十五年のマッカーサーの憲法記念日声明に対しても「偽善的説教」と切り捨てている。不当なパージ（公職追放）を受けたということがあるにせよ、米民主主義の理念と現実の乖離《かいり》を鋭く突いている。

日記の後半部には自由党内の吉田対鳩山派の抗争が生々しく描かれている。「吉田は愚物なり」という記述も見えるが、基本的には「吉田への個人的悪感情を抱くにあらず」、吉田の「独裁的政治手法」が許せなかったということがよくわかる。ここにも不易の一貫性を感じとることができる。

石橋に対してはかねて「護憲派」という誤解が根強くある。しかし、「今日の世界に於て無軍備を誇るのは、病気に満ちた社会に於て医薬を排斥する或種の迷信に比すべきか」（二十五年一月一日）と明言、憲法改正を主張していたことはきちんと記憶されるべきである。（みすず書房、上下計二〇〇〇〇円）

（二〇〇一年五月二十七日）

真のリベラルさが生んだ偉大なる教養人

小泉信三著『青年小泉信三の日記──明治四十四年─大正三年 東京─ロンドン─ベルリン』

「仁智勇具足の人」と言われた小泉信三の二十二歳から二十六歳の日記である。偉大なる教養人はこうして生まれるのかという思いを深くした。恋に悩み、友と青春を謳歌している日記全体に漂っているのは、真の意味のリベラルな雰囲気であり、のびやかさだ。

経済学者として研究を進めながら、演劇や文学に耽溺《たんでき》、傾倒し、テニスにも興じる。それはロンドンに留学してもいささかも変わることがなかった。信三に先立つこと十二年前、「沼逓冠《てうていかんむり》を正して天外《てんぐわい》に之《ゆ》く」（はるかなるロンドンに死を賭《と》して行く）と、悲壮なる決意を漢詩にうたって留学の途に就いた夏目金之助（漱石）と比較すれば、気負いのなさが際立ってくる。次女タエさんによる『留学生小泉信三の手紙』（文藝春秋）と併せ読むと滋味はいっそう増してくる。

九十年前の日記を長女、秋山加代さんとタエさんがワープロを叩いて世に出した。八十に近づいた二人の娘が父の青春を〝復元〟する光景を思い描き、とても嬉しい気持ちになった。

（慶應義塾大学出版会、三八〇〇円）

（二〇〇二年二月十日）

竹越與三郎と時代描く

高坂盛彦著『ある明治リベラリストの記録——孤高の戦闘者竹越與三郎伝』

竹越與三郎《よさぶろう》、号は三叉。忘れ難い歴史家である。学生時代に読んだ『新日本史』の一節は、今なお心に焼き付いて離れない。

〈米艦一朝浦賀に入るや、驚嘆恐懼《きょうく》の餘り、列藩の間に存する猜疑、敵視の念は融然として掻き消すが如くに滅し、三百の列藩は兄弟なり、幾百千萬の人民は一国民なるを発見し、日本国家なる思想此に油然として湧き出でたり〉

何と心躍る文章だろう。その竹越の評伝が、還暦を間近に東大法学部に学士入学した人の手で出来上がった。あらゆる資料を駆使し、明治、大正、昭和前期の三代にわたる歴史家にしてジャーナリスト、批評家にして政治家である人物の実像を、堅固なる形で仕立て上げた。

評伝の難しさは、惚《ほ》れなければ無味乾燥になり、惚れすぎると読む方が鼻白んでしまうところにある。この書には対象に対する「適度の距離」と「醒《さ》めた熱情」とでも呼ぶべきものがある。欧米先進諸国だけを念頭に置いた国際協調主義をはじめ、竹越の思想と行動の限界、矛盾もきちんと指摘している。

堅固になった所以《ゆえん》の第一は、竹越が時代の必然の流れと信じた「デモクラシー」を太い機軸に据えて人物と時代を描いているからだろう。デモクラシーとはいっても「貴族的平民主義」だが、それゆえに韓国併合に反対し、ファシズムや軍国主義に厳しい批判を加え続けることができたことがよく分かる。

さまざまな人物評を丹念に拾いながら、竹越と同時代に生きた賢人たちの実像を浮かび上がらせているることも、この書の大きな魅力だ。「渠《かれ》の頭上より爪先に及ぶまで、充満したるものは純理也、理性也」という竹越の陸奥宗光評は己を語ることでもあった。

「済世の志ありて済世の才なく、救国の見ありて救国の力なく、遂に一事をも為す能はずして退て書斎に入る」。孤高の戦闘者・竹越による自らの人生の総括には無常感さえ漂う。

（中公叢書、一八〇〇円）

（二〇〇二年九月二十九日）

秘められた世紀の恋

ウルズラ・ルッツ編『アーレント＝ハイデガー往復書簡——1925—1975』

世紀に残る「愛の往復書簡」集である。ナチによって亡命を余儀なくされた女性政治哲学者と、ナチへの加担を糾弾された二十世紀最大の哲学者が半世紀にわたって交わした書簡は、歴史の奥底に秘められていた恋を白日のもとに晒《さら》しただけでない。政治的、思想的立場の違いや時代の奔流を超えて続く愛とは何なのかを考えさせずにおかないのである。

五十年は三期に分けられ、第一期は「デモーニッシュなもの」につかまった三十五歳の大学助教授が、十八歳の女子学生に愛を告白した一九二五年からの八年間。第二期は二十年の空白の後、アーレントからの働きかけで関係が復活した一九五〇年からの十五年間。そして第三期は六六年からアーレントの死までの十年間だ。

「往復書簡」とはいっても、第二期まではほとんどハイデガーだけの書簡だ。一通一通大切に保存していたアーレントに対し、妻子あるハイデガーはそのつど処分したためのようだが、くっきりと浮かび上がるものがある。

ロマンティックで情熱的な言葉を駆使するハイデガーの「攻撃的な愛」と、辛抱づよく待つアーレントの「おずおずとした遠慮がちな愛」という対照的な姿だ。自立的なはずのアーレントが、尊敬し愛する哲学者を弁護する献身的なまでの姿は感動的ですらある。

ハイデガー八十歳の誕生日にあたって、彼女は講演する。「ハイデガーはけっしてなにかに《ついて》思索するのではない。なにかを思索するのです。このまったく非観想的な活動において、彼は深みへ食い入ってゆく」。そこには真の内在的理解者の姿がある。

センセーショナルな作品ではあるが、往復書簡をもとにまとめられたE・エティンガーの『アーレントとハイデガー』（みすず書房）を併読することによって、二人の関係はより一層理解できる。大島かおり、木田元訳。

（みすず書房、五八〇〇円）

（二〇〇三年十一月二日）

文化の担い手を支える

飯田泰三監修『岩波茂雄への手紙』

敗戦の余燼《よじん》なおくすぶる昭和二十一年二月十一日。紀元節のその日、岩波書店社長、岩波茂雄は復活した文化勲章の第一回の受章者となった。受章談話は次のようなものだった。

「良書は作家、校訂者、印刷者などの総力によって世に出るもので、思想家、芸術家の余光で、私はその時々に応じて忠実に伝達した一配達夫に過ぎません」

その「文化の配達夫」に「文化の担い手」から宛てた手紙を集めたのが本書だ。大正三年から昭和二十一年まで、夏目漱石から教育学者の長田新まで九十一人。ほかに哲学者、三木清の欧州からの手紙などが収められている。

美濃部達吉、矢内原忠雄、津田左右吉らによる学問や言論の自由にかかわるものもあるが、圧倒的に多いのは金銭にまつわる文面である。与謝野晶子、野上豊一郎・弥生子、高群逸枝、中野重治らはいずれも援助を請うている。良書を出すだけでなく、文化の担い手を底辺から支えていたことがわかるのである。

私信だからこそ、そこから個性的な人柄も浮かび上がってくる。哲学者、田辺元の理非曲直に厳しい姿。「岩波書店にはかいてくれる人は雲の如くあるといふ様な高慢は、君と旧《ふる》い友達との間をへだてるよ」。一高以来の真に心許せる友人ゆえに、安倍能成は率直に忠告できたのだろう。戦時下の知識人のあり方を問う林達夫の手紙は第一級の論文になっている。

「此の作は、私の処女作ではあっても(中略)当分これ以上のものは書けまいと思うので、バラバラにせずに、一冊の本にしたいのです。兎《と》に角読んで見て下さいませんか」。広島から手紙を出し、『出家とその弟子』の出版を懇願したのは、二十五歳の無名の倉田百三である。翌年出版され、爆発的に売れることになる。

一連の手紙は大正、昭和の文化史であると同時に、岩波茂雄という出版人の一生も映し出している。西田幾多郎の表現をもってすればこうなる。「私ハ君ニヨツテ事ノ成功ハ術ノ巧《たくみ》ナルニ非ズシテ志ノ正シキニアルコトヲ知ツタ」

(岩波書店、三二〇〇円)

(二〇〇三年十二月七日)

類まれな自立的女性

ヒラリー・ロダム・クリントン著
『リビング・ヒストリー——ヒラリー・ロダム・クリントン自伝』

「ホワイトハウスは全米刑務所の中で最も光り輝く刑務所である」。アメリカ第三十三代大統領、ハリー・トルーマンの至言である。

ヒラリー自伝は、大統領だけでなく、その夫人にとっても時に牢獄と化す〝刑務所〟を根拠地にして戦う女性の記録でもある。既成の観念や陋習《ろうしゅう》と戦いながら、立ち止まることなく前進しようとする張り詰めた姿が全編にみなぎり、読むものに畏怖《いふ》の念さえ呼び起こす。

大統領夫人とは「立場」ではあるが「仕事」ではない。この立場を使ってどう夫を助け、自身の声を失わずに国家に奉仕できるか。そう考える彼女は、女性の地位の向上を求め、子供の人権を守り、医療保険改革に取り組んだ。そして、どんな時でも自分自身であろうとした。

幾多の試練が待つ彼女の支えとなったのは、歴代ファーストレディーだ。穏やかで毅然《きぜん》としたエレノア・ルーズベルトの写真を眺めていると、エレノアの言葉がよみがえる。

「女性はティーバッグみたいなもの。熱湯に入れられるまで、その強さにだれも気づかない」「政治の世界に身を置く女性たるもの、サイのように皮を厚くしなくてはならない」。ヒラリーはこれらの言葉を呪文のように唱えて危機を乗り切るのだった。皮を厚くしすぎて温かみのない人間になることを恐れながら。

その彼女にとって最大の危機は、夫がモニカ・ルウィンスキーとの「不適切な関係」について自分を欺いたことだった。とめどない怒りに我を忘れた。「妻としてはビルを絞め殺してやりたかったが、彼はわたしが支援したいと思うようなアメリカと世界の指導者だった」ことで踏みとどまる。そのもがき苦しむ様が赤裸々に綴られている。

ここには類《たぐい》まれな自覚的、自立的な女性がいる。強靭《きょうじん》なまでの意志力に、そっと触れただけで血が噴き出るような、切れすぎる刀にも似ているとの思いも禁じ得ない。酒井洋子訳。

（早川書房、一九〇〇円）

（二〇〇四年一月十八日）

フェアプレー精神再び

小泉信三著『練習は不可能を可能にす』

「果敢なる闘士たれ、そして潔き敗者たれ」（Be a hard fighter,and a good loser!）。元慶應義塾長、小泉信三がスポーツの神髄として機会あるごとに力説していたのがこの言葉だ。

スポーツが与える「三つの宝」についても強調してやまなかった。それは「練習は不可能を可能にす」という体験であり、フェアプレーの精神であり、良き友を得ることである。

小泉は、学生時代にはテニス選手として活躍し、大学教授として長く庭球部長を務め、塾長としてテニスコートや神宮の杜《もり》に足しげく通った。「明朗なるスポーツマン」とも評された人のスポーツ随筆集である。小泉信三という人物が浮かび上がらないわけがない。

元慶應野球部監督、前田祐吉の巧みな表現を借りれば、その生涯を通じて「スポーツの深い理解者であり、力強い擁護者であり、暖かい批判者であった」。

この随筆には、ユーモアが漂い、透明なまでのさわやかさがある。「常に精神と肉体の調和を喜び、フェアプレエを尚び、晦渋《かいじゅう》よりは明快を、偏窟《へんくつ》よりは真直を、文弱よりは寧《むし》ろ武骨を取る」という小泉自身の平生のたたずまいが伝わってくるからだろう。

昭和十八年十月、軍部の反対が懸念される中で出陣学徒壮行の早慶戦を実現させるなど、小泉の真骨頂を物語るエピソードはいくつもある。一貫して流れていたのは「常に学生と共に在る」という姿勢である。

読んでいて江藤淳の文章が思い浮かんだ。母校、慶應大学の教授に就任した際、時の塾長、石川忠雄に言われたという。「思う存分に仕事をしてください。そして学生を可愛がってください」。胸がジーンとした、と書いている。

この随筆集が小泉の八十年も後輩にあたる三十代の人たちによって編まれたことも、小泉を尊敬する一人として実に嬉しいことである。

（慶應義塾大学出版会、二四〇〇円）

（二〇〇四年六月六日）

水墨画のような人物論

芳賀綏著

『昭和人物スケッチ——心に残るあの人あの時』

人物評論の手法には二つの道があるだろう。大上段に振りかぶって、その人物の全体像を描き出すというのが一つ。もう一つは、さりげないエピソードをちりばめながら、その人の本質を浮かび上がらせる方法だ。

その人物との心に残る束《つか》の間の邂逅《かいこう》を、温《ぬく》もりの筆致でスケッチした本書は、まさに後者の典型である。登場するのは、俳優や政治家、学者など七十八人。たとえばこんな風だ。

昭和二十九年七月の梅雨明けぬ日、銀座のてんぷら屋で、銀髪の上品な紳士が一人、天丼を食べていた。恥ずかしげに勘定を払った紳士は「重苦しい空模様の銀座の街に、聖者が去るかのように長身を運んだ」。右派社会党委員長、河上丈太郎。独特の絶叫演説を知る者には別人の静かさだった。遠くから仰ぎ見てその存在に心洗われ、幸せな気分になる人だった。

民社党の創立者、西尾末廣には百折不撓《ふとう》、秋霜烈日の闘将の中に、慈父のような穏やかさがあった。

一大学教師にも謙虚さ、律義さを忘れぬ謹厳実直さがあった。

「人間には、神に愛される人と人に好まれる人と、二通りある」。元首相、竹下登はどう見てもGodのお眼鏡にかなう人ではない。「この人の本領は、神に嫌われてもいいから人に喜ばれるところにあった」。竹下氏の本質を突く何とうまい表現だろうか。

民俗学者、宮本常一の知られざる一面には驚く。選挙の応援演説でこう連呼したのだ。「春は花、花は桜、桜はヨシノ、選挙も芳野、地元の芳野」「何が何でも芳野じゃあ!」

森繁久彌の一言は、傾聴すべき日本人論だ。「日本の家には縁側という一見ムダな空間がありました。あれが文化でしょう。心の周りに縁側のない現代人が増えましたな」

水墨画のように淡い、温かみのある人物論だ。和菓子を、ほどよい湯加減の緑茶で味わう、そんな気分にさせてくれるのである。

(清流出版、一六〇〇円)

(二〇〇四年九月二十六日)

「日本の母」の偉大さ

櫻井よしこ著『何があっても大丈夫』

櫻井よしこさんは、今もっとも輝いているジャーナリストだろう。後ろ盾のない状態で、自分の身を晒（さら）しながら、素手で、世の不条理、不合理と闘っている。「強靭（きょうじん）な精神」なしにはとても叶わぬことだろう。

その源はどこにあるのか。長い間の疑問だった。しかし、本書を読めば、疑問は直ちに氷解する。「母」にあることが分かるのである。

この物語は、女性ジャーナリストの「劇的な半生」の書であるとともに、「母なるもの」の偉大さの記録でもある。

「青緑色の着物の女性」のもとへ行ったまま帰らぬ父。母は、編み物をし、鮮魚仕出しの手伝いに出かけ、〝寮母〟をしながら子供を育てる。しかし、暗さは微塵《みじん》もなく、「よく生きる」とは何かを身を持って教えた。

その最大のものは、「前向きに生きる」ことの大切さだろう。「心を前向きにして、全てに対して心の準備をしておくこと。全てを良い方向に考えていけば、厄災など殆《ほとん》ど防ぐことが出来る」という揺るがぬ信念があった。

第二は、「人生や人間のよい面ばかりを教えようとした」ことだ。家を顧みない父親をも偉いお父さんだと言い聞かせた。娘も徹底して褒めた。駆けっこで後ろから二番の時でも、「よしこが二番だったんです。本当に頑張ったんですよ」と他人に誇るのだった。

さらに健全な楽観主義とでも言うべきものがあった。「何があっても大丈夫よ。お母さんがあなた方を守るから、安心していらっしゃい」。人生の岐路に立った時、この言葉がどれほど大きな支えになったことか。その底には、我が子に対する微動だにしない愛情があった。
今年の七夕に九十四歳となる櫻井さんの母、以志さんの生涯は、「日本の母」の永遠の姿を映し出している。そして、私たちは失われつつあるものの大きさを思い知らされるのである。

（新潮社、一五〇〇円）

（二〇〇五年三月二十日）

「大衆」に媚びずに書き続けた新聞コラム

石井英夫著『コラムばか一代——産経抄の35年』

昨年暮れまで三五年間にわたってコラム「産経抄」を朝の食卓に届けてきた名料理人が厨房を披露した書である。他のコラムニストに比べても際立っていたのは、「大衆」に一切媚びることなく、自らの存念を書き続けたことだろう。
書くテーマのない日は花の話でも書けばいいじゃないか、と人は言う。とんでもない言い草だ。「政治家の悪口なんぞは寝そべっていても書ける」。しかし、一本のコスモスを書こうと全力で相対しても、ねじ伏せられてしまう。「自然に対するおのれの感性が問われるからだ」。従軍慰安婦や戦争責任問題ではいささかも妥協することなく、その一方で生きとし生けるものへの哀切の情を決して忘れない。

そして文章の極意まで伝授してくれる。鍵は「タンガラ」と「牧野コーチ」と「井伏鱒二」にある。なぜそうなのか。本書を手に取っていただければ得心がいくに違いない。

（産経新聞社、一六〇〇円）

（二〇〇五年七月十日）

慎ましく生きる幸せ

徳岡孝夫著『妻の肖像』

読み終わり、しばし瞑目《めいもく》した。最愛の夫人、和子さんをがんで失った慟哭《どうこく》に満ちた「妻を恋うる詩」であり、夫婦で手を取り合い、慎ましくも必死で生きてきた戦後日本人の「自画像」ともいうべきものが、ここにはある。

妻は死ぬまで私を「あなた」と呼んだ。私はいつも「和子」と呼んだ。熱が出たりすると、すぐ「和子ーォ」と悲鳴を上げた。その妻が死んだ。「妻を喪《うしな》ったいま、私は死ぬ前には誰を、どう呼んだらいいのかと途方に暮れる」。これほど痛切な言葉があろうか。

本当に生きたという証し、それは劇的な人生ではなく、人からみれば取るに足らない「小さな幸せ」の中にこそ、あるのではないのか。

銀座に出るたびに木村家の餡《あん》パンを買って家路についた。高名な評論家のように真珠のネックレスは買えない。しかし、それに劣らぬ幸福を妻や子らにもたらした。温泉に泊まると一晩に三度も四度もお湯に入る。元を取ろうとするさもしい根性なのかもしれないと思う。

鍵がなく我が家に入れなかった話は「小さな幸せ」の白眉だ。秋深い夜、夫婦で誰かと会食し十時すぎに帰った。ところが、鍵が見つからない。窓はしっかり閉まっている。家をぐるぐる回り、さまざま試みる。一時間という時が流れた。ガラスを割ろうとした直前に、妻が風呂場の窓に鍵がかかっていないのに気付く。

「そのときの和子の夜目にも明るい笑み。いまも忘れない」。それだけの話である。でも、彼は思う。〈一つの見つからなかった鍵が、思いがけずわれわれに「帰る家がある」という幸せをしみじみ感じさせてくれた〉

「分を知る」。そのことの大切さを教えてくれる。妻の一生を振り返り、彼は思う。「詮《せん》ない悔恨、無駄な欲望、何よりも無益な自己憐憫《れんびん》ほど幸福を妨げるものはない」と。どうすればこのような名文が書けるのかと嘆息しつつ、限りない共感を抱きながら本を閉じた。

（文藝春秋、一五二四円）

（二〇〇五年十月二日）

危機管理の秘史、巧みに

佐々淳行著『後藤田正晴と十二人の総理たち——もう鳴らない〝ゴット・フォン〟』

江藤淳に『漱石とその時代』という名著がある。大河小説のような「佐々淳行とその時代」シリーズにまた一冊が加わった。中曽根氏から小泉氏まで一二人の首相のもとで、後藤田正晴と配下の「隠密同心」「お庭番」を自称する佐々淳行が天下を揺るがす一大事に、いかに見えざるところで動いたかの記録である。

佐々版「平成危機管理史」とでもいうべき本書を読んでいると、日本国家の危機管理が薄氷を踏むがごとき危うさの中にあることがよくわかる。能力なき宰相や、地位に恋々とし、責任逃れする卑小な官僚への糾弾も遠慮がない。その一方で、「男の中の男」のエピソードも随所にある。ペルー日本大使公邸占拠事件での佐藤俊一外務省中南米局長もその一人。

胃癌《いがん》の手術をしたばかりの佐藤局長は事件の指揮をとるためペルーに赴く。佐々は精神安定のためにも遺言状を書くことを勧めるが、この男、遺言だけでなく、自分を正当に評価してもらうための〝弔辞〟も書いていた。そしてフィアンセのアンジェラさんは酷寒の中、水垢離《みずごり》をとって彼の無事を祈ったという。

後藤田が官房長官として内閣五室長に訓示した「後藤田五訓」は、佐々によって人口に膾炙《かいしゃ》するが、あらゆる職業に通じる「公理」として記憶にとどめる価値がある。

一、省益ヲ忘レ、国益ヲ想エ。
二、嫌ナ事実、悪イ情報ヲ報告セヨ。
三、勇気ヲ以テ、意見具申セヨ。
四、自分ノ仕事ニ非ズトイウナカレ。自分ノ仕事デアルトイッテ争エ。
五、決定ガ下ッタラ従イ、命令ハ直チニ実行セヨ。

ユーモアにも溢れたこの書を読み終わり、慕われた後藤田は幸せだったと思う。慕う上司がいた佐々も幸せだったと思う。その一方で、躍動的な人生を送る夫を支える夫人の苦労はいかばかりかとの思いも禁じ得ない。

（文藝春秋、一八〇〇円）

（二〇〇六年八月六日）

戦後社会科学の巨人の伝記

石崎津義男著『大塚久雄　人と学問』

一〇年前、日本の社会科学を代表する二人が相次いで亡くなった。政治学者、丸山眞男と経済史家、大塚久雄である。その後二人は対照的な歩みを辿る。丸山は講義録、対談集、書簡集が矢継ぎ早に出され、「丸山ブーム」さえ起きている。ところが、大塚の存在は忘却のかなたにある。

この本は、大塚の著作集にかかわった編集者が折にふれ大塚自身から聞いた話をもとにまとめた素描的伝記である。「前期的資本」を発見した若き日、左脚を切断、三度に及ぶ左肺の大手術という想像を絶するハンディキャップを抱えながら、近代資本主義の生誕とその担い手の経済倫理の分析を深めていく過程が描かれている。

キリスト教信仰とマルクス主義との相剋《そうこく》に悩む大塚に、内村鑑三が助言する場面は印象的である。著作集を通じ、華麗な文章と日本の近代化への溢れる情熱に魅せられた世代からすれば、大塚はもっと読まれていいいと思う。

（みすず書房、二六〇〇円）

（二〇〇六年八月二十日）

妻との会話は「あいうえお」

遠藤展子著『藤沢周平　父の周辺』

作品からの印象と作家本人の実像には時として落差があるものである。ごく「普通の人」の哀歓を描き、ぬくもりのある日本人の原風景に誘ってくれる作家、藤沢周平（一九二七～九七）の実像はいかなるものだったか。

目をつぶって母のハサミに身を任せて散髪してもらう父。熱々のご飯にバターを乗せ、上から醤油をかけて混ぜ合わせて食べる即席バターライスが得意だった父。気分転換のためにパチンコ屋に通い、娘とはち合わせる父。

そこには「普通が一番」という慎ましい暮らしがある。一人娘に溢れるばかりの愛情を注ぐ父親がいる。小説の中では女心を巧みに描きながら、妻との会話は「ああ」「いいよ」「うーん」「ええ!」「おう!」と、「あいうえお」だけで済ませる夫がいる。そんな作家の日常に加え、「趣味は夫」と言い切れる妻の存在がいかにかけがえのないものだったかが分かる。

最初の妻は、娘を生んで八か月後に亡くなった。それから五年後、周平四十一歳、和子三十七歳の冬に再婚した。結婚に際し、周平は頼んだ。一人娘、展子の弟妹は作らないでほしい、と。

デートの場所は日比谷公園だった。浅草橋の繊維問屋に勤める和子が、周平の勤務する業界紙がある新橋駅まで行き、日比谷公園を歩いて有楽町で別れる。食事に誘うことは一度もなかった。「家で子供とおばあさんが口を開けて待っているから、早く帰ってご飯をつくらなくてはならない」と言うのだった。

著者が幼稚園児の頃、近所のおばさんに「ママハハだから大変だね」と言われた。帰って母に聞いた。「ねえ、ねえ、ママ。ママハハって何?」。母は答えた。「ママハハっていうのはね、ママと母と両方だから、普通のママより二倍すごいママなのよ」

懇切な案内書『別冊太陽　藤沢周平』（平凡社）も出た。合わせ読めば、間違いなく藤沢作品を再読、三読したくなるだろう。

（文藝春秋、一三三三円）

（二〇〇六年十月一日）

自らの死を予告した遺書

吉村昭著『死顔』

人は自分の一生をどう終えたらいいのか。そして人の死をどのように見送ったらいいのか。この「難問」が日々念頭を去らぬ身にとって、妻の津村節子さんが明らかにした吉村昭の最後の瞬間は衝撃的だった。

自分で点滴の管のつなぎ目をはずし、さらに首の下に埋め込んでいるカテーテルポートの針も引きぬき、娘に「もう死ぬ」と言って、やがて息を引き取った。

「自決」ではないかという人もあろう。しかし、延命治療を自分の意志で拒んだその死は、私にはたまらなく羨《うらや》ましい理想の最期のように思われた。絶筆となった「死顔」はじめ本書に収録されている短編には、吉村さんがずっと死に赴く準備をしていたことがよくわかる。

次兄の終焉の様子を回想しながら、死が確かな時、見舞いなどすべきではない、と思う。悲しみ嘆く家族の輪の中に入ることは、死の瞬間という彼らの心が一つにむすびつく時間を乱してしまうからだ。そして「死顔」をのぞくことは礼を失することではないのか。「死は完全な終結」であり、「あくまでも意志のない死顔で、死の安らぎの中に静かに置かせてやるべきではないのか」と考えるからである。

延命治療を拒否することも同じ理由だ。骸骨《がいこつ》になった肉体のみを人為的に生かしておくのは酷と思うからだ。吉村さんは、自分の死が近いことを悟った幕末の蘭方医、佐藤泰然が、高額な薬の服用を拒み、食物も断って死を迎えたのは「賢明な自然死」だったという。自らの死の姿を予告したかのようである。

父の死、次兄の死がいずれも引き潮の時だったと繰り返し書いている。吉村さん自身も、七月三十一日午前二時三十八分、干潮時に息を引き取った。収録されている津村さんの「遺作について」は、吉村さんの死が極めて「自覚的な死」だったことを教えてくれる。範とすることは叶わぬと思いつつ、かくありたいと願うのである。

（新潮社、一三〇〇円）

（二〇〇六年十一月二十六日）

困窮と闘った作曲人生

遠藤実著

『涙の川を渉るとき——遠藤実自伝』

この自伝を読みながら、なぜか哲学者・西田幾多郎に思いを馳《は》せた。西田には自らの一生を簡潔に言い切った文章がある。

「回顧すれば、私の生涯は極めて簡単なものであった。その前半は黒板を前にして坐した、その後半は黒板を後にして立った。黒板に向って一回転をなしたといえば、それで私の伝記は尽きるのである」(「或教授の退職の辞」)

しかし、『善の研究』はじめ数々の作品は骨身を削るような日々の思索から生まれた。「からたち日記」から「北国の春」まで、五千曲とも六千曲ともいう遠藤実作曲の歌も、困窮の日常から絞り出すように生まれた。「格闘」の一点で両者には通底するものがある。

それにしても、前半生の貧しさは尋常ではない。ワカメの行商、タイル張りの手伝い、鉄屑《てつくず》の回収などさまざまな仕事をするが、農家への奉公では「牛になりたい」と思う。牛は働いて餌を食べた後は、横になろうが眠ろうが自由だが、自分はそうはいかないからだ。

結婚しても畳一枚だけの生活。一本のマフラーを二人で巻いてあてもなく歩く。それでも、歌手になりたいという夢を捨てず、両親を大切にする気持ちも失わなかった。ミノルフォン・レコードの社長を追われ、絶望の淵に立った、その時、六十三歳の母の力なく垂れ下がった乳房を見て自らの甘さを反省し奮い立つ。

〈貧乏に耐えながら、この乳房で五人もの子どもを育てた。辛いことばかりだったろうに、苦しいことも多かったろうに、おれの母ちゃんは愚痴をこぼしたことがあったか？　弱音を吐いたことがあったか？〉

売り上げが伸びず本当に困っていた時に浮かんだ山本リンダの「困っちゃうな」など、歌作りの秘話も面白い。が、何といっても、生きていく上での志の大切さ、家族への深い情愛が読む人の心を捕らえて離さない。

（日本経済新聞出版社、一六〇〇円）

（二〇〇七年四月一日）

〝社徳〟支える言葉の力

福原義春著『ぼくの複線人生』

社長を務めながら、写真を撮り続け、蘭を育て、絵画を蒐集し、内外の数々の文化活動にも携わる。文化の薫りに彩られた、絵に描いたような「複線人生」である。羨《うらや》ましいまでの半生を可能にしたのは何だろう。

資生堂創業者の孫であり、神田の生まれ、小さいころから「銀ブラ」をした山の手のお坊ちゃんという出自もあるだろう。が、それ以上に大きいのは瑞々《みずみず》しいまでのしなやかな感受性、謙虚に学ぼうとする姿勢ではないのか。

紙飛行機を作ることで、物事のバランスと調和の精神を学ぶ。旅館の仲居頭の采配から大勢の人を動かすポイントを知る。慶應幼稚舎の吉田小五郎先生を尊敬しながらも、先生の「小型の複製」になってはいけないと自戒する。趣味人である父を手本としながらも、反面教師にしようと思う。生き方が複線であるだけでない。物の考え方、思考が複線的、複眼的なのだ。

圧巻は社長就任後の社内大改革だ。企業イメージ低下が避けられない在庫削減による業績の大幅下方修正を決断する。社内にはびこる官僚体質、セクショナリズム、前例主義という「社内病」を退治し、会社としての使命を再確認するためだった。社員にはこう呼び掛けた。

「我々は住みなれた大陸から別な島を求めて航海に出ることにした。海図はない。ただ星だけが頼りだ。その星はお客様である」

言葉の持つ力が経営にも不可欠であることを知らされる。社長に就任、「ゴールドカード」と称して全社員に新年のメッセージを送ることを始めた。ある年には「人は変化を望み、また変化をおそれる。私たちは、理想と変化をつなぐ主人公となろう」と書いた。

「人間に人徳があるように、会社には社徳がある。その徳というのは計算ずくでやっていることからでは生まれないのではないか」。こう語る著者の姿には、生き方の一つのモデルがある。将来ある若者にこそ読んでもらいたい。

（岩波書店、一六〇〇円）

（二〇〇七年四月二十二日）

人間像を明瞭に浮上させる極限状況の記録

国正武重著『権力の病室――大平総理最期の14日間』

戦後初めて現職首相として亡くなった大平正芳の緊急入院から死までの一四日間の記録である。当時、朝日新聞の官邸キャップだった著者が政治部員の取材メモも駆使し「権力者の死」を再現したものだ。

大平の死は「静かな思索を求め、〝明日枯れる花にも水をやる心を大事にしたい〟と言われた心やさしい」（伊東正義）人間にも、その生き方を全うさせない権力の持つ〝魔性〟を考えさせずにおかない。そして、病気を機に深まる権力争奪のうごめき、命第一かそれとも政治的生命優先かで対立する医師と政治家など、極限状況における人間の姿が活写されている。

この書で紹介している大平の女性論「ぼくのマドンナ」とライシャワー博士の追悼「大平正芳と私」は感動的である。これに加え、長男の早すぎる死に慟哭《どうこく》した大平の「長男正樹との永別」を読めば、大平正芳という人間がくっきりと浮かび上がってくるだろう。

（文藝春秋、一六六七円）

（二〇〇七年五月二十七日）

「眼聴耳視」の境地へ

竹前栄治著『失明を超えて拡がる世界——GHQ研究者として生きる』

GHQ研究者として将来を嘱望された著者が「失明」を宣告されたのは三〇年前、四十七歳の秋だった。絶望の淵から「不便ではあるが、不幸ではない」という境地にたどり着くまでの苦闘の歴史である。

視覚障害に加え腎不全、心筋梗塞、股関節症など四重苦に見舞われながら、水泳やスキー、社交ダンスに次々挑む前向きな姿に打たれる。盲導犬や朗読奉仕グループなど多くの人に支えられていることもよく分かる。とりわけ、「私の眼はあげられなくても、命のある限り、私の眼を使って協力することはできる」という妻淳子さんの献身は壮絶であり、感動的である。

苦闘の果てに「自然体」で生きようと思い、「眼聴耳視」を実感する。眼で聴き、耳で見ると物の本質を知ることができるという意味だ。耳で見るとは普通の眼（晴眼）で見るのとは異なり、音から一定のイメージが湧き、絵になるというのだ。深い境地に粛然となる。

（桐書房、一五〇〇円）

（二〇〇七年六月十日）

『万太郎　松太郎　正太郎——東京生まれの文士たち』

大村彦次郎著

委曲尽くした作家像

評伝の難しさ。それはその人の一生を神のごとく見渡し、事実をもって本質に迫らなければならない困難さにある。人物、作品への共感がなければ無味になることは避けられない。「東京生まれの文人たち」という副題の本書は、これほど行き届いた評伝はあるだろうかと思わせるほど濃密である。具体的なエピソードで積み上げたこの作品から立ち上ってくるのは「文学と人間」という永遠のテーマだ。

私にとってとりわけ面白かったのは久保田万太郎と水上瀧太郎の好対照な生き方である。二人は明治末年に、三田の新人作家として文壇デビューして以来の盟友だった。しかし、自分の妻の通夜に泥酔し、火葬場にも行かず高鼾《たかいびき》をかいて寝ている万太郎に、瀧太郎は愛想をつかし、絶交したまま五十四歳の若さで亡くなった。

女性関係ばかりか金銭問題にもだらしない万太郎。下町の商家育ちで、下町の義理人情を描きながら、肉親にさえ冷淡、非情の限りを尽くした。一方の瀧太郎。山の手の名家で乳母《おんば》日傘で育てられ、明治生命の専務になった。部下に忠告する時でさえ相手の人格を尊重する言い方をした。自分に厳しく、他人には寛容で、老父母に心から孝養を尽くした。

しかし、文学者としてどうだったか。瀧太郎のいる席で、万太郎は新人作家今井達夫にこう話しかけた。「ねえ、今井君。イヤな奴で、いい小説を書く奴と、立派な人で、ヘタな小説を書く人と、きみはどっちを取りますか?」

絶交状態になって心に深手を負ったのは瀧太郎だった。万太郎は「パトロンを失った芸人の心細さ」を感じたにすぎなかった。自分の好む題材を特異な東京語で書く創作態度にいささかの動揺もなかった。一方の瀧太郎は心底から寂しさを覚え、肝心の文学でも後れをとった。

こんな風に委曲を尽くし、作家の全体像を描いている。ここまで書かれれば、書かれた方も本望だろうという気さえしてくる。

(筑摩書房、二五〇〇円)

(二〇〇七年九月二日)

老年の生と性、生々しく

佐江衆一著
『長きこの夜』

人は、冬枯れにも似た人生の第四コーナーを回る時、何を想うだろうか。過ぎし日への悔恨に苛《さいな》まれ、それでも一瞬の華やぎを求め、見果てぬ夢を描くかもしれない。この短編集は、老年の生と性がリアルすぎるほどリアルに描かれている。

「これは修行だよ」と言い聞かせて父のおむつを取り換えるシーンをはじめ、美人の料理の先生に習っている時の心のざわめきなど、自分の心の内部までのぞかれているかのような生々しさに満ちている。

妻が社交ダンスの練習中、脳梗塞で倒れる。言葉が戻らない妻を見て、四四年間夫婦として暮らしながら、妻の語りかけた言葉を思い出せないことに愕然《がくぜん》とする。入院六日目に、妻は「き、きゅうり、きゅうり」「あ、な、た、の……」と発する。料理教室で習ったきゅうりもみを作り、車で病院まで運ぶ途中、「こうして老いを生きてゆくのだな」としみじみ思う。最も印象的な場面である。

（新潮社、一四〇〇円）

（二〇〇七年十二月九日）

許せない「禁じ手」

内館牧子著『お帰りなさい朝青龍』

これほど痛快で爽快な書も最近珍しい。数ある「朝青龍批判」の中で最も明快であるだけでない。「牧子タンカ」は実にリズミカルで、ユーモアに満ちあふれているからだ。

巷《ちまた》の噂とは違って、この人は本当は朝青龍が好きなのだ。スピードのある取り口、足腰のバネ、激しい気性、小さな体で昇りつめた努力、そして何よりも「全身から匂い立つヒール（悪玉）の香り」がある。

にもかかわらず、横綱審議委員として朝青龍の引退勧告さえ主張したのは次の一点にある。

〈外国で稼がせてもらい、外国で暮らし、外国で恩恵を受けているのに、外国に対する敬愛の念がまったく見えないことである〉

相撲には歴史と伝統がある。たとえ左利きでも、手刀を左手で切り、懸賞金を左手で取ることは許されない。「変化技」にしろ、「所作」や「礼節」の乱れにしろ、「禁じ手」として明文化されていなくても「我が心のうちなる禁じ手」として持っているべきだ。「力量」以上に「品格」が問われなければならないのだ。

東北大学の大学院に入って大相撲を本格的に研究、その成果は『女はなぜ土俵にあがれないのか』（幻冬舎新書）に結実している。合わせ読めば、大相撲と力士と相撲の歴史に対する「限りない愛」があることがわかる。東北大相撲部の監督になったのもその延長だろう。

なにしろ牧子四歳の「初戀《はつこい》の人」は横綱鏡里だったという。自分で紙力士を作って「牧子場所」を張って鏡里を必ず勝たせ、土俵入り姿に胸ときめかせた。それでいじめにも耐えることができた。鏡里の本名「奥山喜世治」はじめ、力士の四股《しこ》名だけでなく本名も学齢前から漢字ですらすら書けた。

おかげで神童と呼ばれ、自信がついた。だから鏡里への初恋は「恋」ではなく「戀」という密度の濃い漢字でなければならないのだ。痛快さだけでない。「襟を正す」とは何かということも考えさせられた。

（朝日新聞社、一五〇〇円）

（二〇〇八年三月二日）

野球論を超えた含蓄

野村克也著『野村の「眼」――弱者の戦い』『あぁ、阪神タイガース――負ける理由、勝つ理由』

今や試合後の恒例となった野村監督の「ぼやき」。激しい勝負のあとの、つかの間の「憩い」、オアシスにも似た効果をもたらしている。その野村監督が立て続けに本を出した。それぞれ読み応えがあるが、中でも『野村の「眼」』は、逆境をバネに、自覚的で克己心に満ちた男が強固な意志で運命を切り拓《ひら》く物語だ。

この本の面白さと説得力の背後に巧みな〝対比手法〟がある。「太陽の下に咲くひまわり」の王・長嶋に対し、自分は「その陰にひっそり咲く月見草」。野球エリートの稲尾に対して非エリート・叩き上げの野村。「根性野球」「精神野球」の鶴岡監督に対し「考える野球」……。

歯に衣着せぬ率直な選手評は著者の身上でもある。古田前ヤクルト監督はじめ何人もの有名選手が俎上《そじょう》に上っている。強調してやまないのは、「指一本で投手を導き、試合を演出する」捕手というポジションへの強烈な自負であり、自分の歩んできた道への強い誇りである。

落合中日監督の「オレ流」など特別な流儀でない。弱小チームで奇策で立ち向かわざるを得ない自分の方がよほど「オレ流」だ。「神様、仏様、稲尾様」と言われた稲尾和久の映画が作られたが、血反吐《へど》を吐く練習をした自分の映画を撮った方がよほど劇的で面白い、となる。

自己正当化に見えながら、不思議にも不快感に襲われない。野球のあり方について、体験と理論化の往復作業で摑んだ、確固とした哲学があるからだろう。野球論を超えた「人生の指南書」とでも言うべき含蓄があるからだ。

その野村も、阪神監督の三年間だけは思い出したくもないようだが、真っ向から「失敗の理由」と阪神の強さ、弱さを分析したのが『あぁ、阪神タイガース』だ。選手を甘やかすスポーツ新聞、ケチな球団、絶えない派閥争い、わがままな選手たち。これでもかこれでもかと批判する。熱狂的な阪神ファンにとっては許し難いだろう。反論の書が出るのが楽しみだ。

（『野村の「眼」』ＫＫベストセラーズ、一五〇〇円／
『あぁ、阪神タイガース』角川ｏｎｅテーマ21、六八六円）

（二〇〇八年五月二十五日）

濃厚な味わいの交友録

瀬戸内寂聴著・横尾忠則画『奇縁まんだら』

「今朝、坐禅《ざぜん》をしていたら、突然、寂の字が浮んだ。寂聴はどうだろう」。師僧、今東光《こんとうこう》の法名「春聴」の一字をもらった。師は「春」を贈ろうとした。しかし、「春には飽き飽きして出家するのだから、聴を下さい」とお願いした。得度式を前に、師との間にこんなやりとりがあった。「頭はどうする?」「剃ります」。「下半身はどうする?」「断ちます」

その寂聴さんによる当代一流作家との交友録であり、豊富なエピソードで綴った作家論だ。川端康成が源氏物語の現代語訳を始めたと聞いた円地文子は「ノーベル賞なんかで甘やかされている人に出来っこありません」と柳眉《りゅうび》を逆立てた。自殺した川端の机の周りに散乱していたのは、源氏の訳ではなく、岡本かの子全集の解説文の書き損じ原稿ばかりだった。

三島由紀夫へのファンレターで、下宿のそばに太宰治と森鷗外の墓のある禅林寺があると書いたら、「私は鷗外先生を非常に尊敬しています。太宰はきらいです。お詣《まい》りする時は、太宰のお墓にお尻を向け、鷗外先生にはお花を奉って下さい」という返事がきた。

もし川端康成がノーベル賞を貰わず、三島が貰っていたら、二人は自殺しなかったのではないかという憶測を紹介しつつ、自殺への衝撃をこう書く。「ここまで思いつめていた三島さんの絶望と孤独に、誰も気づいていなかったという事が、恐しくてたまらなかった」

肥《ふと》りすぎてあぐらをかいている女親分、平林たい子に、宴席で阿波踊りを強要された話など概して女性には厳しいが、いたるところにユーモアと愛情があふれている。奔放な生活の末孤独になった生母を最期まで手厚く面倒を見た丹羽文雄。「生き仏」のようだったという晩年の認知症の描写など涙なしには読めない。

寂聴さんの奇縁物語は今も日本経済新聞に連載中だ。横尾忠則の色っぽくも生々しい数々の肖像画が、さらに濃厚な味を醸し出している。

（日本経済新聞出版社、一九〇五円）

（二〇〇八年六月八日）

「人間」を描くことに専心

川西政明著『吉村昭』

津村節子著『ふたり旅——生きてきた証しとして』

長く吉村昭を文章の師と仰いできた。饒舌を戒め、大仰な表現を排し、虚飾を削《そ》ぎ落とした文章には「抑制された端正さ」とでもいうべきものがある。

漂流の末アメリカに渡って洗礼、帰化し、リンカーンはじめ三代の大統領と握手した『アメリカ彦蔵』。自分はアメリカ人なのか、それとも日本人なのか。アイデンティティーを求め彷徨《さまよ》う姿は哀切極まりない。

『敵討《かたきうち》』では、父母を惨殺された主人公が一二年に及ぶ苦難を経て、明治十三年、判事に出世した敵を討つ。しかし、すでに七年前に「仇討禁止令《あだうち》」が公布され、禁獄終身刑を受ける。一生を賭してようやく達成したあとの拭《ぬぐ》いようのない虚無感がひたひたと押し寄せてくる。

一貫して流れているのは、人間への限りない愛《いと》おしみである。それにしても、どうしてこんなにも心に染み入る作品を残せたのだろう。その秘密を川西政明『吉村昭』は、作家の心理の襞《ひだ》にまで分け入りながら見事に解き明かしてくれる。

この評伝は、数々の作品の根底に二つの「極限」体験が横たわっていることを教えてくれる。「死」と「戦争」である。

肺結核で喀血《かっけつ》、「何万本という針を同時に刺されたような」激痛を伴う胸郭成形手術を受けた自らの生と死。厳しい躾《しつけ》を体現していたはずの母は子宮癌《がん》で凄惨《せいさん》なまでの最期を迎える。失われた人間としての尊厳、そして「母の崩壊」を目の当たりにする。吉村昭が生と死を凝視せざるを得なかった姿が冷徹、子細に描き出されている。

「逃げる」をキーワードにした『破獄』『長英逃亡』『桜田門外ノ変』の分析は、あたかも一編の推理小説のようである。時代に反逆し、事を成就したあと時代に裏切られ挫折していく。そこに吉村昭は戦争や日本近代の歪《ひず》みを発見する。それゆえ、敗者に深く同情する。幕府贔屓《びいき》であり、明治政府嫌いなのだ。まるで吉村昭が自己分析しているかのような評伝だ。

彫琢《ちょうたく》された作品の背後に、現実と格闘する生々しい実生活があったことを教えてくれるのが妻、津村節子さんの『ふたり旅』である。「コッペパン一日一個あれば一生小説を書いてゆきたい」という夫。「小説を書くために一生結婚はしない」と思っていた妻。生きる衝動にも似た小説を書きたいという欲求の前に立ちふさがる厳しい生活との葛藤。小説を書くとはかくもすさまじいものかという思いを禁じ得ない。

節子さんが芥川賞を受賞したとき、「よかったなあ。おい、おれはおまえのヒモになるぞ」と祝った夫は、『戦艦武蔵』を書いたあたりから、ヒモどころでなくなる。「自転車に乗って懸命にペダルを踏んでいる私の脇を、蒸気をあげて邁進する機関車のような勢いで走りぬけていくのを、私は呆然と見ていた」。戦友であり同志的な愛に結ばれながら、同時にライバルでもあった妻の複雑な心情もつづられている。

「吉村ワールド」を理解するうえで欠かせないのが随筆である。「一つのことのみに」(『縁起のいい客』)では、神業のように煙草詰め作業をする女性従業員や、将棋盤に見立てることで聴衆の数をぴたりと当てる大山康晴名人に、一つのことに専心する人の素晴らしさを見ている。

吉村昭もまた、「人間を描く」という一つのことのみに専心した人生だった。

(『吉村昭』河出書房新社、二四〇〇円/『ふたり旅』岩波書店、一九〇〇円)

(二〇〇八年十月五日)

「渾身」説いた父の教え

幸田文著『幸田文　しつけ帖』

「薪《まき》割りをしていても女は美でなくてはいけない、目に爽かでなくてはいけない」。そのためには、からだごとかかれ、横隔膜をさげてやれ。手のさきは柔らかく楽にしとけ。腰はくだけるな。木の目、節のありどころをよく見ろ。

雑巾《ぞうきん》がけ、経師の貼り方、豆腐の作り方から借金の挨拶、「恋の出入」まで、父のしつけは徹底、詳細を極めた。露伴の娘、幸田文さんの珠玉のエッセーを集めた三冊のうちの一冊。生きることとはかくも壮絶なものかと驚嘆する。

十二歳で女子学院に入学、その夏休み期間中に、父から掃除の稽古を受ける。三年後には、リュウマチの継母に代わり、家事全般を受け持つ。女子学院を卒業したのは、それから二年後のことである。

父からの伝授、それは技ではなく「これ渾身《こんしん》」ということだった。薪割りもそうだし、雑巾がけも命がけだった。雑巾を搾った濡れ手をどうするか。そのことを意識しなかった娘を父は激しく叱る。

「偉大なる水に対《むか》って無意識などという時間があっていいものか、気がつかなかったなどとはあきれかえった料簡《りょうけん》かただ」

過酷なまでの父の鍛錬になぜ堪えることができたか。「堪えるということは、父親を失わないためには絶対の線であった。腹を立てる、泣く、じぶくる、歯を剥《む》く、これらの悪徳はまだしも許されたが、ぐちゃぐちゃとくずおれることは厳禁であって、容赦無く見放された」

父を失う恐怖心だけではない。過酷なまでの父の要求に堪えるだけの精神の強靭《きょうじん》さが娘にはあった。わが身、わが家庭と対極にあるものとして、ただ感心、嘆息するだけである。今や失われたものがいかに大きいかも痛感せざるを得ない。

このエッセー、単に息苦しいだけでない。ユーモアもある。「正座して足がシビレたとき」どうしたらいいのか。文さんの回答は、身の上相談の最高傑作と言っていい。

（平凡社、一六〇〇円）

（二〇〇九年四月二十六日）

文豪の家庭の真実

『漱石の長襦袢』

半藤末利子著

小気味のいいタンカが何とも爽やかな痛快の書だ。著者は漱石の長女（筆子）の娘。偉大な人物を父や祖父に持つ幸せと不幸、誇りと苦痛が虚飾なく描かれている。

漱石は、さまざまな伝説、神話に包まれている。しかし、鏡子夫人は本当に始末の負えぬ「悪妻」

だったのか。作家としては神格化された漱石はいい父親だったのか。

確かに鏡子は傲岸不遜《ごうがんふそん》で朝寝坊で料理に無関心だった。幾度となく亭主よりも遅く起きて朝食を食べさせない妻に漱石は小言を言った。

「お前の朝寝坊ときたら、まことに不経済だ。お妾《めかけ》や娼妓《しょうぎ》じゃあるまいしみっともないことこの上なしだ」

鏡子は悪びれもせず、反論した。「一、二時間余計に寝かせて下さればそれで一日いい気持で何でもやります。だから無理をして早く起きていやな気分でいるより、よっぽど経済的じゃありませんか」

いくつかのエピソードから、鏡子の存在感の大きさがうかび上がってくる。なによりも次の一言が重く響いてくる。「鏡子は心底から漱石を愛していた」

長女筆子と次女恒子は周期的に漱石を襲った神経衰弱の最大の被害者だった。漱石が赤ん坊の恒子を品物のように摑んで庭に抛《ほう》り投げ、鏡子が夢中で白足袋のまま庭に跳び下り、恒子を拾い上げて抱きしめたこともあったという。

後年精神状態が落ち着くと、妹弟たちと相撲をとったりする優しい父親だったが、読んでいると、鏡子だからこそ漱石とやっていけたのかも知れないという気がしてくる。

漱石の弟子たちに対する辛辣な批判も読みどころの一つである。寺田寅彦など「文章と人柄は別」の典型として描かれている。

巻末に掲載されている筆子の「夏目漱石の『猫』の娘」は、父を恐れる気持ちと恋うる気持ちが交錯した、哀切に満ちた心打たれる文章である。結局のところ、漱石は幸せな男だったとの思いが強くなる。

（文藝春秋、一四二九円）

（二〇〇九年十月十一日）

学ぶべき「品位ある韜晦」

大平正芳著『大平正芳全著作集1』
辻井喬著『茜色の空』

多くの著作を物した政治家はいた。中曽根康弘氏はその例外的な存在である。しかし、「全著作集」と銘打って江湖に問うのは前代未聞だろう。後世の評価に堪えるだけの深い思索の積み重ねと、政治的業績が伴わなければ叶わぬことだからである。

「私の履歴書」や「財政つれづれ草」「素顔の代議士」、大学の卒論などが収められている第1巻を読めば、政治とは何か、権力とはいかにあるべきかという根源的な問題を深く考えずにはいられない。

「権力はそれが奉仕する目的に必要な限りその存在が許される」

「政治とは鎮魂である」と思い続け、「謙虚な政治」を実践しようとした大平政治哲学の集約的な表現だ。それは代議士はいかにあるべきかという若き日の文章からもうかがえる。

〈われわれの胸中にほのぼのとよみがえる素心一点は、やはり自分は平凡なる人間であるという自

意識であり、進むべき道は人間の倫理という平凡な道しか残されていないのだという諦念《ていねん》である〉

池田内閣は大平や宮沢喜一らが考えた「寛容と忍耐」をモットーにした低姿勢内閣と呼ばれた。しかし、大平には抵抗があった。「政治の姿勢はいつも正姿勢であるべきで、勝手に高くしたり低くしたりしてよいものではないからである」。ポピュリズム（大衆迎合政治）に陥る危険を感じていたのだろう。

＊　＊　＊

『茜色の空』は、こうした大平の政治哲学の根底にあった精神の葛藤、遍歴を政治家としての歩みとともに描いている。「楕円《だえん》の思想」は大平の一貫した思考方法だった。統制と自由、理想と現実など相矛盾する二つの中心（核）を大事にし、その緊張関係の中で均衡を保ちながら解を見つけようとする考えである。

とりわけ印象的なのは、安保改定時と沖縄返還時の「密約」の問題だ。外交交渉で秘密は必要だが、国民の知る権利を無視していいということにもならない。外交担当者として秘密をとるが、内心の葛藤は亡くなるまで続いたという。

権力観や政治手法が対極にある田中角栄と大平は、なぜあれだけ親密な関係であり得たのか。辻井さんは、何よりも角栄の天性の明るさ、無邪気な性格に引きつけられたと分析、金の話はお互いに避けながら、表の顔だけを見ようとしてきたという大平の反省を綴っている。

大平自身の文章と『茜色の空』という小説によって、「鈍牛」のあだ名を持つ知性の政治家・大平正芳がより立体的に浮かび上がってくる。その一生をひと言で言い表すなら、「品位ある韜晦《とうかい》」とでもいうべきものではないのか。そう思われてならない。

＊　＊　＊

政治家はどうあるべきか。現役政治家にとってこれらの書から学ぶべきことは多いだろう。大平は外務大臣当時の心得として、「私は日米間に塵《ちり》ほどの不信の種を蒔《ま》くこともないよう、周到な配慮を心掛けた」と書いている。自己正当化はあっただろう。しかし、こう言い切れることが大事なのである。普天間をめぐる鳩山内閣の迷走を見れば、その思いは一層痛切になる。

（『大平正芳全著作集1』講談社、四〇〇〇円／『茜色の空』文藝春秋、二〇四八円）

（二〇一〇年五月二日）

夫の死と向き合う

津村節子著『遍路みち』

吉村昭さんが亡くなってまもなく四年。胃癌《いがん》の宣告を受け、一度は死と向かい合った身として、吉村さんの終焉をたまらなく羨《うらや》ましく思った。明晰な意識のまま死に赴いたからだ。

その死を人は様々に論じた。妻節子さんは違和感を覚えた。カテーテルを自らはずした死は、自殺なのか。

〈かれは次第に衰弱し、意識朦朧《もうろう》としてからの死は望んでいなかった。ひたひたと迫ってくる死の刻を正確に計りながら、自らの死を迎えたのである〉

五〇年の結婚生活では楽しいことも嬉しいこともあったはずなのに、最期の一週間、満足に介護できず、夫に寄り添えなかった。その悔恨だけが残った。夫の日記には次の二行が三日間にわたって書かれていた。

育子、

眼を覚ますといない。

仕事があるのだから毎日来なくてもいいと口では言っていたが、夜中に目覚めた時、一人で長い長い夜何を考えていたのだろう。仕事など持つ女を妻にしたため孤独な死を遂げたのだ。細いペンで書かれたその文字は、今も錐《きり》の先のように胸に突き刺さってさいなむ。

それにしても、最期の最期まで吉村昭だった。死後の準備も全部済ませていた。表門と裏口の木戸に貼《は》り出すためだろう。半紙二枚に「弔花御弔問ノ儀ハ故人ノ遺志ニヨリ固ク御辞退イタシマス」と墨書していた。自分の死後収入は激減するだろうから、生活を切りつめること、家は売り払いアパートを借りるようにとも書いてあった。あまりに行き届いた死出の旅は、遺《のこ》された者を一層辛くさせるのかもしれない。

「遍路みち」など事実をもとにしたこの小説集を読みながら、人の死は生者にも限りない苦悩を与えるものであると痛切に思う。もし癒やしてくれるものがあるとすれば、それは時間だけなのかもしれない。

(講談社、一六〇〇円)

(二〇一〇年六月二十日)

名利や地位を求めず

高坂盛彦著『国鉄を企業にした男——片岡謌郎伝』

昭和二十年四月十四日早朝、前夜の空襲で家を焼かれた吉村昭は、谷中墓地近くの跨線橋《こせん》から山手線の電車が日暮里駅のホームを発車していくのを目にした。「鉄道員の規則を忠実に守る姿を見る思いだった」

終戦を告げる玉音放送のあった八月十五日、東京にいた漫談家徳川夢声はその日の日記に書いた。

「省線、常ニ変ラヌ音タテテ走ル」

日本国有鉄道(国鉄)は国民にとって不動・不易の存在だった。その陰には黙々と鉄路を守る無数の人たちがいた。この書は片岡謌郎《うたろう》(一八九四〜一九六六)を中心とした「人間の鉄道史」であり、国鉄近代化への苦闘の歴史である。

片岡は鉄道省本省では傍系局長ポストを経験したにすぎないが、鉄道史に多くの業績を残した。前近代的な小運送業界を時代に沿った体制につくりあげた。当然ながら限界があったが、国有鉄道に自主性と企業性を付与し、利用者と鉄道に働く者の幸福を高めようとした。

交通文化の拡大、発展にも努力した。温泉資源活用のための日本温泉協会結成、公傷退職者救済の鉄道弘済会設立、交通新聞発刊、交通学会創立など多岐にわたる。

最も打たれるのは、名利や地位を求めず、「公」に尽くすことで「正しく善く生きる」ことを実践した、その生き方である。友人と子息の片岡評にすべてがある。

「真実を求めて妥協しない秋霜の気魄《きはく》は四辺を圧する態であったのに、いつも暖かい温情は交わる後輩に思慕の念を起させた……いつも身辺清潔で高風おもむろに湧き起る感を与えた」

「私人としての片岡謌郎は、これ以上を只の人に望むことはできない、と思える、理想に近い凡人だった」

時代を大きくとらえながら、鉄道に生きる群像を生き生きと描いた本書を読み、その国の真の強さとは、知られること少ない、片岡のような「遺賢」がどれだけいるかではないのかとの思いを禁じ得ない。

（中央公論新社、二〇〇〇円）

（二〇一一年一月三十日）

しなやかな「職業革命家」

不破哲三著『不破哲三　時代の証言』

〈うちのおとうさんは、勉強家です。便所の中、乗り物の中、そして歩きながらでも、しょっちゅう本を読んでいます。（中略）私は、こんなおとうさんが大すきです〉

不破氏が初めて立候補した一九六九年衆院選の候補者紹介パンフレットに寄せた千加子さん（当時小学四年生）の父親評である。何の先入観も持たず、曇りなき無垢《むく》の目で見ているがゆえに、その人の本質をズバリついているのかもしれない。

この自伝には職業革命家としての精神史があり、日本共産党の戦後史があり、政治のリーダー論がある。吉川英治に憧れ、ミステリー小説を好み、土人形を愛《め》で、南アルプスを登る。「革命の闘士」のイメージからほど遠い、しなやかさがある。

それにしても、日本共産党に対するソ連、中国からの干渉の激しさには改めて驚いてしまう。著者が強調してやまない「大国主義」「覇権主義」によるものだろう。日本共産党をどう評価するかは別にして、その圧力に徹底的に抗しながら、「自主独立路線」を貫いてきたことは十分評価すべきだろう。

先進的な資本主義国家における共産党とはどういう存在なのか。天皇制に対する評価の変遷に苦悩の姿が見てとれる。かつての党綱領では天皇制の廃止を明記していたが、二〇〇四年にはそれが誤認であるとし、「国民統合の象徴」を個人が世襲で担うことを問題にしつつも、天皇制の是非は将来の国民の選択に委ねるという現実路線に転換した。

おもしろいのは、七〇年代の首相への高い評価である。国会での激しい論争が終わると、首相は不破氏に近寄って「今日はやられた」「あの質問はよかった」と感想を述べ合ったという。とりわけ佐藤栄作、田中角栄両氏については、答弁ひとつにも「すべてを引き受ける」気迫、覚悟があったと、郷愁を交えながら懐かしんでいる。今の政治にもっとも欠けていることを不破氏ならずとも思わずにはいられない。

（中央公論新社、一五〇〇円）

（二〇一一年五月八日）

危機管理をめぐるドラマと、それを彩る人情

佐々淳行著『わが「軍師」論――後藤田正晴から鳩山由紀夫ブレーンまで』

佐々さんの一連の作品に共通しているもの、それは「人生はドラマに満ちている」ということだろう。「事実は小説よりおもしろい」。そんなエピソードが満載されているのである。本書をお読みになった皆さんはもうお気付きと思う。別の著書（『菊の御紋章と火炎ビン――「ひめゆりの塔」「伊勢神宮」

が燃えた「昭和50年」』文藝春秋。本書一八七頁参照）から一例だけ紹介してみよう。

昭和五十年八月四日、海外日本赤軍による「クアラルンプールの米・スウェーデン両大使館占拠事件」が起きた。日本赤軍の五人は米国領事ら五十二人を人質に、獄中の仲間七人の釈放と日航機による現地移送を要求した。三木内閣は「人命は地球より重い」として釈放を決定、外務省の越智啓介領事移住部長は人質の身代わり要員としてクアラルンプールへ向かうことになった。

越智部長がポケベルで呼び出され、このことを告げられたのは、佐々さんと二人で銀座のバーにいる時だった。政府の超法規的措置による犯人釈放に悲憤慷慨、やけ酒を飲んでいた。二人は一年前、やはり同じバーで飲んでいる時に同時にポケベルが鳴り、「日本赤軍シンガポール・シー・ジャック事件」で呼び出された。前世の因縁なのか、二人の妻の名前も同じ「幸子《さちこ》」だ。

しかし、瀬戸内海の越智水軍の末裔の越智さんは〝大失敗〟をする。万一に備えて遺言状を認《したた》めて、奥さんに渡してしまった。そこには「幸子、オレはお前を愛してる」から始まり、スイス銀行の隠し預金の暗証番号まで書いてあった。トリポリで無事釈放との知らせを聞いた幸子さん、喜びの涙にくれながら思わず遺言状を開けた。こうしてヘソクリはあえなく知られることになってしまった。遺言状は役所の施錠のない引き出しに入れておく。そうすれば万が一の時、同僚が私物を整理してくれる際必ず目に入るし、無事生還したら人目に触れないうちにシュレッダーにかけることができる。それが危機管理の心得というものである。面白さゆえ長々とご紹介したが、万事こんな具合なのだ。

比喩の巧みさも佐々作品の面白さを倍加させている。「反省して恐縮する〝義経〟（石原慎太郎）と、金剛杖で義経を打ち据える〝弁慶〟（佐々淳行）」など、本書でも枚挙にいとまがないが、ここでも一例だけ挙げてみよう。前原誠司代表のもとでの民主党の偽メール事件（二〇〇六年）とは何だったのか。ライブドアや耐震強度偽装設計問題など「四点セット」で小泉内閣の屋台骨を揺るがすことができる状況だった。

〈飛車（鳩山幹事長）が敵陣の角頭（武部幹事長）に「投資事業組合には自民党国会議員の影がちらつく」と、真正面からの急戦模様だった。野田佳彦「角」も、角道《かくみち》を開け、菅直人「銀」などはいつでも出撃の気構え。小沢「金」はどっしり本陣で前原誠司「玉《ぎょく》」を守るかにみえた。……ところが、突然永田寿康「香車《やり》」が先陣争いのつもりか、ルール違反の歩越しに突進して小泉陣に成りこみ、成《なり》香《きょう》になって武部「角」をとるぞと大見得を切った……〉

　面白さの秘密、その三は、一連のドラマが「人情」で彩られていることだ。「男の友情」がたぎっているのである。日大全共闘の経済学部本館封鎖解除警備で西条秀雄分隊長が殉職、警察内部で「インディアンに包囲された幌馬車隊のようになって背中合せで闘っていた」佐々警備一課長のところに、西条さんのご遺族を弔問したいと言ってきて、仏壇に額ずいた若き政治家、石原慎太郎。その四十年後、石原の都知事選応援のため、ステッキをついて一歩一歩滑らないようにして歩く佐々に聞こえるように「いたましいねえ、かつての颯爽《さっそう》たる佐々淳行がねえ、だから切るな（手術するな）といったんだよ」とつぶやく慎太郎。そこに精一杯の「ありがとう」の気持ちを感じる佐々。

『菊の御紋章と火炎ビン』にも、伊勢湾台風の際に災害警備をしているうちに妻子が大波にのまれて亡くなった小谷潔鳥羽警察署長に伊勢神宮参拝の皇太子（現天皇）同妃両殿下が声をかけられ、激励されたエピソードが載っている。ジーンとくる場面が随所にある。

しかも危機管理という硬派のテーマをユーモアで包み込んでいる。私が一番気に入っているのは佐々夫妻のやりとりだ。都知事選で石原軍団の力を借りるべきでない、弟の人気をあてにせず勝ってみせるという佐々さんに、幸子夫人はタンカを切る。

「ああ、いいでしょう‼ そう仰言るなら、もう口は出しません。その代りその軍団のとるだろう票の分、〝死ぬ覚悟〟で貴方がとりなさい‼」

『菊の御紋章と火炎ビン』では、自分の栄達を阻んだという上司を激しく批判する佐々さんを幸子夫人がたしなめている。「浅沼長官、加藤長官、宇野総理のお三方にお礼をいいなさい。足を向けては寝られませんよ。そのお三方がいなければ、今日の貴方はいないんですからね」。外では、初代内閣安全保障室長として、泣く子も黙る危機管理男も、内では形無しである。思わずこちらの頬も緩んでしまう。


本書で論述されている佐々さんの「軍師」論は明快である。「軍師」はいかにあるべきか。「危機管理欠落の安倍政権」論の中で、简潔に言い切っている。

〈「軍師」は豊かな経験と組織運営の知識をもち、権謀術数に秀でているが私利私欲がなく、決してNo.1の地位を狙う権力欲をもたず、国益、公益のため「逆命利君」を敢えて辞さない気骨がないとい

けない〉

歴史を繙《ひもと》けば、「三国志」の劉備玄徳には「諸葛亮孔明」、武田信玄には「山本勘助」、秀吉には「竹中半兵衛」、明治天皇には「児玉源太郎」、中曽根康弘には「後藤田正晴」がいた。そして東京都知事・石原慎太郎には「佐々淳行」がいたというわけである。

もちろん、軍師論の前提として、軍師が命を賭して仕えるに値する指導者の存在がなければならない。佐々軍師論のキーワードになっているのが「秘書役」と「逆命利君」だ。「秘書＝セクレタリー」は綺麗で気が利いて頭のいい女性で結構だが、「秘書役＝セクレタリート」は戦略・戦術にたけ、知力体力抜群でなければならない。

そしてもっとも肝心なのが「逆命利君」である。上司の命に「ノウ」と逆らうことによって、結果的には上司を救うことである。政治家の場合、単にその政治家個人を救うことだけでなく、それが国益、公益という公に尽くすということが前提になければならない。そのためには「諫言《かんげん》」し、「諫《かん》死《し》」も厭わない覚悟が必要だろう。

佐々軍師論では、「秘書役」に必須の資質として、縦横十文字、四通八達の「人脈」を挙げている。「何を知っている誰を知っているか」「何ができる誰を知っているか」が極めて重要なのであり、そのためには日本社会の官僚機構やマスコミ、政財界の構造をよく知っていて、どのボタンを押すと、どこの扉が開くかを熟知していることが必要になる。

こうしてみると、優れた指導者を捜すのと同じように優れた「軍師」を見つけるのは至難のように思われるが、優れた「軍師」を見つけるのも、優れた指導者の条件であることがわかる。中曽根内閣発足にあたっての「後藤田正晴官房長官」は、当時、首相官邸担当だった筆者のみならず、多くの人にとって予想だにしない人事だった。官房長官は気心の知れた自分の派閥から選ぶのが当然と思われていたうえ、田中角栄の「懐刀」である後藤田氏の起用は、中曽根内閣の「角栄支配」イメージを不動のものにすると思われたからである。

実際、組閣翌日の新聞には、「田中傀儡内閣」「田中曽根内閣」「直角内閣」「ロッキード内閣」などの見出しが躍った。しかし、激しい批判は十分予想されたにもかかわらず、後藤田氏を起用する積極的な理由が、中曽根氏にはあった。

第一に、行政改革を断行するには、素早く判断ができて官僚を抑えることのできる人物が必要だった。

第二に、万一東海大地震が起きた場合、危機管理のできる政治家は後藤田氏以外いないと思ったからだ。総理大臣に指名される二か月以上前に、後藤田氏自身にだけでなく、田中角栄氏にも意向を伝えていた。周到に準備されたものだった。

佐々さんは、優れた「軍師」として小泉純一郎首相の飯島勲首席秘書官、佐藤栄作首相の楠田実秘書官らを挙げている。その楠田は著書『首席秘書官』の中で、秘書官、補佐官の大切な心構えとして「匿名への情熱」(Passion for anonymity)を強調している。「黒衣の心得」として、名も利も求めない「無私の精神」がなければならないということだろう。

歴史に名を残したアメリカ大統領にも優れた側近がいた。ケネディ大統領の名演説の代筆者としても著名なシオドア・ソレンセンは『ケネディの道』（サイマル出版会）や『ケネディの遺産』（同）などの著書を残しているが、ホワイトハウスのスタッフのあり方について、こう書いている。

「問題を細かく論じ、利害の衝突を明確にし、大統領に知らせ、助言し補佐することによって、彼が最も重要な決定を下せる余裕をいつも残しておくことだった」

フランクリン・ルーズベルト大統領には、ルイ・ハウとハリー・ホプキンズという優れた側近がいた。ハウは大統領選挙にあたって、選挙運動員にこう訓辞した。

「諸君は何ものでもない。諸君の顔は何ものをも意味しない。諸君の名前もそうだ。写真に割り込もうなどという考えを起こしてはならん」。二人とも「勢力の内側にいることから得られる満足のほかには、少しも報酬のことを考えないで、ローズヴェルトに全生涯を捧げた」（ジョン・ガンサー『回想のローズヴェルト』早川書房）のである。

佐々さんならずとも、優れた「軍師」も、敬意を払うべき真の政治指導者も不在な日本政治の現状を深く憂えざるを得なくなる。


（文春文庫、六〇〇円）

（二〇一〇年、解説）

一冊の本との出会いが人間を変える

NHK―BS「週刊ブックレビュー」編
『本という奇跡――「心にのこる私の一冊」より』

「読書は自分の頭ではなく、他人の頭で考えることである。絶えず読書を続けて行けば、仮借することなく他人の思想が我々の頭脳に流れこんでくる」

ショウペンハウエルの言葉である。哲学者が構えて読書論を展開しようとすればこんなことになる。が、この言葉は一面の真理を衝《つ》いているにすぎない。

一冊の本との出合いが、人に希望と夢と生きる力を与え、救いをもたらすことを、多くの人が自身の体験を通じて知っている。

心に刻まれた本について、著名人が語ったものは少なくない。最近も『読みなおす一冊　わたしの「心の書」』（朝日新聞学芸部編、朝日選書）が出版された。

しかし、本書が類書と違うのは、無名の人たちによる一冊の本への運命的な出合いがつづられていることだ。

ＮＨＫ衛星第二で毎週日曜日に放送されている「週刊ブックレビュー」が心にのこる一冊を募集したところ、千通を超える応募があったという。

本書にはそのうちの二十一編が掲載されている。がんやいじめとの格闘、肉親との葛藤、最愛の人との別れ……。ここには十歳から七十七歳までの、かけがえのない「一冊の本」への痛切な思いが込められている。

強いて難点といえば、これ全編切なすぎるという点だが、宮本武蔵の『五輪書』について旧制中学時代の思い出を語った七十七歳の方の筆致は、こちらも最後に思わずニヤリとしてしまうような年輪の深さを感じさせる巧みさだ。

評者にとっての「一冊の本」は、山本周五郎の『ながい坂』だが、本書を読んだ読者は必ずや、「自分にとっての一冊の本とは何だろう」と自問するに違いない。

「一冊の本」に思いをはせることによって、これまでの人生を静かに考えさせる——そんな書である。

（メディアパル、一〇〇〇円）

（『週刊読売』一九九六年七月七日）

あとがき

三月十一日、死者・行方不明者二万四〇〇〇人という未曽有の大震災が東日本を襲いました。マグニチュード九・〇という巨大地震に加え、想像を絶する津波、福島第一原発の事故、そしていわゆる「風評被害」という四重苦が押し寄せることになりました。発生から三週間後でしたが、「瓦礫の平原」と化した被災現場を岩手から宮城へと車で南下しながら見て回りました。その翌々日にはジェット機で仙台から北上しました。形あるものはことごとく破壊されていました。その後政府の「東日本大震災復興構想会議」の委員として復興のための青写真を描く作業に携わりながら考え込まざるを得ませんでした。

先進的な文明国で、大震災から二か月経っても、なお一万人近くの人が行方不明になっているというのはどういうことなのか。人間の尊厳とは何なのか。私たちは大自然の脅威にどう向き合うべきなのか。原発という人類が生み出した最先端の文明の利器がリバイアサンと化し、人類が制御できなくなっていることをどう考えたらいいのか。便利さや効率性を追求してきた結果、失ったもの、忘却されたものの大きさを今こそ見つめ直すべきなのではないのか……。

考えなければならないことはあまりに多いように思います。私たちは「過去」から、「歴史」から本当に学んできたのかと、強い反省を迫られているのだと思います。昨年一月、一〇年近く読売新聞に書き続けてきたコラムを『範は歴史にあり』というタイトルで藤原書店から出してもらいました。私たちが模範とすべきは、過去の人間の営みの集積である「歴史」なのではないのか。そんな思いからでした。今日の状況にも当てはまることだと思います。

今度の書評集は読売新聞の書評欄で一三年間書いてきたものを中心に一冊にしていただきました。書評するに当たって常に念頭にあったのは、「歴史」から学ぶ、「人間」から学ぶということでした。学ぶ最大のものは、私にとっては本です。今度の書評集が、果たして「学ぶ」に値するものであるのか、まったく自信がありませんが、『範は歴史にあり』と同じように、著者が望み得る最高の形でつくっていただいた藤原良雄社長、刈屋琢さんに心からお礼を申し上げます。

＊＊＊

本に関して言えば、長年の念願がかなって、ふるさとに図書館をつくることができました。秋田県山本郡三種町の廃校になった旧鯉川小学校の校舎に四月二十九日、「橋本五郎文庫」がオープンしました。わが母校は生徒わずか一九人となり、一昨年とうとう統合されました。学校が無くなるというのは大変なことです。子どもの声が聞こえなくなります。寂れる一方です。かねてふるさとのためにできることはあるのかと考え続け、蔵書を町におくることにしました。昨年十一月から六回にわたって二万冊を運び、オープンにこぎつけることができました。

蔵書の申し出に対して、わが町では旧小学校の校区の七集落が中心になって委員会をつくり、ボランティアを募りました。延べ七五〇人のボランティアが、分類からパソコンへの打ち込み、ラベル貼りまで手作りで仕上げてくれました。ボランティアの九割は家庭の主婦です。それだけに温もりのある空間になりました。お茶を飲みながら談笑できる部屋のソファは自分たちが持ち寄ったものので、その上に手作りのカバーがかかり、椅子には座布団が敷いてあります。「書評コーナー」もあり、私がこれまで書評した本とメモ類、著者からの手紙なども展示してあります。自分の内部、書評の台所事情をさらけ出すようで、いささかの躊躇がありましたが、子どもたちが見て、何かの参考になればと思い切りました。

「橋本五郎文庫」の看板は、中曽根康弘元総理に書いていただきました。政治記者として会った最も尊敬できる政治家に書いてもらおうと思ってお願いしましたら、「光栄です」と快諾いただきました。学校の玄関には欅で彫った看板、部屋の前には天然秋田杉の赤身でつくった看板を掛けてあります。看板見たさでも人が集まってくれればと思ったからです。友人、知人から蔵書の提供も続いています。過疎の村で、「一粒の麦」を大切に育てようという地元の人たちの気持ちが私には涙が出るほど嬉しいのです。これから維持し続けるには幾多の困難が待っていることでしょうが、何とか切り抜けていきたいものです。

二〇一一年五月

橋本五郎

〈編集部付記〉

本書は、著者が『読売新聞』に執筆した書評を中心に収録し、各稿末に掲載日を記した。『読売新聞』以外の媒体に執筆したものは、同じく稿末にその初出媒体、掲載号等を記した。

著者紹介

橋本五郎（はしもと・ごろう）
読売新聞特別編集委員。1946年秋田県生。70年慶應義塾大学法学部政治学科卒業。論説委員，政治部長，編集局次長を歴任し，06年より現職。13年にわたって読売新聞の書評委員を続けている。また1999〜2011年，ＮＴＶ系「ズームイン!!朝！」「ズームイン!!ＳＵＰＥＲ」に出演し政治・政局解説を務めた。「万年筆ベストコーディネイト賞2008」特別賞受賞。
著書『範は歴史にあり』（藤原書店）『橋本五郎の「どうなる日本！」』（弘文堂），編著『田中角栄・全視点』（自由国民社），監修『乱れているか？テレビの言葉』（中公新書ラクレ）『100文字でわかる世界地図』（ＫＫベストセラーズ）等。

「二回半《にかいはん》」読《よ》む――書評《しょひょう》の仕事《しごと》 1995-2011

2011年6月30日　初版第1刷発行©

著　者　橋本五郎
発行者　藤原良雄
発行所　株式会社　藤原書店

〒162-0041　東京都新宿区早稲田鶴巻町523
電　話　03（5272）0301
ＦＡＸ　03（5272）0450
振　替　00160-4-17013
info@fujiwara-shoten.co.jp

印刷・製本　中央精版印刷

Printed in Japan
ISBN978-4-89434-808-0

日本文学史の空白を埋める

新版
江戸女流文学の発見
（光ある身こそくるしき思ひなれ）

門　玲子

紫式部と樋口一葉の間に女流文学者は存在しなかったか？　江戸期、物語・紀行・日記・評論・漢詩・和歌・俳諧とあらゆるジャンルで活躍していた五十余人の女流文学者を網羅的に紹介する初の試み。

四六上製　三八四頁　**三八〇〇円**　**第52回毎日出版文化賞**
（一九九八年三月／二〇〇六年三月刊）
◇978-4-89434-508-9

馬琴を驚かせた「独考」著者の生涯

わが真葛物語
（江戸の女流思索者探訪）

門　玲子

江戸女流文学の埋もれた傑物、只野真葛。『赤蝦夷風説考』工藤平助の娘に生まれ、経済至上主義を批判、儒教の教えではなく「天地の間の拍子」に人間の生き方を見出す独自の宇宙論「独考」を著し、かの滝沢馬琴に細緻な「独考論」を書かせた真葛の生涯に迫る。

四六上製　四一六頁　**三六〇〇円**
（二〇〇六年三月刊）
◇978-4-89434-505-8

江戸後期の女流文人、江馬細香伝

江馬細香
（化政期の女流詩人）

門　玲子
序＝吉川幸次郎

大垣藩医・江馬蘭斎の娘に生まれ、江戸後期に漢詩人・書画家として活動した女流文人、江馬細香（一七八七―一八六一）の画期的評伝、決定版！　漢詩人、頼山陽がその詩才を高く評価した女弟子の生涯。

四六上製　五〇四頁　**口絵四頁**　**四二〇〇円**
（二〇一〇年八月刊）
◇978-4-89434-756-4

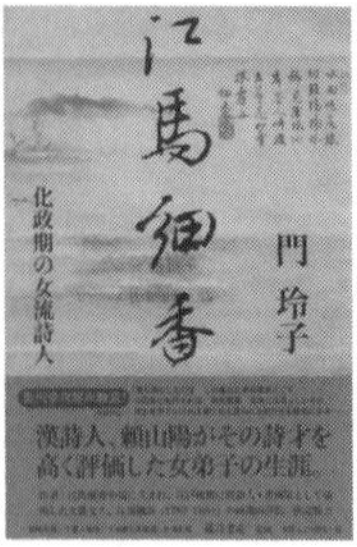

日本文学の核心に届く細やかな視線

日本文学の光と影
（荷風・花袋・谷崎・川端）

B・吉田＝クラフト
吉田秀和編　濱川祥枝・吉田秀和訳

女性による文学が極めて重い役割を果してきたこと、小説に対し〝随筆〟が独特の重みをもつこと――荷風をこよなく愛した著者が、日本文学の本質を鋭く見抜き、伝統の通奏低音《バッソ・コンティヌオ》を失うことなくヨーロッパ文学と格闘してきた日本近代文学者たちの姿を浮彫る。

四六上製　四四〇頁　**四二〇〇円**
（二〇〇六年一一月刊）
◇978-4-89434-545-4

当代随一のジャーナリスト

範は歴史にあり

橋本五郎

親しみやすい語り口と明快な解説で、テレビ・新聞等で人気の〝ゴローさん〟が、約十年にわたって書き綴ってきた名コラムを初集成。短期的な政治解説に流されず、つねに幅広く歴史と書物に叡智を求めながら、「政治の役割とは何か」を深く、やわらかく問いかける。

四六上製　三四四頁　**二五〇〇円**
（二〇一〇年一月刊）
◇978-4-89434-725-0

「国民作家」の生涯を貫いた精神とは

鞍馬天狗とは何者か
（大佛次郎の戦中と戦後）

小川和也

〝国民作家〟大佛次郎には、戦後封印されてきた戦中の「戦争協力」の随筆が多数存在した！　これまで空白とされてきた大佛の戦中の思索を綿密に辿りながら、ヒーロー「鞍馬天狗」に託された、大佛自身の時代との格闘の軌跡を読み解く野心作。

第1回「河上肇賞」奨励賞受賞
平成18年度芸術選奨文部科学大臣新人賞

四六上製　二五六頁　**二八〇〇円**
（二〇〇六年七月刊）
◇978-4-89434-526-3

知られざる逸枝の精髄

わが道はつねに吹雪けり
（十五年戦争前夜）

高群逸枝著　永畑道子編著

満州事変勃発前夜、日本の女たちは自らの自由と権利のために、文字通り命懸けで論争を交わした。山川菊栄・生田長江・神近市子らを相手に論陣を張った若き逸枝の、粗削りながらその思想が生々しく凝縮したこの時期の、『全集』未収録作品を中心に編集。

A5上製　五六八頁　**六六〇二円**
（一九九五年一〇月刊）
◇978-4-89434-025-1

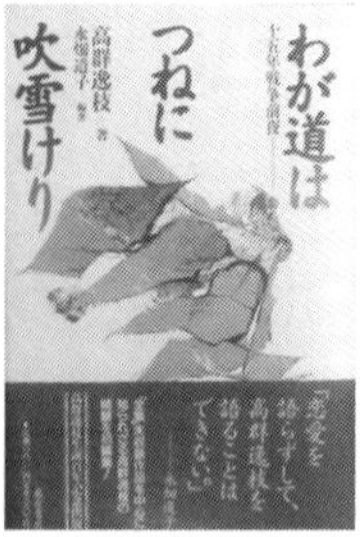

〝思想家・高群逸枝〟を再定位

高群逸枝の夢

丹野さきら

「我々は瞬間である」と謳った、高群の真髄とは何か？　「女性史家」というレッテルを留保し、従来看過されてきた「アナーキズム」と「恋愛論」を大胆に再読。H・アーレントらを参照しつつ、フェミニズム・歴史学の問題意識の最深部に位置する、「個」の生誕への讃歌を聞きとる。

第3回「河上肇賞」奨励賞

四六上製　二九六頁　**三六〇〇円**
（二〇〇九年一月刊）
◇978-4-89434-668-0

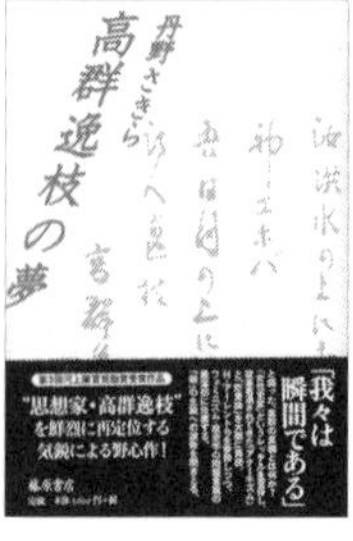

1989年11月創立 1990年4月創刊

一九九五年二月二七日第三種郵便物認可　二〇一一年六月一五日発行（毎月一回一五日発行）

月刊

機

2011
6
No. 231

発行所　株式会社 **藤原書店**©
〒一六二-〇〇四一　東京都新宿区早稲田鶴巻町五二三
電話　〇三・五二七二・〇三〇一（代）
FAX　〇三・五二七二・〇四五〇
◎本冊子表示の価格は消費税込の価格です。

編集兼発行人
藤原良雄
頒価 100円

福島原発事故はなぜ起きたのか？　その本質に迫る。緊急出版！

福島原発事故の本質を問う

井野博満

マグニチュード9の巨大地震・大津波にともなう福島第一原発事故の大惨事は、いまだ解決の見通しが立っていない。一九七〇年代半ばより、日本政府は、クリーン・エネルギーとしての〝原発神話〟をマスコミを使って「原子力の平和利用」として推進していった。二〇一一年三月一一日、遂に未曾有の原発事故が足下で起きた。事故は果して収束するか？　放射能の恐怖に怯える日々はいつまで続くのか？　問題はこれからである。科学者、技術者らによる緊急出版を企画した。　**編集部**

●六月号目次●

今、ここで起こっている悲劇

怖れていたことが起こった。遠い国の、過去のことだと思っていた原子力発電所の事故が、この国で現に起こってしまった。広島と長崎の原爆による悲劇、南太平洋での水爆実験による被曝に続いて、この国で起こった核による悲惨な現実が目の前にある。

福島原発事故。実り豊かな大地と海は、放射能という目に見えない毒によって汚染された。周辺の人びとは強制避難させられ、無人の町と村、農地と牧草地と森が残った。共に住んでいた動物たちは放棄され、牛乳は捨てられ、準備されていた苗は植えられなかった。森のきのこや山菜は毒をあびた。海に流れ出た放射能は、海流に乗って沿岸に拡がり一月も経たぬ内に魚の汚染となってあらわれた。こうなご漁の盛期を迎えていた海は禁漁になった。

放射能汚染は隣接する関東各県や宮城県にも及んだ。各県で野菜や牛乳が出荷停止になり、東京の水道水で規制値を超える放射能が検出され、宮城県の牧草や三〇〇km も離れた神奈川県西部の茶畑も汚染された。放射能は世界の大気と海を汚染し、遠くアメリカやヨーロッパでも検出された。

福島原発事故の本質は何なのか。核エネルギーという、制御困難なエネルギーを使いこなせると過信して、原子力発電をこの地震列島に導入し、次々と建設していったことがそもそもの誤りだったろう。加えて、原子力発電の利権にむらがった人たちが安全性を軽視し、地元住民からの反対や事故を懸念する人びとからの度重なる警告を無視し、当然とられるべき対策を放置してきたこと。それが直接の原因である。

津波さえ防げば安全?

想定外でもなんでもない。「反原発」といわれてきた人たちが三〇年間、危ないと言い続けてきたことだ。事故の進展プロセスもおよそ予測どおりである。冷却水喪失、炉心溶融、格納容器の機能不全、水素爆発、放射能の大量放出……。

こういう事故は起こらないと主張してきた原子力発電推進の人たち——電力会社、メーカー、原子力安全・保安院、原子力安全委員会、それらに協力してきた学者たち——は、津波の大きさが「想定外」だったという。その上で、津波さえ防げば原発は安全だとばかりに、高い堤防を築いたり、設備・機器を高台に移したりという対策が語られている。だが、より根本的には、地震対策が不十分だったのである。

二〇〇七年七月の中越沖地震によって柏崎刈羽原発七基が被災した。敷地はずたずたになり、燃料タンクの火災も発生したが、幸運にも大事故には至らなかった。マグニチュード六・八という直下型の比較的小さな地震であったが、地震動の大きさは設計で想定していた四五〇ガルを大きく超え、一号機では一六九九ガルに達した。想定した地震動が小さすぎたのである。地震の評価の仕方が適切でないということで、それ以前から耐震安全指針の改訂が進められていたが、この中越沖地震を契機に日本にある全原発の耐震強度の見直し（バックチェック）が進められた。新しい基準地震動の考えが導入され、柏崎刈羽原発については、現実に起こった地震動を考慮して一～四号機で二三〇〇ガル、五～七号機で一二〇九ガルが設定された。しかし、それ以外の原発は、福島第一原発を含め一律に六〇〇ガルと設定された。

▶福島第一原子力発電所

　今回の東北大地震は、この基準地震動から想定された建屋基礎版の揺れを超え、この基準地震動の設定が不十分であることを示した。実際に外部電源を供給していた送電線は倒れ変電所は故障し、大事故の引き金を引いた。その後は津波による浸水や燃料タンクの流出で補助電源であるディーゼル発電機が故障し、全電源喪失となったが、事故の進展プロセスから推定すると、地震による一号機での再循環配管の破損、二号機での格納容器下部のサプレッションチェンバー（圧力抑制室）の破損、四号機使用済燃料プールのスロッシング（地震によって液面が波打つ現象）と破損が疑われる。福島第一原発は地震と津波のダブルパンチを受けたのである。

　地震で危機的状況に陥ったのは、福島第一原発だけではなかった。福島第二原発では冷却材浄化系が停止し、東海第二原発では外部電源が三日間に渡って喪失し、ディーゼル発電機の一台も故障した。女川原発では、一号機で火災が発生した。さらにまた、非常時の防災の要と位置づけられていた各地のオフサイトセンターも地震で機能しなかった。これらから言えることは、原子力発電施設がいかに地震に対して脆弱であり、かつ、事故への備えがなかったか、ということである。

「事故の場合も破局的にならない」技術を

原子力発電の技術的脆弱性は、地震だけにとどまらない。チェルノブイリ事故やスリーマイル島事故は、地震とは無関係に起こった。運転員の操作ミスや判断ミスが指摘されるが、それはどの技術でもありうることで、それをカバーするようにフェール・セーフの設計がなされねばならない。事故はさまざまな原因で起こりうる。小さなミスや機器の故障が、運が悪いと大きな事故へつながってゆく。原発でも多重防護の設計がなされていたはずだが、それが突破されてしまったのがこれらの大事故である。福島原発事故も同じである。

原子力発電の本質的脆弱性は、あまりに莫大なエネルギー源を炉内に持ち込んでいるということである。その制御に失敗して核暴走（核爆発）を引き起こしたのがチェルノブイリ原発事故であり、核分裂反応停止後の過大な崩壊熱の除止に失敗して炉心溶融に至ったのがスリーマイル島原発事故、福島原発事故であった。しかも、その脆弱性は、放射性物質を大量に環境にまき散らすという危険と結びついている。

完全な技術というのはありえない。人間の認識や経験には限界があるからである。とするならば、事故が起こった場合でもそれが破局的なものにならないような技術でなければならない。原子力発電はそのような受忍可能な技術ではない。加えて、使用済核燃料（死の灰）を、われわれの手がとどかない一〇〇〇年も先の遠い未来にわたって管理することを強要する……被曝労働が避けられないという現実とあいまって、原子力発電は人類と共存できない捨て去るべき技術である。

避難の急務と補償

福島原発事故は、チェルノブイリ事故と同じレベル7の「深刻な事故」であると認定された。事故が起こった当初、東京電力や保安院、テレビで解説する学者たちは何を言っていたか？　水素爆発は起こったが、原子炉や格納容器は無事だ、チェルノブイリのような大事故になる心配などまったくない、と楽観的な予測を述べていた。しかし、事故を小さく小さく見せようとするそれらの発言は次々と現実によって裏切られ、遂にはレベル7の数万テラベクレル（$1\sim10\times10^{16}$ Bq）の基準をも超える数十万ベクレルの放射性物質を放出するという大事故であることが明らかになった。

事故を過小評価したことのつけは、避難指示の遅れとなり、妊婦・幼児を含む多数の住民を放射線被曝させる事態を生んだ。避難指示は二〇km圏内にしか出されず三〇km圏内は室内退避とされたため、事実上、その地域の住民は放射線から無防備の状態におかれた。さらに、福島第一原発の北西方向に当る飯舘村や浪江町の一部地域では、三〇km以上離れているにもかかわらず、事故三ヶ月後の現在、すでに累積線量が政府認定の居住許容限度二〇ミリシーベルトを超えてしまっている。さらに、五〇km圏外の福島市、郡山市、いわき市でも、年間累積線量が二〇ミリシーベルト前後に達すると予測される事態のなかで、小・中学校・幼稚園は例年どおり新学期が始まり、妊婦・乳幼児の居住も続いている。

首都圏の人びとは、福島原発や柏崎刈羽原発からの電力供給の恩恵に浴してきた。原発の電気を望んだわけではないにしても、事実としてそれを使って生活してきた。その供給地の人たちが苦境にあるなかで私たちは何ができるのか？　汚染地の人たちをそのまま放置しておいてはならない。〝避難する権利〟を保証すべきである。そのためには、全国各地の自治体・住民が受け入れ態勢を整えることと東京電力・国がその制度的補償をすべきである。

汚染地域の農民・漁民は、東京電力に対し、出荷停止を受けた生産物およびいわゆる「風評被害」により売れなくなった生産物に対する損害賠償を求めている。当然のことである。原子力損害調査委員会は生じた損害のすべてを補償の対象とすべきである。

この福島原発大事故からわれわれは何を学ぶのか。平和で安心な未来のために何を選択するのか。（以下略、全文は本書）

（いの・ひろみつ／金属材料学）

福島原発事故はなぜ起きたか　緊急出版

井野博満編

井野博満・後藤政志・瀬川嘉之

A5判　予二四八頁　一八九〇円

「ブローデル的パラダイム」が持ち込まれ、巨視的歴史学の誕生

パラダイム転換と一つの歴史学派の形成

リュセット・ヴァランシ

フェーヴルとブロック

一九四六年、「風に向かって。新『アナール』宣言」（四―八頁）と題する緒言でリュシアン・フェーヴルは『アナール』の改名を宣するとともに、創刊以来、一七年間に及ぶ連綿たる流れをあくまで維持してゆく意向を明らかにしている。たしかに表題は最初の『社会経済史年報』から『社会史年報』に、そして今や『年報――経済・社会・文明』へと変わった。しかし、この雑誌は、必ずしも全員が歴史家ばかりとは限らない寄稿者たちを再び率い、他の歴史雑誌と一線を画する特色を何ら失うことなく、同じプログラム、同じスタイルを守りつづける。

企画の連続性に力を込めるリュシアン・フェーヴルの傍らには、まるでマルク・ブロックがいるかのようである。雑誌の創始者として両人の名が表紙を飾り、装い新たな再出発を告げる緒言はリュシアン・フェーヴル一人の考えを書いたものでありながら、マルク・ブロックとの連署の一人称複数形で語られている。編集者一同の署名がある一九四七年の緒言『一年後』『一九四七年の「アナール」』にも、やはりマルク・ブロックの名が見える。

言うまでもなく、リュシアン・フェーヴルはマルク・ブロックの遺言執行人を自ら買って出たのであり、その知的遺産の管理にいささかの余念もない。農耕地の歴史、貨幣の歴史、信仰の歴史、社会組織の歴史など、マルク・ブロックが開拓した分野のいずれもが、リュシアン・フェーヴルの意を通じて、戦前世代に代わる若い歴史家たちの手で再び誌上に登場してくる。その頻度たるや、フェーヴル自身の懸案のテーマ――たとえば、H-J・マルタンと共同で着手していた書物と印刷物の歴史――をも上回り、「知的道具」・感性・心性の歴史にいたっては、本書が扱う一〇年間、紙幅の確保すら覚束ない有様であった。

フェーブルの反政治的信念

雑誌の連続性を強調するリュシアン・フェーヴルはプログラムも継続させる。周知の事実だが、『アナール』創始者は政治的・外交的・制度的・叙述的な出来事記述の歴史に対して常々敵意を抱き、それらの形容語を纏った伝統的な歴史学に攻撃を浴びせていた。戦争とは軍事的・外交的・政治的な出来事の累積であると同時に、とりわけ個々の人間の心を傷つける出来事の積み重ねである。そのような戦争が終結した後でも、リュシアン・

▲フェルナン・ブローデル（1902-85）

フェーヴルの反政治的な信念は少しも揺るがなかった。戦争の悲惨さは雑誌の編集委員と寄稿者一同にも直に及んだ。一般国民と何ら変わらず、彼らもまた敗北・集団避難・離散の憂き目に遭い、ユダヤ人、フリーメイソン、レジスタントであれば占領軍とそれに協力するヴィシー政権支持派に逮捕される恐れさえあった。マルク・ブロックが命を落せば、一九四四年、彼の教え子アンドレ・ドゥレアージュも同じく処刑され、僚友モーリス・アルヴァクスもまたブッヒェンヴァルト強制収容所で死を迎える。一九三〇年代初めにリュシアン・フェーヴルの協力者であり女友だちでもあったリュシー・ヴァルガ（一九〇四―四一年）は、非占領地帯のある村で難を逃れたと思った矢先、医療の不備で三十六歳にして不帰の人となった。一九三九年から『アナール』編集委員会のメンバーであったアンドレ・ヴァラニャックは一九四一年の時点でも出版活動を継続しており、同年、ヴィシー政府の求めに応じて、地方分権思想の宣伝普及のためにトゥールーズ県庁に派遣されているが、それとは逆に、ジョルジュ・フリードマンが同じ都市に赴いたのはレジスタンスに身を投じるためであった。ブローデルは長期拘留を余儀なくされ、アンリ・ブランシュヴィックもピエール・ヴィラールもブローデルと同じリューベック収容所で捕虜の身に甘んじた。しかし、こうした出来事も、伝統的な観点に立つ歴史学――国家と政治家と対立と戦争の歴史、国際関係の歴史、出来事叙述の歴史――に対するリュシアン・フェーヴルと『アナール』の歴史家たちの敵意をいささかも損ないはしなかったのである。

ところでこれと同時並行的に、まず何よりも現在に関心を払うべきだと彼は主張している。実際、ごく最近の歴史や進行中の歴史は『アナール』寄稿者たちの注視の的になっていた。第二次世界大戦の衝撃から、アンリ・ブランシュヴィックは数回にわたってドイツを論じ、第一次大戦の経験を踏まえて、この国の復興はフランス人にとって恩恵にこそなれ、災いにはなるまいと弁護している。戦後の産業復興を見据えて、米国とソ連の事例調査にも関心が集まる。近い過去についての研究や回想録が出版されると、直ちに書評が書かれ、フェーヴル自身も適宜執筆した。

ブローデル的パラダイムの導入

歴史を手がかりに世界を理解可能にしようという野望があるからこそ、人間科学との協調関係が不可欠になってくる。歴史家が現在に働きかけるにあたっては、現在を扱う人間科学の加勢が好適なのである。人間科学には過去の解読に適した分析道具が確実に存在するからだが、しかし、それよりはるかに重要なのは、**過去を理解した上で来たるべき世界の出現を期す企図の方である。したがって、学問の頂点に立つ歴史学は、地理学との特別な結びつきを継続し、社会学との連携を強め、経済学と親密な関係を保つことになる。**戦後の『アナール』を総括する表現は社会経済史だが、「社会」という語は際限なく拡大解釈ができる。これを明確に表しているのが、雑誌の新しい表題『年報――経済・社会・文明』である。

「アナールは続く」、一九四六年にリュシアン・フェーヴルはそう宣言していた。一九五七年、編集責任者就任の際、ブローデルも「アナールは続く」と言明する。彼はリュシアン・フェーヴルへの愛着を「子としての」と形容し、親孝行な跡継ぎたるべく、コレージュ・ド・フランス教授と高等研究院第六部門委員長の職を継承し、雑誌の表題を一字一句違わずにそのまま用いて企図の連続性を示した。このことに異論はなかろう。しかし、その言明に先立って、『アナール』にブローデル的パラダイムが持ち込まれていることをしかと見ておかなければならない。フェーヴルが亡くなる以前に、すでに彼の政治的・国家主義的な立場は敬遠されていたのである。

フェルナン・ブローデルの運営時代に雑誌に関与した歴史家たちなら尚更である。社会参加に消極的な歴史学、いわば非政治的な歴史学は、それでもやはり世界の理解可能化に精魂を傾けるが、世界に働きかけようという意図は持たない。

この姿勢は当時の支配的なパラダイムと無関係ではない。「観測の場所として長期持続を選ぶこと、それは避難所として父なる神そのものの立場を選ぶことであった」とフェルナン・ブローデルは『個人的証言』〔邦題『私の歴史家修業』『ブローデル歴史集成Ⅲ 日常の歴史』序論〕の中で書いている。避難所とは何か。避けるべき危険とは何なのか。おそらく喧騒渦巻く現在のことであろう。リュシアン・フェーヴルは逆に、その現在に対して働きかけることが可能だと信じていたのだが。

長期持続、世界規模という言葉が巨視的歴史学の輪郭を描き出す。経済は人間・生産物・行為の交換という大きな広がりを持った動きとして捉えられる。「商業という車輪」だけで歴史は動き、人類の冒険の基底には物質文明がある。急激な変化の歴史か、あるいは「どちらかといえば寡黙で、たしかに控え目な、当事者にも証人にもほとんど思いもよらない、深く潜んでいる」歴史か、この二者択一を前にしてブローデルは後者を選び取り、『アナール』に参集する若い研究者たちをそこへ誘導する。今や歴史家の対象――および語彙――は、資本、商品、価格、交通、道路、変動局面、危機である。一九五〇年初頭、新しい歴史学の中心地である高等研究院第六部門から三つの叢書〈港・道路・交通〉、〈実業と実業家〉、〈貨幣・価格・変動局面〉が発刊された。これらが明確に打ち出されたことは、歴史学の仕事で何が重要な部門なのかをはっきりと示していよう。

（構成・編集部）

(Lucette Valensi／イスラム研究)

（平澤勝行・訳）

＊全文は『Ⅱ　1946-1957』に収録。

文化と精神性におけるロシアと日本の知られざる「近さ」

ジャポニズムのロシア

ワシーリー・モロジャコフ

ロシアと日本——遠いか近いか?

地理的に見れば、ロシアは日本の最も近い隣国である。しかし、日本人の大部分は、ロシアを基本的に「遠い・寒い・暗い・危ない」国と見ているのではないか。他方、ロシア人の大部分は、日本を「寒い・暗い・危ない」とは見ていないが、かなり「遠い」とは考えている。なぜだろうか?

私は、それには多くの理由があると思う。文化・文明としては、日本はアジアの一部であり、ロシアはヨーロッパの一部である。というのは、モスクワとサンクト・ペテルブルグをはじめとする西洋ロシアから見れば、日本という国はかなり離れているからだ。逆に東京あるいは京都から見ても、モスクワとサンクト・ペテルブルグは遠く、飛行機の直行便でも一〇時間ぐらいかかる。やはり、文化と地理の間には差異があるのだ。

モスクワと東京とが離れているにもかかわらず、ロシアと日本は隣国である。日本の「裏日本」と「表日本」と同じように、ロシアにも西洋ロシアと東洋ロシア、また太平洋ロシアがある。この両者が共存している地域では、ロシアと日本、ロシア人と日本人との関係の長い歴史がある。そして、日露関係史というテーマは、興味深く意味深いものだと私は確信している。

ある人は、日露関係の状態が悪いのは「ノーマル」なことだと論じている。私は賛成できない。現在、多数の理由で、日露関係が悪いといえないが、あまり良くないことは認める。しかし、この状態はいかなる意味でも「ノーマル」ではなく、「アブノーマル」である。相互理解が足りないことは、相互理解が絶対できないこととは異なる。日本とロシアの間には、相互理解が可能であることを証明する歴史経験がたくさんあるのだから。

日本近現代史と国際関係史を長い間研究している私は、日露関係史を専攻し、このテーマについてロシア語で単行本六冊を出し、さらに二冊が今準備中である。私は、政治、経済、貿易、軍事に限らず、文化、文学、美術、宗教などの分野で日本とロシアの相互理解、協力、友好の歴史を具体的に調査して、それを読者にできるだけわかりやすく紹介している。このような著作は、日本でもロシアでもまだ充分ではないと考えている。

　日露友好関係というテーマは、私にとって学問的な研究課題であるだけでなく、個人的関心でもあり、ある程度は使命感をもって取り組んでいることでもある。

▲V・モロジャコフ氏
（1968年－　）

筆者の経歴

　私が一九六八（昭和四十三）年に生まれたモスクワは、地理的には日本から遠いが、私にとっては生まれた時から日本は非常に近かったといえる。母のエリゲーナ・モロジャコワは、当時ロシア科学アカデミー研究所日本研究科の博士課程大学院生（ロシアの大学院は、大学だけではなく科学アカデミーの研究所でもある）だったので、私は子供の時から「日本」と「論文」という言葉をほとんど毎日聞いた。博士号をもらったあと母は、同研究所の研究員、主任研究員、日本研究センター長を経て、二〇〇九年には副所長になって、ロシアで最も権威のある日本通の一人として知られている。

　子供の時から日本についてさまざまなことを耳にしたにもかかわらず、私は日本研究を自分の専攻、仕事として選ぶことはほとんど考えていなかった。ロシア文学と美術、特に二十世紀初めの「銀の世代」を好んでいたので、私はモスクワ大学文学部か歴史学部美術史学科に入学しようかと考えていた。しかし、高校の時、自分の道を選ぶつもりで母の勧めを聞いたのがきっかけで、私はモスクワ国立大学付属アジア・アフリカ諸国大学の日本語学科に入学した。

　たいへん難しい日本語と、たいへん興味深い日本の歴史・文化の勉強をはじめたが、私はもちろんロシアの「銀の世代」文化も忘れず、その研究も続けていた。逆に、ロシア文学のもっと深い理解および研究のために、日本に関する知識が必要であることを私は理解した。

　たとえば、ロシア象徴派の代表的な詩人・作家アンドレイ・ベールィの最も有名な小説『ペテルブルグ』（邦訳は川端香男里訳、講談社文芸文庫）は、日露戦争直後の第一次ロシア革命を描いたもので、この小説では日本に関係するさまざまなテーマが特に重要である。しかし、文学作品として『ペテルブルグ』を分析したロシアの文学専門家は、日本関係の知識が不足していたので、その主題を明快に説明することができなかった。同様に、日露関係の専門家や日露戦争の研究者は、ベールィの小説を読んでも、それを大事な史料と認めることができなかった。

　大学生の時に私は、「銀の世代」のロシア文化・文学の研究と日本近現代史の研究を結びつけたいという希望がどんどん強くなったので、十九世紀末〜二十世紀初めのロシアにおける日本のイメージ、「ジャポニズム」と呼ばれている日本趣味をもっと具体的に勉強しはじめた。当時のロシア知識人、インテリ、詩人、思想家、作家、画家は日本と日本人をどう見たのか？　何を考えたのか？　その情報源は何だったのか？　その結果、日本と日本人をどういう風に描いたのか？

　幕末から第一次世界大戦末にいたる「ヨーロッパとロシアにおける日本のイメージ」は、私の博士論文（モスクワ大学、一九九六年）のテーマになった。同年、この論文は単行本としてロシア語で刊行された。その一部分を書き直したものが、本書の第I部である。

文化は民族同士の理解の架け橋

　文学、思想、美術、音楽などを含めた広い意味の「文化」は、文明と文明、民族と民族の間で、最もすぐれた、最も強力な架け橋になるのではないか。国際関係で対立して、経済・貿易で競争している国々でも、文化の分野では協力することができる。国と国、少なくとも民族と民族の相互理解への道を考えると、文化の道が一番近いのではないか。

　その意味で私は、拓殖大学日本文化研究所の主任研究員、のち客員教授として、後藤新平を中心とする日露関係史の研究を続けると共に、研究所の機関誌『新日本学』のために日本とロシアについてのエッセイ数本を執筆した。

　ロシアは「生きている仏教の国」であることをご存じか？　なぜロシア人は、アメリカ人や中国人と違って、神道に対する敵意を感じず、強い関心をもっているのか？　ソ連の崩壊の結果としてイデオロギーの弾圧から自由になったロシアでは、日本観と日本研究はどのように変わったのか？　また日本人は、なぜ十九世紀のロシア文学を好むのか？　なぜニコライ・ベルジャーエフの思想は日本人の心と魂に接近したのか？

　こうした問題を検討し、推論している論文とエッセイが、本書の第Ⅱ部になった。

▲ニコライ・レーリヒ『極東にて』（1904年）

私は日本語で執筆したが、きれいな表現と適当な語彙がまだ不足しているので、『新日本学』の編集者が私の拙い和文をうまく書き直して編集してくれたのである。

新しい日露関係へ

　我々は今、二十一世紀にいる。しかし、日露関係、特に政治と国際関係の分野では、冷戦の影響がまだかなり強いのではないか。ロシアはソ連時代の共産主義的イデオロギーとその弾圧から自由になったにもかかわらず、日本ではソビエトの幻が残っている。二十世紀が終わってしまった今、その肯定的な経験を保ちつつ、過去の否定的な影響を取り除く時代が来たと私は確信している。時代が変わって、我々が変わって、ともに世界を、少なくとも日露関係を変えていこうではないか。

　広大なロシアには、寒い地方もあれば、暑い地方もある。暗いことも存在するが、明るいことも少なくない。危険なところばかりでなく、安全なところも多い。そして、日本人が知っている「遠い・寒い・暗い・危ない」ロシアは、基本的に事実ではなく、イメージだけのものである。そのイメージは正しくなく、本当のロシアとずいぶん異なっている。日本人の読者が本書を読んだことで、ロシアと日露関係に関する知識と理解を少しでも深めていただければ、私の望みはかなったといえる。

（構成　編集部）

（Vassili Molodiakov／拓殖大学日本文化研究所）

（村野克明・訳）

ジャポニズムのロシア
知られざる日露文化関係史
V・モロジャコフ　村野克明訳
四六上製（カラー口絵八頁）二五六頁　二九四〇円

歌うこと、書くこと、ふるさとのこと…二つの才能が出会い、共鳴した奇跡の対談。

音楽は本来、神聖なもの

米良美一＋石牟礼道子

「幻楽四重奏」とともに

米良　道子先生がお書きになる文章は、旋律の流れる歌のごとあって。

石牟礼　私、文章で歌をうたいたいと思って。

米良　本当に、もうそのとおりですよ。歌をうたう、鼻歌をうたうようにさーっと読めて、すーっと体の中に入って、中であったかい気持ちになって。もうすごく大好きです、道子先生の文章。勉強になります、そしてとても触発されます。

石牟礼　音を書きたいと思っているんですけどね。

米良　音ですよ。音楽がきこえてくるとですよ。音が立ってくるとですよ、紙面から飛び出して立ってくるんです。

石牟礼　うれしい、そうおっしゃっていただければ。私、一年半前ですがけがをして記憶がまるまるないんです、倒れたときから二カ月半ぐらい。最近、考えるんですけど、まだ完全に人ごこちついてない、記憶喪失の期間があるわけでしょう。どうしていたんだろうと思いますけど、ゲンガク四重奏団という、ゲンは幻、幻楽四重奏という、私の専用の楽団がついていましてね。弦楽器の低音のほうから演奏するんです。目が覚めるときとか、眠りに入るときとか、何か思いわずらっているときとか、すぐ鳴るんですよ。このごろずっとそれを考えていますけどね。「元祖遺伝子」が夢をみる、つまり生命がまだ生れる前の元祖の遺伝子が夢みた世界、それはいまの現世でもあるし、あの世でもあろうし、何か宇宙的な、言葉もふくめて音楽の誕生というのを……、そういうのを演奏している。それを背景音楽にして、この世に帰ってきた気がする。

米良　すごい。そういうの、私はなんかわかります。

石牟礼　わかるでしょう。音楽って物語の一番の要素ですよね。

米良　はい。そして音楽というのは、基本的に人間の歴史のなかで、西洋だ

ろうが東洋だろうが、必ず神と交信する。天、宇宙と交信するために使われてきた、本来は神聖なものですよね。それが世俗的にいまはなりましたけど。

石牟礼　そうそう、そういうことなんです、私が感じるのは。

米良　はい、わかります。うーん、素晴らしい。その意味は納得はしていますけれども、私の周りでそれが鳴ったことはまだないので。私もいつかそういう経験ができればいいなと思いますけれども……。

石牟礼　それが大変うれしくて。それでこの俗世のいっさいとひき比べても、そっちのほうが大事。

幼い頃からの歌との縁

石牟礼　うたいよりなさいましたか、小さいときから。

米良　はい、三歳ぐらいから「岸壁の母」という歌が得意で。地元のじいちゃん、ばあちゃんが涙流して。ボットン便所のちり紙をみんな年寄りの人たちは四つ折にして、袂に入れて。

石牟礼　泣こうばいと思うて。

米良　はい。それを出して涙を拭こうと思うた人もおられたかもしれんけど。多い人は千円札、五百円札、少ない人は二百円とか三百円、おひねりにしてくださるんですよ。するとやっぱり親はうれしそうで、肉体労働の安い賃金で、ケガばっかりしよるから病院に銭ばっかりかかって。そうしとったから、うれしそうにおひねりをありがたくもらっとった姿が目に焼きついて。「お前ん家はたたられちょるから、そげな子ができたっちゃ」とか、「先祖が悪いことしたからそげなからだが弱い子が生まれたっちゃ」ておっしゃる世間様が、私が歌をうたうとうらやましがるとです。それが子供ながらにうれしくて。私が歌をうたえば人がこんなに大事にしてくれるというか、世の中に受け入れてもらえると思うて、それで歌をうたいだしたんです。（構成　編集部）

（めら・よしかず／歌手）
（いしむれ・みちこ／作家）

母
米良美一
石牟礼道子
題字・石牟礼道子
B6変上製　二二四頁　一五七五円

「政治とは何か」「生きるとは何か」書物をひもとき根源的な問いに向き合う

「二回半」読む

橋本五郎

赤線を引きながら

読売新聞の読書委員として、毎週日曜日の読書欄で書評を始めたのは、一九九八年のことである。以来、学術書から小説まで一七〇冊余りの本を新聞紙上で批評してきた。

書評は感想文とは違う。読者からみれば、批評者はされる側と同一レベルか、その上であるべきだとの想定で読むに違いない。しかし、自らを振り返れば、専門的知識でも見識でも数段すぐれた著者に挑んでいることの方が多い。ここに書評の苦しさがある。

これまでの書評でもっとも精根使い果たしたのは山崎正和氏の『歴史の真実と政治の正義』(中央公論新社)だった。なにしろ教養の深さにおいても内容の鋭さにおいても、とても太刀打ちできる相手ではない。だからといって逃げるわけにはいかない。二十世紀論として逸すべからざる本だったからである。

そんなとき自分にできることは何かとなれば、徹底して読む以外にはない。この本に限らないが、書評する本は必ず「二回半」は読むことにしている。赤鉛筆を持って、まず通読する。次に赤線を引いたところを抜き書きしながら、もう一度読む。そして抜き書きしたメモを読みながら構想を練る。

著者からのメッセージを正確に受け止めることがすべての前提だからだ。こちらの頭脳の問題はもちろんあるが、二回読んでもわからないものは、少なくとも新聞で取り上げるべき作品だとは思わない。著者の訴えるものを摑んだあとはこちらの土俵だ。思いの丈をぶっつけることにしている。

人生にとってかけがえのないもの

私が取り上げたいと思う基準は決まっている。自分が感動したもの、是非とも読者に読んでほしいと思うもの、ということに尽きる。「けなす書評」も成り立つだろう。しかし、私はその道は取らない。読者が買って損はしなかったと思ってほしいからである。

　若手の学者や評論家による、ひたむきで真摯な力作にも目配りしたいと心掛けている。山田央子『明治政党論史』（創文社）や櫻田淳『国家への意志』（中央公論新社）、細谷雄一『戦後国際秩序とイギリス外交』（創文社）などはその範疇に入る。おこがましい言い方かもしれないが、多くの人の耳目に触れることで、さらに羽ばたいてほしいと思うのである。

▲橋本五郎氏（1946-　）

　書評の楽しみは、自分の思いをそっと忍ばせることができることだ。「批評とは他人をダシに自らを語ることである」と言ったのは確か小林秀雄だが、書評でも同じだと思う。ＮＨＫのラジオ深夜便をもとにした遠藤ふき子さん編集の『母を語る』（ＮＨＫ出版）の書評は、井伏鱒二の「おふくろ」からの引用を書き出しに使った。

「ますじ。お前、東京で小説を書いとるさうなが、何を見て書いとるんか。字引も引かねばならんの。字を間違はんやうに書かんといけんが。字を間違ったら、さっぱりぢやの」

　これに勝る「母の言葉」はあるだろうか、と心に刻みつけてきた。引用したいために書評したと言われても仕方がないくらいだ。

　私にとって書評は「支え」でもある。二〇〇〇年十二月、胃の全摘出手術を受けた。胃癌の宣告を受け、主治医に五年後に生きている確率が五割から七割と言われ、病院で眠れぬ日が続いた。万一に備え、やり残したものがあっては悔いが残ると思い、手術までの三日間に三冊の書評に取り掛かった。

　一日に一冊ずつ、日中に読み、夜になってまとめた。一心不乱に書き上げることで、訪れるかもしれない死の恐怖から免れ、穏やかに手術のときを迎えることができた。これからも書評することは自分の人生にとってかけがえのないものであり続けるだろう。

（後略　構成・編集部）

（はしもと・ごろう／読売新聞特別編集委員）

『「二回半」読む』
書評の仕事　1995-2011
橋本五郎
四六上製　三二八頁　二九四〇円

リレー連載　今、なぜ後藤新平か　69

震災と後藤新平

北原糸子

前代未聞の義援金額

関東地震発生後成立した新内閣の認証式の様子を伝えるスケッチを紹介しておこう。内務大臣に就任した後藤新平は右から二番目である。「大正十二年九月二日午後七時　赤坂離宮広芝ノ御茶屋」とメモ書きがある。まだ内閣を構成すべき大臣に欠員があり、犬養毅が逓信大臣と文部大臣、田健治郎が農商務大臣と司法大臣をそれぞれ兼任、東京は延焼中、写真も撮れない状況での緊迫した事態が伝わる。

関東大震災の救援・救済のことについて各地の県立公文書館に所蔵されている震災関係の行政資料を調べていると、臨時震災救護事務局副総裁後藤新平から発せられた行政文書に出遭う。九月二日以降、矢継ぎ早に発せられた行政指令書のほとんどはガリ版刷りで下部の郡役所に伝えられている。

さて、今回の東日本大震災では、ほぼ一か月を経た四月八日に義援金配分案が示された。相当な額に達すると予想される義援金は今後も配分が続けられるだろう。

では、関東大震災の義援金はどうであったのか。国内外から寄せられた関東大震災の義援金はそれまでの大きな災害を何十倍も上回る一億円という巨額に達した。これは義援物資を換算した金額も含めての額である。当時の植民地を除く国内の義援金だけに限ると、三七〇〇万余円である。三〇〇〇倍として現在の金額に換算すると、約一一〇〇億円となる。あの時代になぜこれほどの応募金額となったのかは多少眉唾かと思う人がいるかもしれない。しかし、これは震災の政府の報告書ともいうべき内務省社会局『大正大震災志』（一九二五年）に掲載される数値である。

関東大震災の義援金が多額に達した一つの理由は各府県がそれぞれ府県知事を会長とする救済委員会を結成して、地元新聞などを巻き込み義援金募集を行ったからである。それはなぜかといえば、一五〇万人といわれる東京の被災者の半分

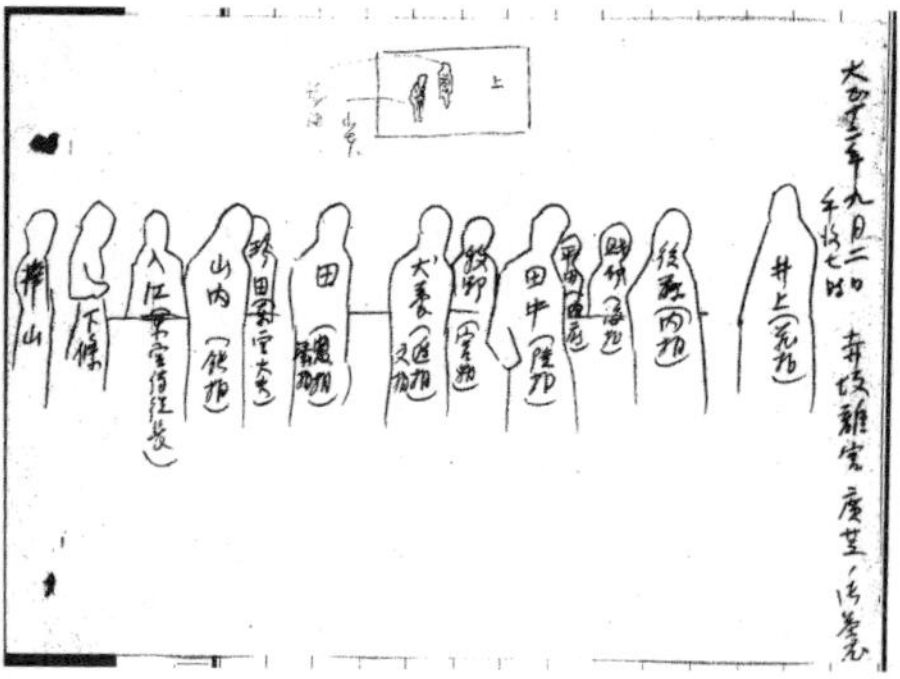

▶右から井上（蔵相）、後藤（内相）、財部（海相）、田中（陸相）、牧野（宮内）、犬養（逓信・文相兼任）、田（農商務・司法相兼任）、山内（鉄相）。（国立公文書館の特殊保存第七類　災害関係一の「関東大震災火災関係書類」no. 19）

以上が実家や親戚などを頼って、北海道から沖縄にいたる全国に逃れた。地元でのかれらの救援・救護費はこの義援金で賄われた。また、九月二日に出された非常徴発令（勅令三九六号）による物資の調達のため、当面の現金確保としても義援金の募集が急がれた。

国庫吸収案の出どころ

ところで、九月一六日、内務大臣後藤新平は閣議にこの義援金処分案を請議した。その内容は当時の災害救助法である罹災救助基金の項目に則して、食糧、被服費、応急施設費に相当額を配分するものであった。また、同じ日後藤は天皇の恩賜金一千万円の配分案についても閣議に請議した。これは死亡者、全焼、全潰、半焼、半潰、負傷者など被災の程度に応じて比率を決めたものであったが、この二件の請議はそのまま閣議決定された。注目すべきはこれらの請議案に社会局の罫紙が使用されている点である。これから六日を経た九月二二日には勅令四二二号を以て、義援金は国庫に納入される旨が達せられた。次いで大蔵省令一八号を以て、義援金、恩賜金は大蔵省貯金局において管理され、その分任会計官として各府県知事があたるとされた。これは要するに関東大震災の義援金は国庫に吸収されて各県に散った震災避難民への救援費を各県の罹災救助基金として支出できる措置が取られたことを意味する。義援金の国庫吸収・罹災救助金流用案は、後藤新平が震災対応策のために集めた社会局の革新系内務官僚たちの知恵から出たものだったのではないか。臨時震災救護事務局副総裁後藤新平の名でこの件を達するガリ版刷りの書類が地方の府県の行政簿冊のなかに多々認められる。

（きたはら・いとこ／立命館大学歴史都市防災研究センター・災害社会史）

Le Monde

■連載・『ル・モンド』紙から世界を読む　99

ならば水力か？

加藤晴久

国際大ダム会議（ICOLD）というNGOによると、世界には三万三千の大ダムが存在する。実際には五万と推定される。「大ダム」（large dam/grand barrage）とは一五メートル以上の高さのダム、あるいは高さ五～一五メートルで容量が三〇〇万立方メートルのダムのことである。

フクシマがダム建設ラッシュに拍車をかけている。二〇五〇年までには現在の二倍の数になるであろう。途上国の人口増と都市への集中は灌漑用水・産業用水の需要増をもたらす。それと平行して電力の需要が飛躍的に増える。火力と原子力の他となると水力しかない。風力発電と太陽光発電は現状では微々たるもの。水力発電は電力全体の二〇％、再生可能資源利用の電力の八〇％を占めている。先進諸国は飽和状態だが、中国とインドは毎年、二〇〇のダムを建設している。ブラジル、トルコ、イラン、ロシアがこれに次ぐ。いずれは、アフリカ諸国もダム建設に邁進するであろう。

だが、水力電気かならずしもクリーン・エネルギーでない。

まず、ダム建設は多くの人々の強制移住をともなう。世界自然保護基金（WWF）によると、これまでに四千～八千万人の人々が移住させられた。とくにアマゾン地域では原住民族が犠牲になっている。温暖化へのマイナス効果もある。広大な森林が消滅する。また、たしかに水力発電は温室効果ガスを排出しないが、ダム湖の植物が腐敗すると二酸化炭素、とくにメタンガスが発生する。これは熱帯の浅いダム湖で顕著である。このガスは二酸化炭素の二五倍の温暖化効果をもつ。

自然環境への影響も軽視できない。ダム下流では沈積物が減少するから沿岸の浸食が進み、川の形が変わる。水流の様相変化により、魚の数と種が減る。とくに回遊魚が被害を受ける。

放水路をつくる、沈積物を除去する、水量を調節する、魚の通路をつくる、タービンを改良するなど技術的対策はある。それが実行されるかどうかが「人災」防止の鍵である。『ル・モンド』（四・一九付）の記事を紹介した。

（かとう・はるひさ／東京大学名誉教授）

リレー連載　いま「アジア」を観る　101

「アジア」は有る

田村愛理

百人を超える執筆者が綴ってきた本欄をまとめて読む機会を得て、二つのことに気が付いた。まず特徴的なことは、誰ひとり実態として「アジアは有る」と明言していないということ。次に、依然として「脱亜か興亜か」という明治維新以来のヨーロッパに対する受け身の命題が私たちを呪縛しているということである。

そこで、私は敢えて「アジアは有る」と言ってみたい。単に天の邪鬼であるからというばかりでなく、大学で「アジア・アラブ史」なる科目を長年教えて実感しているからだ。それは、中国、インド、中央／西アジア、東南アジアというユーラシア大陸の固有な諸地域がイスラーム法の秩序により有機的に繋がれてきたという認識による。ユーラシア大陸を貫くど真ん中と地中海からインド洋を経て東南アジア島嶼部の、まさに陸海のシルクロードに沿ってベルト状にイスラームが拡がっている事実を確認すれば、それは納得できよう。これらの多様な諸地域を繋ぐのにイスラームが軸となったのは、地域的慣習と普遍的統一性という両者をゆるやかに包含する法システムが有効であったからだろう。

「アジアは多様だから無い」のではない。逆に多様だからこそ固有な地域間に活発で日常的な交流が生まれ、それを保全する為に人々は実態の概念化を必要とする。このような当然のことがなぜ認識外にあったのかと問えば、それは近代国家の単一的国民統合概念を必須とする生産主体史観にあったことは間違いない。もちろん上述のアジア観も私の独創などではなく、宮崎市定や松田壽男が戦前から既に研究していたことである。近代国家や脱亜／興亜の呪縛から解き放たれて対象を観れば、一つに繋がれた多様な地域としてのアジアの実態は意外にはっきりと感じとれるのではないだろうか。

あ、それからもう一つ気が付いたこと。本欄では少数の女性執筆者の方がずっと素直にアジアの人々を感じた経験を書いている。男性が考えるアジアと女性が感じるアジアは異なるのでしょうか？

（たむら・あいり／東京国際大学教授）

連載　女性雑誌を読む　38

『ビアトリス』(八)

尾形明子

『青鞜』や『ビアトリス』における短歌の位置は、現在からは想像できないほどに大きかったが、といって万葉集や古今・新古今集の伝統をそのままに継ぐ流れの中にあったわけではない。「第二期の新らしい女」(『女の世界』二巻九号)で花葉生《かよう》は「和歌壇の才人」として、原阿佐緒、岡本かの子、若山喜志子、山田邦子、杉浦翠子、遠藤琴子の名をあげ、彼女たちが「単なる『歌を作る女』でなく、『新らしい歌を作る新らしい女』と云ふべく、未来の婦人界を刺激する思想の流れに居る人々である。端的に人心を動かす『詩の力』の所有者として吾人は此等の歌人達の健在を祈るものである」と書いている。

なかでも山田(今井)邦子は『ビアトリス』発起人の一人であり、編集にも活躍した。一八九〇(明治二十三)年五月官吏である父の任地徳島で生まれるが、父の転勤により祖母に託され十八歳まで下諏訪で過ごす。詩や美文を『少女の友』『女子文壇』に投稿、名前を知られるようになった。投稿仲間に水野仙子、岡田美知代、生田花世、岡本かの子、杉浦翠子等々がいた。親の決めた縁談を嫌って家出同様に上京、中央新聞社の記者となった。同僚の今井健彦(のち政治家)と結婚。心に湧きあがる思いを歌に託すようになり、歌文集『姿見日記』歌集『片々』を出版、歌人として知られる。長女も生まれるが、家庭的な妻を求める夫との軋轢、文学と育児の両立に苦悩する日々がまさに『ビアトリス』の時期だった。

今井邦子
(今井邦子文学館所蔵)

暗き家淋しき母を持てる児がかぶりし
青き夏帽子はも

もの云はぬ男の肉は石の如く心は負傷のけもののごとく

『ビアトリス』には歌集『光を慕ひつゝ』(曙光社)の広告が毎号載る。これまでの、あらゆるものへの呪いの中で「言ひがたき悲痛をもて、何物にか祈らんとせし女史の歌」が、「迷ひの谷をぬけて」「生命の芽生の力」を得た一巻と記されている。伝統の形を自らの表現とするからこそ、時代を生きる「新らしい女」の叫びを表現するための苦悩と闘いが、さらに熾烈だったことを改めて思う。

(おがた・あきこ／近代日本文学研究家)

■連載・生きる言葉 50

『国家の神話』

粕谷一希

> 自然現象と文化現象との間には真の類似は存在せず、人間文化は特殊な方法と原理に基づいて研究されなければならない。そしてこの研究にとって、人間の言語——そのなかに人間が生き、行動し、また存在しているような要素たる——より以上に好都合な手引きがありうるであろうか。(中略)神話の研究にとって唯一の科学的な探究方法は、言語学的なそれだということである。
> (E・カッシーラー　宮田光雄訳『国家の神話』創文社　名著翻訳叢書　一八頁)

E・カッシーラーはジンメルの系統を引く主流の哲学者、宮田光雄は若くして西独に暮らした本格派の政治思想史家である。ハイデッガーやシュミットのように〝危険な〟思想家ではない。

E・カッシーラーは本書において、カーライルやゴビノーを辿りながら英雄崇拝が人種崇拝に至る経路を明らかにしている。ニーチェを論じなかった欠点はあるが、合理主義の立場から、プラトン、マキアベリ、ゲーテなどの巨匠を論じ、その該博な知識に圧倒される。これだけの正統な学者がナチズム以後も健在だったことは銘記すべきだろう。

彼はナチが政権をとると自らハンブルク大学の総長を辞任し、亡命してスウェーデンのイェテボリ大学、アメリカのエール大学の客員教授となるが第二次大戦の勃発でヨーロッパに帰れなくなる。この間『認識問題』や『人間』(宮城音弥訳)の著作があり『象徴形式の哲学』体系を完成する。本書は晩年の著書として、最後の著作である。ナチズムの没落を予言した彼は一九四四年死去、結局、戦後の世界を見られなかったが、戦後の哲学に影響を与えた一人といえよう。

一九四六—五〇年代に戦後のアメリカがもっとも輝ける時代だったことは、哲学そのものを追放してしまった日本とは大いに異なる。今後とも日本はその系譜に参加してゆくためには、新世代も新たに対話を試みてゆく必要がある。

神話はギリシアでも日本でも歴史のなかに生きている。合理主義や実証主義では神話の面白さや真実は摑めない。神話の寓意は歴史の根源を語っている。ユートピアニズムはその根源を語る方法といってよいかもしれない。

(かすや・かずき／評論家)

連載　風が吹く　40

半分死んだ人友の会(2)

山本夏彦氏　19

山崎陽子

山本夏彦さんの最終章では、どうしても浜野孝典さんに触れないわけにはいかない。あまたの夏彦中毒患者の中でも、彼の心酔ぶりは群をぬいており、何よりも山本さんに、邪気のない笑いと幸せを運び続けた人だからである。山本さんより山本さんのことを熟知し、ついにはご本人が「あれはどの本のどこに書いてあったかな」と浜野さんに尋ねるまでになったのである。

浜野さんが会長である「半分死んだ人友の会」の会報は、毎号抱腹絶倒の傑作で、誰よりも山本さんが楽しみにしておられた。ある時、友の会実力テスト「夏彦百点」という試験問題が送られてきた。夏彦の全てを網羅した巧みな設問で、難問だったが、何とか回答を送った。次号に掲載された結果報告に「難しすぎるとの声が上がる中、何と九十五点の高得点を取ったのが山崎陽子さん」とあった。後に回答者は私一人だったこと、もともと友の会は浜野会長と会員一名（名コンビ根岸さとみさん）だけの会であること、嘘か真か山本さんの得点が六十五点であったことを知り、大いに笑った。

浜野さんに山本さんとの交流について伺い、羨望まじりの深い感動につつまれた数日後、浜野さん手作りの夏彦名言集かるたが届いた。山本さんに献上した渾身の作とは違い、出来の悪い最後の一個ですがとの但し書きがあったが、見事な作品だった。かるたを手にした日の山本さんのとびきりの笑顔が重なり無性に嬉しかった。「山本先生に出会えて本当に幸せでした」としみじみ語る浜野さんだが、山本さんも〝ありったけの真心に裏打ちされた思いつきの数々〟を、どれほど楽しまれたことだろう。

山本伊吾氏は、お別れの会の挨拶状で、ずっと自分は半分死んだ人だと言い続けた父君が「温かいお見送りを頂き、きっと天上から、『全部死んだ人になれた』と笑いながら別れを惜しんでいたに違いありません」と結んでおられる。

そう、山本さんは、本当に〝全部〟死んでしまわれたのだ。永遠に生き続ける珠玉の言葉たちを残して……。

（やまざき・ようこ／童話作家）

連載

帰林閑話　198

半解先生問答抄（一二）

一海知義

六

Q　孫悟空はどうして恋人がいないんですか。

半　孔子先生に叱られるからや。儒教では恋愛を表に出すのはタブーやからな。

七

Q　先生はこれまでにどのくらい漢詩をお作りになりましたか。

半　ぼくは漢詩は作りまへん。

Q　ウソでしょう？

半　ウソです。一見漢詩風の「漢詩もどき」なら、ようけ作りました。

八

Q　漢詩と「漢詩もどき」とはどう違うのですか。

半　雁と「雁もどき」みたいなもんやろな。

Q　どういうことですか。

半　漢詩は技術さえマスターすれば、なんぼでも作れる。しかし技術だけで作ったもんは、それらしゅう見えるけど、「詩」やおまへん。ぼくは散文的な人間やから「詩」は作らんのです。

九

Q　先生は電話が大嫌いだそうですね。

半　電話は暴力や。何時かかって来るかわからん。辻斬りみたいなもんやな。

Q　辻斬りが好きな人もいますね。

半　だいぶ前に読売新聞の関西版が、関西の電話大好き三人、大嫌い三人を紹介してたけど、大嫌い三人の一人はぼくやった。

Q　あとの二人は？

半　一人は作家の島尾敏雄。もう一人は忘れた。

Q　大好きの三人は？

半　これも一人は忘れたけど、あとは富士正晴と、もう一人は藤本義一の嫁はん、統紀子いうたかいな。ようしゃべるお人や。

Q　富士さんとは、直接おつき合いがあったのでしょう。

半　富士さんの晩年にな。その話はまた明日しよう。

（いっかい・ともよし／神戸大学名誉教授）

五月新刊

「亡命」四〇余年、〝現代史の生き証人〟

歴史の不寝番《ねずのばん》

「亡命」韓国人の回想録

鄭敬謨《チョンギョンモ》　鄭剛憲訳

多方面からの根拠のない嫌疑と圧力にも屈することなく南北双方に等距離を保ち、いかなる組織にも肩書きにも拠らずに「亡命」の地、日本に身を置きながら、躯ひとつで朝鮮半島の分断に抵抗し続け、激動の現代史の数々の歴史的現場に立ち会いながら、志を貫いた、その生涯。

四六上製　四八八頁（口絵一六頁）　四八三〇円

公的統制に基づく新金融システムの構築を提言！

金融資本主義の崩壊

市場絶対主義を超えて

R・ボワイエ

山田鋭夫・坂口明義・原田裕治監訳

サブプライム危機を、金融主導型成長が導いた必然的な危機だったと位置づけ、〝自由な〟金融イノベーションの危険性を指摘。公的統制に基づく新しい金融システムと成長モデルを構築する野心作！

Ａ５上製　四四八頁　五七七五円

「農」からの地域自治

高畠学

叢書〈文化としての「環境日本学」〉

早稲田環境塾編（代表　原剛）

「無農薬有機農法」実践のキーパーソン、星寛治を中心に、四半世紀にわたり既成の農業観を根本的に問い直し、真に共生を実現する農のかたちを創造してきた山形県高畠町。その実践の根底にある「思想」、その「現場」、そしてその「可能性」を描く。

Ａ５判　二八八頁（カラー口絵八頁）　二六二五円

日中関係の未来は「民間」にあり！

「私には敵はいない」の思想

中国民主化闘争二十余年

「劉暁波」は、我々の問題だ。

劉暁波／劉霞／劉燕子／徐友漁／杜光／王力雄／李鋭／丁子霖・蔣培坤／張博樹／余杰／麻生晴一郎／子安宣邦／及川淳子／峯村健司／藤井省三／藤野彰／横澤泰夫／加藤青延／矢吹晋／林望／清水美和／城山英巳

四六上製　四〇〇頁　三七八〇円

日本における「広報外交」の先駆者、初の評伝

広報外交《パブリック・ディプロマシー》の先駆者・鶴見祐輔 1885-1973

上品和馬　序＝鶴見俊輔

米国で「排日移民法」が制定されたとき、「日本の立場」を全米で真摯に訴え、聴衆の心を揺さぶった男。

四六上製　四一六頁（口絵八頁）　四八三〇円

日本最西端となった与那国島にて第九回「ゆいまーる・琉球の『自治』」開催

国境の島・与那国の現在

　与那国島は、石垣島や沖縄島よりも、もちろん九州島よりも台湾の方が近い。この島は日本最西端と呼ばれているが、しかし日本の最西端であったのは歴史的に決して長くはない。一八七九年（日本による琉球併合）から一八九五年（日本による台湾併合）までの一六年、一九七二年（日本「復帰」）から現在までの三九年、合わせて五五年間でしかない。一八九五年から一九四五年まで台湾と与那国との間の国境は消え、人びとが自由に海を行き来し、島で台湾貨幣が使われたこともある。一九四五年から五〇年ごろまで与那国島を拠点にして香港、シンガポールなどをむすぶ密貿易が行われ、人口も一万二千人まで増えた。

　一九七二年の「復帰」ともない日本最西端の島になってからは人口減少に歯止めがかからず、現在の人口は約一六〇〇人でしかない。与那国島の人びとはこれまで台湾と交流するために二度、日本政府に国際交流特区を申請したが、政府は拒絶した。与那国町長は自衛隊によって島を活性化し、人口も増えるとその誘致を国に要望し、国内外の注目を集めている。

　五月一三日から一五日まで与那国島で第九回「ゆいまーる・琉球の『自治』」の集いを開いた。島にとって自衛隊とは何か、軍隊が島を守れるのか、そもそも自衛隊は地域を活性化させるための組織か、島はどのようにすれば国境を越えられるのか、島と海との関係など、さまざまな観点から島の過去、現在、未来を考え、議論した。町役場という行政が島の運命を決めるのではなく、一人一人の島民の自治的自覚によって自治や自立をつくっていくという、島民の力強い意志を感じた。

　島の名前に「国」が含まれているが、一国として存在できるほど島は豊かである。与那国島民俗資料館の館長・池間苗さん（一九一九年生まれ）は昔の民具を手に取りながら島の豊かな生活を教えてくれた。島には山や川があり、稲作も行われ、周辺海域からカジキなどの海産物も豊富にとれる。私も幼少時、島で生活したが、なんた浜で泳ぎ、山で遊び、川で魚をとり、人と人とのゆいまーる関係も濃密であった。島本来の豊かさを土台にすれば自治、自立も実現できるだろう。

（松島泰勝）

読者の声

サードセクター■

▼大学院同窓会研究会メンバーに上記新刊公刊を名誉教授（主宰者）より、紹介いただきました。近々、研究会内メンバーにて、訳者によるセミナー開催を予定しています。

（愛知　名古屋市立大学大学院研究員　**長尾哲男**　63歳）

歴史のなかの江戸時代■

▼読みやすく、しかも、テーマも多岐にわたっている。面白かった。

（東京　**小川英雄**　75歳）

資本主義の起源と「西洋の勃興」■

▼非常に西洋の勃興のことがわかり、ビジネスマン必読の本だと思う。

（千葉　会社員　**江見和也**　49歳）

▼資本主義はなぜ西洋で始まったか——その理由を聞かれると、わかっているつもりが、はてなと思ってしまう。本書はそんな「はてな」にかなり答えてくれる一冊である。それならば次の疑問は、資本主義とも関係ある産業革命はなぜ西欧（イギリスなど）で始まったのだろう。

（京都　大学教員　**村井淳**　53歳）

徹底検証　21世紀の全技術■

▼技術者として、冷静に物事を見ていると感じた。特に、地球規模的に現状を見ると「人類の生存」という思考視点が必要で、技術倫理という哲学がなければ解決しない時に時宜を得た本と考える。

（北海道　非常勤講師　**瀧口裕三**　63歳）

鈴木茂三郎 1893-1970■

▼当時の時代背景や人間関係をリアルに描き、多面的に捉えている、面白い本だった。今までの社会党本は思想面ばかりが取り上げられ、どれを読んでも紋切り型であったが、政治は人間的な要素が大きな要因になっている点で、本書は実像に迫るものだと思う。また、社会党を知らない世代による社会党評ということであり、大変教えられるところが多かった。

（茨城　水戸市議会議員　**玉造順一**　39歳）

自由貿易は、民主主義を滅ぼす■

▼トッド氏の経済分析は、九〇年前にケインズが『一般理論』で指摘したことであって、真新しいものではない。理性と利他心に信を置き、保護主義を提案するところが、健全なフランスの知識人らしい。

　パナソニックやソニーなどのグローバル企業は、もはや日本の企業にあらず、国籍のない、利潤を求める団体ではないか。政治家や学者の提言を受け入れるとは思えない。リストラにさらされる労働者が抵抗しなくてはならない。

（大阪　**志賀計文**　29歳）

「戦後」というイデオロギー■

▼いろいろ視点を変えての解説に大変おどろきました。最近にない、読みものでした。こういうことがありますので、目をいっぱい広げて、大きく読む力をはぐくみたいものです。なん年か過ぎたら、改めて、今一度読みたくなる本でした。私など八十歳をこえたのですが、こうした本に接すると、ガンバラなければ、とはげまされます。

（愛知　社会保険労務士　**中島錦吾**　82歳）

後藤新平の「仕事」■

▼今度『後藤新平の「仕事」』を紀伊國屋書店大阪梅田にて購入させていただき大変嬉しく思っています。後藤新平先生との出会いは作家玉岡かおるさんの、鈴木商店を書いた新聞記事を読んだ事に始まります。古本屋、図書館等訪ねましたが私に

ぴったり合った本に出合い、お礼の一筆を書きました。

（兵庫県　髙取彰）

サムライに恋した英国娘■

▼ジニー・イーディーが大変いじらしい。龍吉も可哀想。通りいっぺんの感想ですが、よくぞ手紙だけでその国の状況を推測されました。当時の留学生の生活についても同様です。文通については青春時代を思い出します。電話のない、文通のみの時代でしたから。

（和歌山　**久次米英昭**　68歳）

『機』■

▼読んだ本も読みかけの本も持主も読者も学校も図書館も流された。今回も阪神・淡路大震災も自民党単独政権だったら、初動や如何に？百年に一度の政権交代のチャンス、四百年に一度の大地震と大津波、そして原発から人心後退のピンチ。多民族なのにアメリカなら共和党でも民主党でも。そして後藤新平なら、これから先を如何に読むか見本たらん。

（青森　**山口和也**）

※みなさまのご感想・お便りをお待ちしています。お気軽に小社「読者の声」係まで、お送り下さい。掲載の方には粗品を進呈いたします。

書評日誌（四・二三〜五・二四）

(書) 書評　(紹) 紹介　(記) 関連記事
(TV) 紹介、インタビュー

四・二三　(紹)週刊現代「従妹ベット(上)(下)」（「わが人生最高の一〇冊」／「若い頃の熱中読書体験はいまも自分の血肉に。」／江上剛）

四・二四　(書)毎日新聞「資本主義の起源と『西洋の勃興』」（「今週の本棚」／「鍵は都市国家間システムにあった」／白石隆）

四・二七　(紹)毎日新聞「自己分析」「パスカル的省察」（「引用句辞典　不朽版」／「エリート教育」／「国難を救う総司令官どうすれば育成できるか」／鹿島茂）

四月上旬号　(紹)出版ニュース「パナマ運河百年の攻防」（「ブックガイド」）

五・一　(書)毎日新聞「歴史のなかの江戸時代」（「今週の本棚」／「未来を知るカギとしての事象と価値観」／田中優子）

(書)信濃毎日新聞「自由貿易は、民主主義を滅ぼす」（「本」／「限定的、一時的な保護化を提言」／中村安希）

五・七　(TV)WOWOW「三島由紀夫vs東大全共闘」

(紹)東京新聞（夕刊）「生光」（「土曜訪問」／「平和理論の再構築へ」／『高銀の衝撃』つづる詩論集」／石井敬）

五・一一　(紹)朝日新聞「仮想戦争」「変わるイスラーム」（「耕論」／「イスラムの民主主義」／「宗教勢力は穏健化できる」／堀内隆）

五・一七　(紹)聖教新聞「次代への名言　時代の変革者篇」

(書)エコノミスト「歴史のなかの江戸時代」（「歴史書の棚」／「三〇年前の『江戸』対談　その先見性を思い知る」／今谷明）

五・二一　(記)週刊現代（後藤新平）（「帝都復興院　英断の記録」／「かつてこの国には勇気ある男たちがいた」／「大正一二年九月一日午前一一時五八分　関東大震災に襲われた東京」／「後藤新平のグランドデザイン『人が生き延びるための街』を作る」）

五・二四　(書)エコノミスト（「資本主義の起源と『西洋の勃興』」／「話題の本」）

七月新刊

東日本大震災はわれわれに何を問うのか

環

学芸総合誌・季刊 【歴史・環境・文明】 Vol.46 '11 夏号

〈特集〉「東日本大震災」を問う

「花を奉る」 石牟礼道子

〈鼎談〉「震災復興と日本の未来」

川勝平太＋東郷和彦＋増田寛也

「被災地を歩く(1)」 赤坂憲雄

「被災地からの声(1)」 高成田享ほか

青山佾／ロバート・ゲラー／北原糸子／陣内秀信／橋本五郎／平朝彦／伊藤和明／藤岡喜美子／永松伸吾／田村秀男／井野博満・後藤政志ほか／吉岡斉／田中信一郎／菊地洋一／さがら邦夫／西舘好子／早川和男

〈対談〉「『黒船前夜』をめぐって」

渡辺京二＋新保祐司

〈リレー連載〉歴史家C・ビーアドと日本3

「日米関係の核心は中国問題である」開米潤

〈書評・書物の時空〉粕谷一希／辻井喬／住谷一彦／村上陽一郎／三木亘／中村良夫／森千香子／申斌

〈連載〉石牟礼道子／金子兜太／小島英記／平川祐弘／小倉和夫／尾形明子／河津聖恵／朴才暎／黒岩重人／能澤壽彦

そのとき後藤新平はどうしたか？

震災復興 後藤新平の120日

都市は市民がつくるもの

後藤新平研究会編

関東大震災翌日、後藤新平は壮大な復興計画の実現へと動き出した。都市計画の経験と「自治」の思想、独特の人材登用で現在の首都圏、東京・横浜の原型をつくった一二〇日の奮闘を、豊富な史料により丹念に跡づける決定版ドキュメント。

[附・資料]「帝都復興の大詔」「帝都復興の議」「大乗政治論」「三百万市民に告ぐ」(後藤新平)／「後藤子爵と東京の復興」(ビーアド) ほか図版・資料多数収録

対外交易に関する初めての通史！

国際交易からみた日本史

モノが語る東アジア 七—十六世紀

シャルロッテ・フォン・ヴェアシュア

河内春人＝訳 鈴木靖民＝解説

日本国家成立から近代ヨーロッパ世界との遭遇までの日本の対外関係の全体像を初めて捉えた画期的著作。欧米諸語のみならず中国語と日本語をも自在に操る著者が、交易品から日本の対外関係だけでなく日本内部の社会経済的変遷をも描き出す！

口絵カラー三二頁

類稀な日本文学研究者が語る日米戦

なぜ日米は戦ったのか

日本人と戦争

ドナルド・キーン

小池政行

類稀な日本文学の研究者として知られるキーン氏は、日本語を勉強しようと米海軍学校に入学、アッツ島や沖縄で日本語通訳を務めた経験をもつ。戦時中から一貫して平和主義を自覚してきたキーン氏と、自身の外交官時代から親しく交わってきた日本赤十字の小池氏の徹底対談。自身の戦争体験を、今語り尽くす。

＊タイトルは仮題

6月の新刊

タイトルは仮題、定価は予価。

福島原発事故はなぜ起きたか ＊
井野博満編　井野博満／後藤政志／瀬川嘉之
A5判　予二四八頁　一八九〇円

ジャポニズムのロシア ＊　カラー口絵八頁
知られざる日露文化関係史
V・モロジャコフ　村野克明＝訳
四六上製　二五六頁　二九四〇円

「二回半」読む ＊
書評の仕事 1995-2011
橋本五郎
四六上製　三二八頁　二九四〇円

叢書**「アナール** *1929-2010*」
――歴史の対象と方法（全5巻）
ラデュリほか監修　浜名優美＝監訳
II **1946-1957** ＊　L・ヴァランシ編
A5上製　四六四頁　七一四〇円

母 ＊
米良美一・石牟礼道子
B6変上製　二二四頁　一五七五円

7月刊

『環　歴史・環境・文明』㊻ 11・夏号 ＊
〈特集・「東日本大震災」を問う〉
川勝平太＋東郷和彦＋増田寛也／赤坂憲雄／石牟礼道子／青山佾／北原糸子／陣内秀信／橋本五郎／平朝彦　ほか

震災復興　後藤新平の120日 ＊
都市は市民がつくるもの
後藤新平研究会編

国際交易からみた日本史 ＊
モノが語る東アジア　七―十六世紀
Ch・フォン・ヴェアシュア
河内春人＝訳　鈴木靖民＝解説

なぜ日米は戦ったのか ＊
日本人と戦争
ドナルド・キーン＋小池政行

好評既刊書

歴史の不寝番《ねずのばん》 ＊　口絵一六頁
「亡命」韓国人の回想録
鄭敬謨　鄭剛憲＝訳
四六上製　四八八頁　四八三〇円

金融資本主義の崩壊 ＊
市場絶対主義を超えて
R・ボワイエ
山田鋭夫・坂口明義・原田裕治＝監訳
A5上製　四四八頁　五七七五円

叢書〈文化としての「環境日本学」〉　発刊
高畠学 ＊
早稲田環境塾編（代表・原剛）　カラー口絵八頁
A5判　二八八頁　二六二五円

「私には敵はいない」の思想 ＊
中国民主化闘争二十余年
劉暁波／劉燕子／及川淳子／麻生晴一郎／藤井省三／横澤泰夫／矢吹晋／子安宣邦　ほか
四六上製　四〇〇頁　三七八〇円

パブリック・ディプロマシー
広報外交の先駆者・鶴見祐輔 1885-1973 ＊
上品和馬　序＝鶴見俊輔
四六上製　四一六頁　四八三〇円

『環　歴史・環境・文明』㊺ 11・春号
〈特集・自由貿易の神話〉
佐藤優／王柯／榊原英資／小倉和夫／中馬清福／E・トッド／太田昌国／関曠野／中野剛志／西部邁／松川周二／山下惣一ほか
菊大判　三七六頁　三七八〇円

詩集　寛容　口絵二頁
多田富雄　特別寄稿＝石牟礼道子
四六変上製　二八八頁　二九四〇円

多田富雄の世界　口絵八頁
多田富雄ほか
四六上製　三八四頁　三九九〇円

サードセクター
「新しい公共」と「新しい経済」
A・リピエッツ　井上泰夫＝訳・解説
四六上製　二九六頁　三一五〇円

次代への名言
時代の変革者篇
関厚夫
B6変上製　二五六頁　一八九〇円

資本主義の起源と「西洋の勃興」
E・ミラン　山下範久＝訳
A5上製　三二八頁　四八三〇円

＊の商品は今号に紹介記事を掲載しております。併せてご覧戴ければ幸いです。

書店様へ

▼『週刊文春』4／14号での鹿島茂さん絶賛を皮切りに、5／1『毎日』田中優子さん絶賛大書評、『週刊エコノミスト』5／17号絶賛と各紙誌パブリシティが続々の**速水融編『歴史のなかの江戸時代』**。全国からの店頭在庫補充や客注等で大反響です。更に大きくご展開をお願いします！▼4／24(日)『毎日』大書評で白石隆さんに絶賛された**E・ミラン（山下範久訳）『資本主義の起源と「西洋の勃興」』**が5／24(火)号『週刊エコノミスト』、6／3(金)『週刊読書人』で引き続きの大反響！　**ウォーラーステイン『入門・世界システム分析』**やその他の好評既刊、**フランク『リオリエント』**、ブローデル等々と共に大きくご展開下さい。「史的システムとしての資本主義」フェアリスト等もご用意します。各担当までお気軽にお申し付け下さい。▼5／11『朝日』でも大きくインタヴュー記事が掲載されました気鋭の宗教学者**レザー・アスラン**、未だ燻る中東や北アフリカでのイスラーム民主化革命を読み解く鍵人物！**『変わるイスラーム』**、**『仮想戦争』**の二作は、外せません。（営業部）

〈後藤新平の会シンポジウム〉

東日本大震災と後藤新平

青山 佾（元東京都副知事）
赤坂憲雄（民俗学）
北原糸子（災害史）
陣内秀信（都市論）
増田寛也（前岩手県知事・元総務大臣）
（コーディネーター）**橋本五郎**（読売新聞特別編集委員）

【日時】二〇一一年七月一六日（土）
一二時半開場　一三時開会
【場所】日本プレスセンタービル一〇階
ＡＢＣホール（「内幸町」・「霞ケ関」駅）
【入場料】二千円／学生千円（学生証持参）
【定員】二五〇人
【主催】後藤新平の会【後援】藤原書店ほか

第五回「後藤新平賞」授賞式

〈本賞〉**キャロル・ビーベル**氏
（米国アシェ文化芸術センター所長）
【日時】二〇一一年七月一六日（土）
午前一一時より
【場所】日本プレスセンタービル一〇階
ＡＢＣホール
【定員】一〇〇人（先着順・要申込）
＊シンポジウム・授賞式のお申込み・お問合せは、藤原書店内「後藤新平の会」事務局まで

出版随想

▼「禍根を残すな」という言葉がある。今、生きているわれわれにとってもっとも大切なことは、「次代に禍根を残すな」ということだ。ところが、福島原発事故は、禍根どころか、災害そのものを引き起こしてしまった。しかもその事故を、ホリエモン君によって有名語になった?「想定外」という言葉で片付けようとする専門家や政治家・経済人が多数いることは驚くべきことだ。日本に一九六〇年代原発を誘致する時から種々の理由で反対運動が起きていた。その最大の問題は「安全性」である。「安全性」を充分に煮詰めないで、これからの高度成長のために必要な電力エネルギーを確保していくことに、政府は躍起となったのだ。

▼五五年「原子力基本法」が出来、翌年「原子力委員会」が設置された。六六年に東海発電所の運転が開始され、同年四月、あの芭蕉が「小萩ちれ　ますほの小貝　小盃」と詠んだ敦賀半島の若狭湾国定公園（五五年指定）の地に原発一号機が着工され、七〇年三月から営業運転が開始された。期限四〇年を過ぎてもまだなお運転している。大丈夫なのか？　責任は？　その後、この半島には、「ふげん」、「もんじゅ」、二号機、美浜原発など所狭しと設置されてきた。

▼美しい日本が、高度成長下、文明社会の中で最も危険な科学技術によってズタズタに引き裂かれていった。国土面積の割合からいうと世界一の原発大国だ。先人たちが大切に遺してくれた風土を、カネと強欲で無茶苦茶にしてきた。マネーバブルの崩壊が一九九一年。そして二〇年後の今年、史上最大ともいわれる福島原発事故が起きたのだ。

▼一九七九年米スリーマイル原発事故の後、作家の野間宏らは、科学者・専門家の人たちと「原発モラトリアムを求める会」を立ち上げ、原発誘致反対運動を全国に展開していった。八六年のチェルノブイリ原発事故後、会は解散した。

▼今、菅政権は揺れに揺れている。「浜岡原発一時停止」「発送電分離」といった電力政策は少し前向きな姿勢かと見えたが、六月五日『朝日』報道によると、国家戦略室がまとめた素案「革新的エネルギー・環境戦略」で、原発推進路線を堅持する姿勢が明らかにされた。「発送電の分離」は明記されていない。これが「民意」か？　もし「民意」ならこの国の前途は暗澹たるものといわざるをえない。　合掌（亮）